小微企业创业实操工具箱

李卫民◎编著

XIAO WEI QIYE CHUANGYE SHICAO GONGJUXIANG

北京工业大学出版社

图书在版编目（CIP）数据

小微企业创业实操工具箱 / 李卫民编著 . —北京：北京工业大学出版社，2017.10

ISBN 978-7-5639-5653-1

Ⅰ . ①小… Ⅱ . ①李… Ⅲ . ①中小企业—企业管理—通俗读物 Ⅳ . ① F276.5-49

中国版本图书馆 CIP 数据核字（2017）第 213674 号

小微企业创业实操工具箱

编　　著：李卫民
责任编辑：张　悦
封面设计：艺点视觉
出版发行：北京工业大学出版社
（北京市朝阳区平乐园 100 号　邮编：100124）
010-67391722（传真）　bgdcbs@sina.com
出 版 人：郝　勇
经销单位：全国各地新华书店
承印单位：三河市九洲财鑫印刷有限公司
开　　本：787 毫米 × 1092 毫米　1/16
印　　张：27.25
字　　数：338 千字
版　　次：2017 年 10 月第 1 版
印　　次：2017 年 10 月第 1 次印刷
标准书号：ISBN 978-7-5639-5653-1
定　　价：49.80 元

前言

党的十八大明确提出，要加大创新创业人才培养的支持力度。十八届五中全会指出，必须把创新摆在国家发展全局的核心位置，让创新在全社会蔚然成风。李克强总理反复强调“大众创业、万众创新”（“双创”）是一个推动创新发展的有效途径和选择，他特别强调，“双创”是小微企业的生存之路。小微企业是我国国民经济和社会发展的重要基础，是工业经济的重要力量和活力所在，在扩大就业、增加税收、改善民生等方面发挥着不可替代的作用。如何把小微企业发展与“创新”“创业”密切联系起来，使“创新”成为推动小微企业发展的强大动能，使小微企业真正成为“双创”的载体与平台，是我们在发展小微企业时需要认真面对和思考的问题。

“双创”是国家基于转型发展需要和国内创新潜力提出的重大战略，旨在优化创新创业环境，激发蕴藏在小微企业中的无穷智慧和创造力，让那些有能力、想创业创新的人有施展才华的机会，实现靠创业自立，凭创新出彩。国家为推进“双创”已经出台了很多政策，在很大程度上改善了小微企业创新创业环境，人们选择就业或创业的余地增加了，在不少领域出现了很多创业创新亮点，新的经济增长点也不断涌现，“双创”在支撑经济和社会发展中的作用日趋凸显。

目前我国小微企业创业发展得如火如荼，但是由于受到国际、国内异常严峻和复杂多变的宏观经济形势影响，小微企业经营运作面临着诸多困难。为全面了解我国小微企业的发展现状，剖析创新发展障碍，探索创业发展对策，我们编写了这本《小微企业创业实操工具箱》，旨在推动小微企业成为“双创”的重要载体，实现成功创业，形成新的社会经济增长点。

本书将理论与实践相结合，深入浅出，内容翔实，具有超前性和时代感。全书共分为12章，即创业者的条件与创业基础、创业融资与创业风险投资、小微企业的人力资源管理、小微企业的组织管理、小微企业的战略管理、小微企业的营销管理等，全面而具体地呈现了小微企业创业的要点，方便读者熟悉创业运作。相信每一位小微企业管理者通过阅读本书，都能结合小微企业的实际工作环境、自身状况等，真正领悟本书，通过思考有所收益。

本书突出的三大特点：一是实用性，突出可读性、可操作性；二是全面性，内容丰富而全面，涉及小微企业创业实操的方方面面，并结合案例，便于读者轻松掌握和运用；三是新颖性，本书无论是篇章布局，还是形式结构，都新颖、独到，并糅和小微企业创业所必需的最新技能和方法，具有前瞻性与国际化。

目录

第 3 章　创业融资与创业风险投资

第 4 章　企业法律形态与申办注册

第 5 章　小微企业的人力资源管理

第 6 章　小微企业创业团队管理

第 7 章 小微企业的组织管理

第 8 章 小微企业的财务管理

第 9 章 小微企业的战略管理

第 10 章 小微创业的资源管理

第11章　小微企业的生产管理

第12章　小微企业的营销管理

第1章 创业者的条件与创业基础

一、创业的内涵、类型和过程

创业是富民之本，解决民生问题，出路在就业，关键在创业。创业不仅是创业者自己实现就业，还可以通过发展多元化创业主体和多种创业形式，发挥创业带就业的倍增效应，提供更多的就业岗位，是人民群众增加收入、走向富裕的根本途径。只有创业社会化，才能实现就业最大化。同时，创业是发展之基，创业能够充分挖掘自身潜能，激活各类生产要素，越是创业活跃的地方，经济内生增长机制就越强，发展的基础就越扎实，经济社会发展也就越快。实践充分证明，经济发展的最大动力在民间，从一定意义上说，抓全民小微企业创业就是抓发展。挖掘自身潜力，催生内在动力，充分启动民资、挖掘民力、开发民智，是提升区域竞争力最为有效和直接的途径。

（一）什么是创业

创业是发现、创造和利用商业机会，组合生产要素，创立自己的事业，以获得商业成功的过程或活动。创业的目的就是为了实现商业利润。

从以上定义我们可以看出创业必须要贡献出时间并付出努力（心理与生理），承担相应的财务的、精神的和社会的风险，并获得金钱的回报、个人的满足和独立自主。从概念上看，创业主要强调了四个方面：

（1）创业是创造的过程。创业创造出某种有价值的新事物（产品或服务）。这种新事物必须是有价值的，不仅对创业者本身，而且对于客户、社会都是有价值的。

（2）创业需要付出极大的努力。要完成整个创业过程，要创造新的有价值的事物，就需要创业者付出大量的时间和极大的努力。

（3）承担存在的风险。创业者需要承受不确定性和风险。创业的风险的种类很多，跟企业生产经营环境密切相关，通常的风险一般有企业治理风险、经营运作风险、人力资源风险、财务风险等。

（4）创业者能获得创业报酬。作为一个创业者，能够获得多方面的回报，如创业可以获得独立自主及个人满足，创业成功带来的金钱的回报，社会给予创业者的社会荣誉等。

（5）创业是理智的决定，在选择创业之前必须对自身及所处环境进行详细缜密的了解。

（6）创业是人生的升华。努力的创业者通常都会得到创业的回报，这些回报也许是可观的收益，也许是成就带来的满足，也可能是各种经历沉淀出的智慧，无论是什么，创业都会为人生带来不一样的体验。

（二）创业的特点及作用

1. 创业的特点

创业活动是勇于承担风险的创业者，通过捕捉商业机会，投入已有的技能知识，配置相关资源，为消费者提供新的产品和服务，并为个人和社会创造价值和财富的过程。创业活动具有以下特点：

（1）商机导向。

创业活动最显著的特点是创业者发现了有价值的商机。也就是说，创业活动实质上就是识别商机、挖掘和利用商机、实现商机价值的过程。

（2）资源整合。

创业不是引无源之水，栽无本之木。每一个人创业都必然有其可依赖的各种有形资源和无形资源。建立和拓展资源的能力是一个创业者开展创业活动的必备素质。对创业者而言，智力、想象力及知识、领导才能、沟通能力、人脉资源及社会资本，都是其创业成功的重要资源。但是“资源本身是有一定局限性的，只有通过管理者卓有成效的工作，才能将这些资源转化为成果”。因此，合理地管理这些资源才能成功整合企业运行中的人、财、物三要素，为创业活动奠定基础。

（3）价值创造。

创业活动的价值在于推动经济社会发展，满足人们日益增长的物质和精神生活的需求。只有突出价值创造的创业活动，才能获得可持续成长的利润源泉。

（4）超前行动。

“机不可失，时不再来”的创业商机特征，决定了创业活动必须抢抓机遇、跨越发展、超前行动。因为商机之窗的开启时间是有限的，创业者一旦有了创业想法，就要在比较短的时间里快速反应，付诸实践，在创业途中边摸索、边改进，实现创业成功的“弯道超越”。

（5）创新变革。

创业的本质是创新，其核心在于超越既有资源约束捕捉到商机。创业意味着变革，意味着探寻商机和承担失败的风险，意味着创造顾客需求和改变人们的生活方式。若创业者不寻求变革，不改变思维模式，就难以识别创业机会，也就无法做到创新。对创业者及其创建的企业而言，创新创业的过程永远是“创造性破坏”（creative destruction）的变革过程。创业精神乃创新之母。

（6）顾客导向。

创业者要瞄准目标市场，须先识别消费者群体，根据顾客需求提供新的产品或服务，创业才有可能成功。这是因为“企业机构的成果是通过顾客产生的，企业付出的成本和努力必须通过顾客购买其产品或服务，才能转变为收入和利润”。

因此，创业活动的特点可以归纳为七个方面的创造性活动：企业的创造、财富的创造、创新的创造、变革的创造、雇佣的创造、价值的创造、增长的创造。富有创新精神的创业者将创造性、自主性、风险性、收益性完美地展现在商机的捕捉、实现与价值创造的活动中。

2. 创业的作用

（1）创业可以推动经济发展。

无论国内国外，无论是发达国家还是发展中国家，创业都是经济发展的主要动力之一。推动融知识、技术、管理、资本与创业精神于一体的创业型经济发展，对于促进世界经济实现新的增长具有重要意义。在美国，小企业在工作创造和经济发展中起着重要作用。中国的小微企业对中国经济持续快速增长起着重要的作用。只要政府加强引导，创业型经济对调整产业结构、转变经济发展方式以及缓解就业压力等都将发挥重要作用。

（2）创业可以带动就业。

小微企业是我国国民经济和社会发展的重要力量，是创造就业岗位、吸纳就业的主渠道，对城镇就业的贡献率在 75% 以上。通过创办小微企业开辟新岗位，可以实现更多就业，减少社会就业的压力。

（3）创业可以促进技术创新。

自主创新离不开创业精神，更离不开由创业家主导、以创新型企业为主体的创业活动。没有创新的创业就不可能有很好的发展，没有创业精神也同样不可能有重大的创新产生。美国在第二次世界大战后有 95% 的重大创新和 50% 的创新来自中小企业；日本一半的技术创新由小企业进行。创新与创业活动作为科学技术最终转化为现实生产力的桥梁，日益成为我国经济发展的引擎。

（4）创业有利于素质教育。

创业是素质教育的深化和具体化。目前我国的教育方式侧重在传授知识，而在学生的实践能力特别是创业能力的培养上还有很长的一段路要走。因此，学校要培养大学生的创业思维能力，使其养成创新的意识，培养全面考虑问题、从关心自己到关心企业和集体的意识和能力。而创业教育的重要使命就是发掘每个人固有的创新与创业本能，通过“干中学”“用中学”与“互动中学”增强生存之道，养成学生捕捉机会和组织资源的能力，让学生善于利用环境，抓住机会，发展自己。创业教育是建立在素质教育基础之上的新型人才培养模式，需要培养学生具备创新、管理等多种综合能力。因此，创业教育是素质教育和创新教育的深化和具体化，作为一种具体、独特的教育模式来进行创业人才的素质和能力的培养。

（三）影响创业的因素

创建一个新企业所需具备的条件，就是创业的必备要素。管理学认为，企业可以看作一个由人的体系、物的体系、环境体系和组织体系构建起来的协作机构。因此，组织、环境和人、物是创业活动中不可或缺的要素。

为什么有的人选择自主创业做雇主，而有的人却选择就业做雇员呢？虽然很难有一致的解释，但对能够获得创业要素以及要素之间的相互作用造就诸多创业者创建各具特色的新企业，却取得了一致的认识。下面讨论取得创业成功涉及的四个重要因素。

1. 组织要素

组织要素是创业协作体系的核心。美国管理大师彼得 · 德鲁克认为：

“组织是能使个人才干得以增值的一种工具。”也就是说，只有通过企业这一组织形式，才能为个人和社会创造出更多更好的新价值。人作为最活跃的生产力要素，必须借助企业的组织形式，才能在创业活动中发挥以下作用：

（1）决策功能。决策是创业活动的重要职能。它既包括对创业目的的规定，也包括对实现手段的决策。新创企业的成长与发展很大程度上取决于组织决策的正确性和准确性。

（2）创建组织。创业通常由一个团队来进行，因此，需要对团队进行组织和管理，通过分工与协作，有条不紊地完成创业中的各项活动。

（3）激励员工。创业需要最大限度地调动每个员工的积极性，因此激励员工为企业目标而奋斗是创业活动的重要内容。人心齐，泰山移。增强创业管理团队的凝聚力，是新创企业提高人力资源管理效能的一项不可忽视的重要工作。

（4）领导。领导是关键。创业者在创建新企业的过程中，需要扮演多个不同的角色，承担不同的职能，但是，领导的职能无疑是最重要的。群龙无首的企业注定不能成功，创业者作为领导的作用在创业活动中没有任何因素可以替代。具有高超的领导才能是创业成功的必备条件。

当然，也可以从不同的视角对创业所需的要素条件进行归纳总结。例如，蒂蒙斯提出了一个创业管理模式，认为成功的创业活动必须在机会、资源与团队三者之间寻求最适当的配置，并且要随着企业发展而保持动态的平衡。创业流程由机会启动，在取得必要的资源和组建创业管理团队之后，创业计划方能顺利推行。

2. 环境要素

环境的变化决定了创业者可以做什么以及不可以做什么。创业环境因素会影响人们对创业机会的识别和对创业成功可能性的判断，从而影响创业决策。良好的创业环境有利于人们最大限度地发挥创业精神。创业中的挑战就是要从环境中获得资源，并且与已有的其他资源嫁接，建立起一个高效配置资源的成功组织。环境施加的威胁和压力，是任何竞争市场环境中与生俱来的制约因素。这些制约因素主要来自政府政策环境、经济环境、技术环境、社会人口统计环境以及生态环境。环境始终处于动态变化和不确定性之中，充满着复杂性和风险性，创业者必须时刻监控外部情况和演进趋势，以便对组织和战略进行调整，从而取得创业的最终胜利。

3. 人的要素

人是创业活动中最活跃的因素。创业离不开人，离开了人，一切创业活动将会停止。与人相关的要素包括：

（1）创业者。创业既可以由个人来担当，也可以由一个团队来执行。团队是由具有不同经验背景、知识和技能的个体组成，有着共同的使命，相互协同工作以实现共同目标的正式群体。人的行为动机是由需求引起的。创业对创业者来说，是一种行为方式的选择。研究发现，个人特点是做创业者的前提条件。创业者的外向、勤奋、讨人喜欢、能接受新思想以及敏感的特征，加上其创新能力是创业成功的第一要素。

（2）企业内部的员工关系。除了创业者个人及创业管理团队外，创业过程中人的因素还包括企业内部的员工关系。新创企业要想在激烈的市场竞争中获得主动，就必须将员工关系建设作为一项重要任务来抓。谁能留住那些能给企业带来丰厚利润的关键员工，并赢得他们长久的信任和忠诚，谁就能获得满意的客户投资回报，进而获得持续发展的竞争优势。而员工对企业的信任和忠诚，主要由他们对企业所提供的绩效承诺和激励过程中获得的价值及由此体验到的满意程度决定。员工满意度越高，就越容易为企业创造利润。关注员工关系不仅意味着要重视员工关系管理，更要重视员工之间的差异性，即要为员工提供个性化关系管理。

（3）企业外部的公共关系。创业过程中人的因素还包括企业外部的公共关系。企业不是一个“井底之蛙”，而是一个面向全社会开放的大系统。不仅要处理好员工关系，还要处理好与股东、消费者、商业合作伙伴、政府职能部门之间的关系。树立一个良好的公共关系形象，有利于新创企业的健康成长、和谐发展。

4. 物的要素

获取资源的能力决定了创业者能创什么样的业。物的要素也是创业过程中不可或缺的条件。如创建一个生产型的企业首先需要原材料、设备机器、厂房以及运输工具等物质资源，然后才能生产出满足市场需要的产品。创业过程中对物的需求主要源自对资金、技术、原材料及产品、生产手段等方面的获取。

（1）资金。要想创业，除了具备创业家的素质和选择合适的技术项目，还需要具有一定的资金，否则一切都是空谈。从创业的角度看，创业资本是创业的关键元素。台湾一家企业咨询公司总结了近千家创业企业失败的原因，其中创业资金的匮乏是最重要的原因。这恰好印证了“钱不是万能的，但创业没有钱是万万不能的”。创业所需要的技术（专利）、生产设备、原材料、雇员的工资等都需要大量资金，以维持创业活动的正常进行。

（2）技术。技术是将知识运用到实践中的手段、途径、工具或方法。创业者拥有独特的满足市场需求的技术是创业成功的另一关键元素。很多创业者凭着一项技术而创造出一番伟业。适合的技术犹如竖起的一道屏障，能够为你在立足之前挡住竞争者与你争抢市场，从而大大提高你创业成功的机会。

（3）原材料及产品。对生产型企业而言，原材料及产品是创业活动得以进行的必备条件之一。即使创办一家服务型企业，也需要依托有形或无形的产品作载体，来完成投入与产出价值创造过程。

（4）生产手段。生产手段是投入与产出之间的一个转换器。对企业而言，生产手段既可以是设备、工艺以及相关技术人员，也可以是一种独特的商业运行模式。

（四）创业的类型

创业按不同的标准可以划分为不同的类型，按照创业的初始动机不同，可以将创业划分为生存型创业和机会型创业；按照创业的主体不同，可以将创业划分为个人独立型创业、公司附属型创业和公司内部型创业。

1. 生存型创业与机会型创业

（1）生存型创业。

生存型创业指的是创业者迫于生存的压力，为了维持自身及家庭的基本生活所需而选择的创业行为。这种创业行为带有一定的无奈感，是创业者为了满足个人最基本的生存与安全需求所做出的选择。目前，社会上的下岗工作人员、失地农民的创业多属于此种创业类型。通常情况下，生存型创业的目的主要为谋生，因此也有部分学者将生存型创业定位为个人的经营性行为。

（2）机会型创业。

机会型创业指的是创业者通过敏锐的商业触觉，发现并捕捉商业机会，有意识地实现价值创造的一种创业行为。这种创业行为与生存型创业存在本质的差别，生存型创业是一种被动的行为，而机会型创业则是一种主动的、积极的行为，创业者走上创业道路不是为了简单地满足生存和安全层面的需求，更重要的是实现社会地位的提升和自我价值的体现。

2. 个人独立型创业、公司附属型创业与公司内部型创业

（1）个人独立型创业。

个人独立型创业是指创业者个人或志同道合的几个人共同组建创业团队，在不依附于任何企业的情况下，创建全新的商业企业的活动。个人独立型创业拥有一些明显的优势，如业务范围的选择较广、经营模式的设计相对灵活等，但在融资渠道的拓展及资源的获取难度方面要高于公司附属型创业。

（2）公司附属型创业。

公司附属型创业是指由一家已经相对成熟的公司重新创建一家新的附属企业。与个人独立型创业相比，公司附属型创业更像是现有企业的成长性行为。通常是一家已经成立了的企业为了进一步扩大自身规模、分散风险、提升自身综合竞争力而进行的战略扩张行为。

（3）公司内部型创业。

公司内部型创业是指由企业内部具有创业意愿的员工发起，企业作为合作方，与员工共担风险、共享收益的一种创业行为。公司内部型创业与公司附属型创业看似相同，实际上却存在本质上的差异，公司内部型创业的发起人是员工，公司在参与过程中更多地扮演支持者的角色，而公司附属型创业则是公司自主扩张的战略性行为。1985 年，美国学者吉福特·平肖提出了“内部创新者”的概念，很快，日本松下、富士通等多家企业开始推行企业内部创业，2000 年以后，我国的华为公司也加入了这一行列，公司内部创业模式在多个企业的经营实践中得到了丰富和完善。

（五）创业的过程

创业绝非一蹴而就，它需要不断地思考、投入和努力，它是一个过

程，而且是一个循环上升的过程，在这个过程中至少包括三个阶段：创业规划期、创业准备期和创业管理期。

1. 创业规划期。

创业规划期是创业者的前期思考阶段，在这个阶段，创业者要客观地对自己的能力、个性、创业动机、创业需求进行分析，以确定自己是否具备创业者的基本素质。同时，创业者要走进市场，捕捉市场的变化趋势，明确各个行业的发展前景，以准确、客观地识别创业机会。除此之外，创业者在这个阶段还需要对创业道路上可能面临的风险，如项目本身存在的不足、宏观环境的变化等进行预测分析，以准确评估项目的市场潜力。

2. 创业准备期

在创业规划期，创业者的主要任务是调查与思考。当进入创业准备期时，创业者需要展开正式的行动，搜集创业所需资源，包括信息资源、财务资源、人力资源、关系资源及物质资源等。同时，创业者需要对这些资源进行整合，如遵循互补性原则组建高效的运作团队，选取最具针对性的融资渠道，与高质量的供应商及代理商确定合作关系等，将企业所需的"人""财""物"组合成一个高效运作的体系。除此之外，创业者还需要在这个阶段充分了解与开办及运营企业相关的各种法律法规，保证自己在企业进入"战场"之前，能够准确理解"游戏规则"。

3. 创业管理期

自企业正式注册成立之日起，便进入了创业的管理期。企业管理是一项复杂的工程，其中包括企业战略目标的明确及制定、人力资源的管理与开发、生产模式的选择与推行、营销方案的设计与执行、资金的使用及管理、运营风险的控制与规避等，所有这些工作必须环环紧扣才可以保证企业的生存和持续发展。

二、创业精神与创业心态分析

（一）创业精神

1. 创业精神的内涵

创业精神是创业者在创业过程中表现出的一些重要的心理与行为特征。创业精神的英文表述为“Entrepreneur Spirit”，这一词组本身就暗示了创业精神的一些关键内涵，如创新意识、冒险精神、领导魅力、管理天赋等。创业者是否具有创业精神影响着其创业动力、创业规模、创业贡献等诸多定义创业成功的核心因素。

2. 创业精神的本质

创业精神这一概念最早出现于18世纪，其含义一直处于不断深化和丰富的过程中。对于创业精神的核心内容和关键指标，学术界一直存在着多种说法，但对于其本质的界定却有着比较一致的结论。学者们通过对大量成功创业者及知名企业家的调查分析，发现凡成功建立基业者，其身上必然拥有一些类似的品质或能力，本书基于此，将创业精神的本质界定为以下四点。

（1）创新意识。创新意识是创业精神的核心。因为创业行为是具有开创性的活动，所以创业者通常会打破传统秩序，构建起突破常规的结构或体系。

（2）务实精神。务实精神是创业精神的基础。务实精神是中华民族的优良品质，它强调躬行求实。创业有“创立基业”之意，因此事事必须从实处着脚，从前期的宏观环境调查、行业结构分析、市场潜力评估到企业管理中的各类工作都必须做到实处，否则基业必溃。

（3）独立人格。独立人格是创业精神的根本。独立人格是指人的独立性、自主性，可以不依赖于任何外在的力量独立思考、独立实践的本领。创业的旅途上有太多的困难需要创业者独立去面对和解决，因此拥有独立人格的人才具备走进创业队伍的资格，它是创业精神的重要品质。

（4）果敢坚定。果敢坚定是创业精神能否转化为实践行动的关键。创业精神是一种特殊的界定，它的内容既丰富又复杂，有的学者强调创业精神中的创造性，有的则立足于创业精神中的实践性，但果断坚定却是所有学者都认同的创业品质。

（二）创业心态

心态决定一切，不管做什么事情，良好的心态都是事情成功的关键。对于每一个创业者来说，良好的心态更是必不可少的条件。那些在各个领域取得成功的人和普通人最大的不同，往往就是心态和思维模式的不同。可以说，只有具备好的心态，才能在创业之初的艰苦时期让你避免阵脚自乱。

那么，作为创业者，我们应该具备怎样的心态，才能让自己在创业之路上始终充满斗志呢？

1. 拥有强烈的成功欲望

创业之路任重而道远，创业路上不可能总是一帆风顺，创业者要做好打持久战的准备。只有具备了非常强烈的成功欲望，才能不被创业途中的任何艰难险阻打败，还有可能激发更大的潜能，不断缩短自己的创业目标与现实之间的距离，最终实现理想。因此，具备强烈的成功欲望，从某种意义上来说意味着你的创业已经成功了一半。

2. 坚持自己的想法，不走寻常路

创业要与众不同，创出自己的特色，前期的探索很关键。要求创业者的创业目标要有特色，大胆想象，勇于实践，走出自己的品牌路；创业方法要新颖，不盲目地复制别人的想法、不跟风，有助于实现自己的创业目标。创业风格要独特，用自己的实力打造一个凝聚力强、战斗力强的创业团队。

3. 拥有创业的激情和对梦想的执着

为自己的事业奋斗一定要充满激情，只有当你积极地投入事业发展中，你的员工、你的团队才会被你深深感染，充满工作的斗志。创业仅有一时的热情是远远不够的，要把这份热情始终贯穿整个创业过程，在公司营造一种积极向上的工作氛围，让员工始终以饱满的精神投入工作当中。

4. 创新是企业发展的动力

面对日益激烈的市场竞争，企业只有在产品创新上下功夫，才可以做到“以不变应万变”，才可能赢得竞争的胜利。因此，我们要不断学习，时刻关注市场动态，推陈出新，依靠创新提供满足消费者需求的产品或服务，扩大市场占有率。

5. 具有合作精神

独脚难行，孤掌难鸣，一名优秀的创业者一定是一个懂得合作的智者。创业者只有学会与他人合作才能让企业在复杂的关系网中生存下去，在竞争当中求合作，在合作中求发展，这样的企业才能充满活力和战斗力。

客观来说，创业有时候就像生命中另一种意义上的赌博，然而，即使是这样，仍然有很多人尝试做自己的事业。因为他们坚信：在决定创业的那一刻起，只要培养正确的心态，不管创业成功与否，对创业者自身来说，都是人生的一大进步。在此过程中，只有具备正确的心态，才能给自己带来创业的信心，才能在遇到困难的时候支撑自己勇往直前，让自己自始至终都能以饱满的热情对待自己的事业，让自己不断获得成就感。

三、创业者必备的素质与能力

（一）创业者素质的提升

创业者是创业企业的核心，是创业成功的关键。正如诸葛亮所言："有制之兵，无能之将，不可胜也；无制之兵，有能之将，不可败也。"创业者是引领企业在市场中乘风破浪的"有能之将"。创业者优秀的综合素质，犹如航海中的指南针，能够给企业带来向心力和凝聚力，从而使企业到达胜利的彼岸。因此，要成为成功的创业者，创业者必须自觉地培养自己的创业素质。具体来讲，应努力塑造自己的身体素质、心理素质、知识素质和能力素质。

1. 身体素质

身体素质是指身体健康、体力充沛、精力旺盛、思路敏捷等。身体素质是创业者成功的本钱。新创企业的经营活动常常面临诸多挑战，创业者工作繁忙、时间长、压力大，倘若身体素质不好，心有余而力不足，难以承受创业重任，势必会导致企业因创业者的健康问题而中途夭折。因此，创业者良好的身体素质是确保创业成功的基本保障。创业者要学会工作、学会休息，牢记身体健康也是企业的生产力。

2. 心理素质

心理素质是指创业者的心理条件，包括自我意识、性格、气质、情感等心理构成要素，主要体现在人的独立性、坚韧性、克制性、适应性、合作性等方面，它反映了创业者的意志和情感。创业之路充满艰险与曲折，要随时面对变幻莫测的激烈竞争以及各种问题和矛盾，这需要创业者具有非常强的心理调控能力，能够持续保持一种积极、沉稳的心态，即有良好的创业心理素质。创业的成功在很大程度上取决于创业者的心理素质。创业之路不会一帆风顺，如果不具备良好的心理素质、坚忍的意志，一遇挫折就垂头丧气、一蹶不振，在创业路上就走不远。正如宋代苏轼所言:“古之成大事者，不唯有超世之才，亦必有坚韧不拔之志。”只有具有处变不惊的良好心理素质和愈挫愈强的顽强意志，才能在创业路上不畏艰险、自强不息、竞争进取、顽强拼搏，才能从小到大、从无到有，闯出属于自己的一番事业，取得创业的最后胜利。

3. 知识素质

创业者的知识素质对创业起着举足轻重的作用。创业者要进行创造性思维，要做出正确决策，必须掌握广博的知识，具有一专多能的知识结构。具体来说，创业者应该具有多方面的知识，做到用足、用活政策，依法行事，用法律维护自己的合法权益；了解经营管理的知识和方法，提高管理水平；掌握与本行业和本企业相关的科学技术知识，依靠科技进步增强竞争能力；具备管理学、经济学方面的知识，如财务会计、市场营销、国际贸易、国际金融等。毫无疑问，创业者的知识素质是创业成功的基石，不断地提升知识素质是创业者的制胜法宝。

4. 能力素质

成功的创业者至少应具备：提出创意并做出评价的能力；视问题为机遇的能力；知人善任的能力；向所有相关人员学习的能力；寻求解决

问题的能力；人际交往的能力；始终从利益攸关者，特别是从顾客的角度出发，看待自身和看待企业的能力。当然，这并不是要求创业者必须完全具备这些能力素质后，才可以去创业，但创业者本人要有不断提高自身素质的自觉性和实际行动。提高能力素质的途径：一靠学习，二靠恒心。要想成为一个成功的创业者，就要做一个终身学习者。

总而言之，好的事物的产生总是有条件的。去追求成功就要努力让自己获得相应的条件，这是一个艰辛的过程，同时也是一个自我提高的过程。只要创业者树立必胜的信心，自觉提升自己的综合素质，就一定会取得创业的成功。

（二）创业者必备的能力

成功地创建和管理一个小企业，仅仅明白和熟悉一些商业知识和法律知识是远远不够的。这个道理犹如一个人掌握了游泳知识，并不一定就会在水中游泳一样，理论只有经过了实践的阶段才能转化为智慧和技能。一般而言，创业者特别重要的创业能力包括：拥有凭直觉做出决策的能力（即对社会经济发展趋势的分析判断能力）、因势利导的能力、人际交往的能力、机遇识别与分析的能力、创造性地解决问题的能力、合法地综合利用各种资源的能力、管理财务的能力、团队合作沟通协调的能力、战略性思维的能力等。总之，创业者可以通过“干中学”获得以下创业能力。

1. 项目管理能力

项目管理能力是指运用专门的知识、技能、工具和方法，在限定的资源及限定的时间内，使管理的项目能够实现或超过预期需求和期望的一种能力。项目管理是对一些与成功地达成一系列目标相关活动的整体监测和管控，它包括各种计划、组织、领导、控制等方面的进展。项目管理可帮助企业处理需要跨领域解决的复杂问题，并实现更高的运营效率。因项目盲目上马导致企业资金周转的困难，进而使经营运作陷入困境甚至破产的案例，数不胜数。因此，创业者需具备一定的项目管理能力。

2. 制度管理能力

创业者作为企业的最高管理者，必须树立“制度大于总经理”的文化理念，不断强化用制度管理企业的能力，带头遵守企业各项规章制度，建设好企业的制度文化。企业制度是控制企业交易成本的重要工具，有效率的制度是企业发展的关键。企业制度不能简单地理解为上班不迟到、不早退、穿工作服、戴防护帽，而是要求企业的每一个员工都必须遵守企业制度的运行轨迹，做到每个生产环节的“接口”合理化、科学化、简捷化。只有这样才能有效地降低企业的交易成本，从而使企业获得茁壮成长所需的持续利润。

3. 决策管理能力

在激烈的市场竞争中，创业者果断做出决策的能力是必备的谋略与胆量。当创业者做出决策时，要在一个目标与另一个目标之间有所取舍。“满意决策”是建立在对现实条件充分分析的基础上，选择一种风险较小、较为满意目标方案的决策，是现实性与先进性结合的明智之举。

4. 计划管理能力

当人们想满足某种期望时，往往不计算将要付出的成本，凭感觉，有了大方案却没有小计划，干到哪里算哪里，因而付出了较大的成本使收益受损。管理者做出一切决策时，一定要先计划、后实施，因为世界在变，环境在变，人们的观念也在变，科学地运用计划管理，企业才能立足长远可持续发展。

5. 财务管理能力

初创期的企业通常会遇到如下两类问题：一是需要多少资金投入，以及形成多大的产量和销量，才可以使企业盈利；二是对既定的资金需求额的计划，自己出多少资金，再借入多少资金，能够使企业的经济价值最大化。解决这两个问题，要求企业管理者具备财务管理的能力，在风险可控情况下实现企业利润最大化和成本最小化的目标。同时还要求企业管理者能通过阅读和分析财务报表，发现企业管理运作方面的潜在隐患或明显缺陷，及时采取相应措施和决策，有效防范企业的财务危机。

6. 信息管理能力

信息管理是企业管理活动的一项重要内容，信息只有及时准确地送到需要者的手中才能发挥作用，企业的管理系统越庞大，结构就越复杂，对信息的渴求就越强烈。任何一个组织要形成统一的意志、统一的步调，各要素之间必须能够准确快速地相互传递信息。管理者要实现对企业的有效控制和管理，必须依靠来自组织内外的各种信息。信息如同人才、原料和能源一样，是企业生存发展的重要资源，是企业管理活动赖以展开的前提，一切管理活动都离不开信息，一切有效的管理都离不开信息的管理。

7. 授权管理能力

在竞争日趋激烈的今天，创业者如果事必躬亲、对一切都抓住不放，就会使企业裹足不前，使自己陷于企业繁杂琐碎的事务之中，因此，一旦企业从学步期步入青春期后，创业者要学会有效授权。有效授权首先要建立对团队成员的尊重和信任。如果对成员不尊重，不相信他们有能力做出正确的决策，则不可能建立授权系统。对管理者而言，授权可以让他们腾出较多时间做策略性的思考；对于员工而言，授权可以让他们学习新的技巧和专长，让主管及员工都有机会发展能力，在事业生涯中更上一层楼；对于企业而言，有效授权可以增进企业整体的效能，带领团队奔向企业的目标。

8. 沟通管理能力

著名组织管理学家切斯特·巴纳德认为："沟通是把一个组织中的成员联系在一起，以实现共同目标的手段。"没有沟通，就没有管理，没有管理，就没有企业的成功。沟通是管理工作的灵魂，是提高工作效率、实现共同目标、满足各种需要的重要工具。管理工作中70%的错误是不善于沟通造成的。成功的企业管理人士通常会将90%以上的工作时间用于部属之间的良性沟通之中。通过清晰的指导与决策节省时间与精力，减少重复劳动，提高工作效率。美国通用电气公司就是靠感情沟通式的管理，以惊人的速度发展起来的，这种沟通式管理给人以深刻的启迪。

企业良好的沟通有助于使企业员工感受到企业对自己的尊重和信任，因而产生极大的责任感、认同感和归属感；有助于减少冲突，化解矛盾、澄清疑虑、消除误会，增强团队的凝聚力。企业良好的沟通管理，不仅可以使管理层工作更加轻松，使普通员工大幅度提高工作绩效，同时还可以增强企业的凝聚力和竞争力。可见，高效沟通能力是一个人、一个团队、一个企业健康快速发展的推进剂。恰如我国古代著名军事家孙武所言：上下同欲，士可为之死，为之生。只有沟通，才能创造如此和谐的境界，从而赢得人心，释放出一股股冲天的创业激情，支撑起企业大厦。

9. 危机管理能力

危机管理是为了应对突发的危机事件，抗击突发的灾难事变，尽量使损害降至最低点而事先建立的防范、处理体系和对应的措施。对企业而言，为了应对与社会大众或顾客有密切关系且后果严重的重大事故的出现，在企业内预先建立防范和处理这些重大事故的体制和措施，其目的在于消除或降低危机所带来的威胁和损失。企业在面对危机时采取的不同态度和方法，对塑造企业形象将产生“差之毫厘，谬以千里”的效果。在企业生产经营中发生某个小意外或者事故的消息，一旦上了网络就会迅速扩散到全国甚至更大的范围，产生不良后果。所以，创业者的危机管理能力对企业安身立命至关紧要。

危机并不等同于企业失败，危机之中往往孕育着转机。危机管理是一门艺术，是企业发展战略中的一项长期规划。企业在不断谋求技术、市场、管理和组织制度等一系列创新的同时，应将危机管理创新放到重要的位置上。一个企业在危机管理上的成败能够显示出它的整体素质和综合实力。成功的企业不仅能够妥善处理危机，而且能够化危机为商机。

10. 培训员工能力

在企业里，员工 70% 的能力源于上司在工作中的辅导或教练，另外 30% 可能源自企业的培训教育。这意味着，创业者如果不懂得如何培养、辅导下属，就意味着下属很可能不能完全具备那 70% 的工作能力。事实上，很多创业者都曾体会到：感到下属能力不够，不敢把工作交给他们。而这恰恰是企业管理者没有当好教练的缘故。对于现代的管理者来讲，培养下属的教练能力是一个很重要的能力。

11. 商务谈判能力

在现代的商业社会中，商务谈判越来越多，对企业的经营活动起着越来越重要的作用。创业者的商务谈判能力不仅适用于企业之间的谈判，同时也适用于企业与利益相关者之间的谈判。在买卖谈判中，双方谈判能力的强弱差异决定了谈判结果的差别。创业者谈判所获得的效益往往是企业纯利润的重要来源。可见，提高商务谈判能力是企业赢得利润空间的重要举措。

四、创业者创业知识的储备与认知

一些针对创业管理的研究发现，创业者及其创业管理团队的知识结构、创业目标和价值观对创业成功具有关键作用。创业者个人的知识和先前的工作经验会引导创业者形成一个“知识走廊”（knowledge corridor），使得个人拥有独特的信息储备，能够识别和发现其他人不易识别的创新性的机会，而且创业者在组织中的经验类型还影响着新企业创建的新颖程度。也就是说，当创业者拥有较少的某个组织领域的核心经验，而拥有较多的组织边缘领域的经验和其他产业领域的经验时，更有可能成为一个创新型的创业者。尤其是当创业者质疑或挑战现有产业里的主导商业模式的合理性和有效性时，更有可能从事创新型的创业活动。

然而，对一名创业者来讲，不论准备投身何种创业项目，提前储备一些商业知识与经营之道是必要的，而且还须具有很强的针对性。对拟涉足的创业领域，创业者不仅要精通专业知识，还要对这个产业的市场发展趋势及经营模式了如指掌。否则，创业者在创业过程中就会因知识结构偏颇或欠缺而交纳昂贵的学费（决策失误）。因此，创业者必须熟知以下创业知识。

（一）货物知识

若创业者拟经销或生产某一产品，就需要对这一产品的属性进行了解。这些内容包括：

（1）产品的批发及零售知识；

（2）产品种类、质量和有关计量知识；

（3）产品装卸、运输知识；

（4）产品的保管储存知识；

（5）真假产品的鉴定、识别知识；

（6）对有关危险品的管理知识。

（二）金融与财务知识

想成为成功的创业者，了解一些常用的金融与财务知识是非常必要的。这些金融与财务方面的知识主要包括：

（1）货币金融学知识；

（2）信用及贷款知识；

（3）资金核算及记账知识；

（4）证券、信托及创业投资知识；

（5）财务管理基本知识。

（三）服务行业知识

若创业者拟进入服务行业开展创业活动，则需要对该服务行业的属性进行了解。这些内容包括：

（1）服务行业管理的法律法规；

（2）各专业服务行业的行业规则、业务知识。

（四）经济法规常识

依法经营是企业和谐、稳定、发展的踏脚石，是企业长寿的“护身符”。例如，根据《中华人民共和国产品质量法》第四十九条的规定，生产、销售不符合保障人体健康和人身、财产安全的国家标准、行业标准的产品的，责令停止生产、销售，没收违法生产、销售的产品，并处违法生产、销售产品（包括已售出和未售出的产品）或交金额等值以上三倍以下的罚款；有违法所得的，并处没收违法所得；情节严重的，吊销营业执照；构成犯罪的，依法追究刑事责任。创业者必须重点熟悉以下经济法规知识：

（1）《中华人民共和国公司法》；

（2）《中华人民共和国合同法》；

（3）《中华人民共和国劳动合同法》；

（4）《中华人民共和国反不正当竞争法》；

（5）《中华人民共和国消费者权益保护法》；

（6）《中华人民共和国产品质量法》；

（7）《中华人民共和国企业所得税法》；

（8）《中华人民共和国商标法》。

（9）涉及创业行业的其他专门法规及条例。

当然，创业者可能并不需要全部掌握以上知识，但有针对性地选择学习是很必要的。现在获取创业知识的途径很多，如专门的创业培训与指导、创业讲座等，都可以让创业者获得自己想要的知识。另外，学习对创业者来说是一门永远不能丢掉的功课，在创业路上，不仅要读“有字的书”，更要读“无字的书”——从他人的创业经验和遇到的各种问题中习得知识，为己所用，为管理创新企业所用。

（五）合法开业知识

掌握合法开业知识有助于合法经营，避免无意识的违法违规行为发生。合法开业的知识主要包括以下内容：

（1）有关私营及合伙企业、有限责任公司的法律法规；

（2）怎样申请开业登记；

（3）哪些行业需办理有关的前置许可手续；

（4）哪些行业要进行环境影响评估；

（5）怎样办理税务登记；

（6）纳税申报有哪些规定和程序；

（7）如何领购和使用发票；

（8）银行账户开设程序和有关结算规定；

（9）成为一般纳税人有哪些条件；

（10）应该缴哪些税费，如何缴纳；

（11）怎样获得税收减征免征待遇；

（12）怎样进行账务票证管理；

（13）国家对偷税漏税等违法行为有哪些制裁措施；

（14）增值税率及计征方法。

（六）市场营销知识

虽然营销不是企业的唯一成功因素，但却是企业成功不可或缺的关键因素。在激烈的市场竞争中，新企业尤其需要重视市场营销工作。市场如战场，谁能把营销工作做得好，谁就能赢得市场的主动权，获得新产品或新服务所带来的利润。因此，创业者应熟悉以下市场营销知识：

（1）市场预测与市场调查知识；

（2）消费心理知识；

（3）产品的定价知识和价格策略；

（4）商品物流及仓储知识；

（5）销售渠道的开发知识；

（6）营销管理知识；

（7）商务谈判与社交礼仪。

【案例】

创业，从校园起步

在浙江万里学院的校园里，很多大学生在课余时间去逛“我的大学生活馆”，购买生活用品，或去“新概念餐饮”广场品尝各种美食。让大家感兴趣的是，这两个商场的老板是他们的一位学长。

学长开出小食堂

“新概念餐饮”在浙江万里学院3号食堂楼上，占地约1500平方米，现有大大小小7家餐饮店，川菜、家常菜、中式快餐、西式快餐都有。这里环境舒适，价格公道，很多学生前来“开小灶”。

其中一家名为“川香阁”的饭店刚开张不久，是新学期正式对外营业的。店主丽丽（化名）介绍说，她和几个同学一起开了这家300平方米的饭店，看中的就是这个有15000多名学生的巨大市场。

“川香阁”的名声很快传开了。特别是到了周末，客人一批又一批，最多时一个晚上的营业额达到5000元。

今年刚毕业的吴日沪是“新概念餐饮”广场的老板，大三时，万里学院后门的美食街拆迁，他敏锐地从中捕捉到了商机。“当时3号食堂的二楼正好空置，我想到校内创业投资成本比较低，就和几个同学合伙开了这家‘新概念餐饮’，给同学们提供更多的就餐选择。”吴日沪说，运营一年来，“新概念餐饮”已盈利40多万元。

在校园里经营品牌

吴日沪学的是营销专业，大学期间，他从推销校园快餐外卖起步，后来参与策划了万里学院“首届大学生美食节”“首届大学生兼职招聘会”和“首届高教园区实践大赛”等一系列大型活动，积累了许多实践经验。

创立“新概念餐饮”后，吴日沪并不直接经营餐饮业，而是出租店面，他负责为客户办理营业执照、卫生许可证等，并进行日常的管理。他的另一项重要工作，就是设计和推广自己的“新概念”品牌。如今，说起“新概念”，“万里”的学生都知道，这是学长开的美食广场。

吴日沪又看中了 3 号食堂空置的三楼，“很多同学，特别是女同学，想逛街只能去市区，要买个发夹、洗面奶之类的东西很不方便。如果在校园里开办一个日用品商场，生意肯定不错。”

新学期，“我的大学生活馆”顺利营业，服饰店、护肤品店、饰品店、鞋店……50 个商铺正式开张，同学们不出校门就可以在这儿挑选自己喜爱的商品，“生活馆”的品牌也很快打响。吴日沪说，光是“生活馆”，每年就可为他带来近百万元的利润。

创业从身边做起

毕业前，吴日沪注册成立了宁波空间投资咨询有限公司，主要经营投资咨询、企业经营管理、项目策划、品牌营销策划、企业形象策划、商务咨询等，涉及房地产、会展、广告、餐饮等多个领域，他开始朝着自己的梦想大步前进。

“创业”是眼下的一个热门词汇，政府、社会和学校都在鼓励大学生创业。不过，让相当一部分创业者感到困惑的是，现实总与他们理想的预期相去甚远，设计好的创业计划也难以展开。

对此，吴日沪认为，大学生创业要避免眼高手低，不要设计一些不切实际的创业计划，也不要直接挑战难度太高的创业项目，可以先从身边的一些小项目做起，慢慢积累经验。只要做得好，小项目也可以变成大项目。

浙江万里学院党委书记陈厥祥说，大学生创业应该选择合适的时机与合适的门类，扬长避短，彰显特色与优势。同时，学校也要注重对大学生创业意识与创业能力的培育，努力造就更多的创业创新人才。

第2章

创业项目与计划书撰写

一、创业环境分析

（一）外部环境分析层次

外部环境分析层次可以简单分为总体环境层次、产业环境层次、细分市场与价值活动层次。外部总体环境层次也称为一般环境层次、宏观环境层次。总体环境层次因素的改变会影响多个产业中的厂商。外部产业环境层次也称为行业环境、微观环境、个体环境、任务环境层次。产业环境层次因素的改变会影响此产业中的厂商。若外部环境中的因素改变，创业者或企业率先回应，则此改变对他们是一个机会；若他们滞后回应，则此改变对他们是一个威胁。

（二）产业环境分析：找出机会点、战略聚焦定位

1. 产业

产业由以下项目构成：下游是市场顾客与需要，中游是执行一系列价值活动提供产品服务的许多厂商，上游是由向产品厂商提供要素（原料、组件、技术、设备）的供应商组成。产业的上游、中游、下游都会持续发生改变：如随着下游顾客需要的改变，渐次浮现出新的细分市场与细分市场多元化；上游要素跨代升级，性能提升或成本下降，产品也会升级、降价或发生其他改变。

2. 产业环境分析方面（因素现状、改变）

产业环境分析的因素可以归为六个方面，包含：下游市场与顾客、上游供应商与要素、竞争者行为、互补厂商、替代品、潜在进入者。Porter（1985）提出了产业环境分析的五力模型，把互补厂商加入就成为更完整的六力模型，如图 2-1。以下分别说明六方面分析的内容。

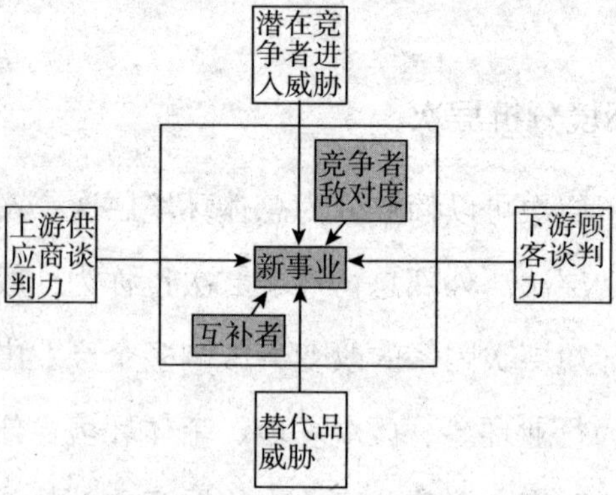

图 2-1　六力模型图（修改自 Porter 的五力模型图）

3. 潜在进入者

潜在进入者方面要分析进入门槛是否高，哪些厂商可能成为进入者，他们的资源和能力如何，未来这个市场会不会过度竞争等。

4. 市场与顾客方面分析

市场与顾客方面分析首先要用一些变量将市场细分化，再分析各细分市场的六力，评估对创业者的有利与不利方面。其包含分析各细分市场的规模大小；市场是处于成长、稳定持平或衰退状态；此细分市场顾客的需求类型，未来改变方向，与其他细分市场的相同与相异处。为了满足这种特殊需要，要解决哪些重要问题；顾客的议价力；竞争性与被服务度，即此细分市场是低度竞争或是高度竞争，是低度服务或是过度服务。相对资源强势程度，即选择此细分市场服务，创业者所拥有的资源相比于竞争者，创业者在此细分市场中是否有强势的资源。

选择目标细分市场：市场与顾客方面分析后要选择一个对创业者有利的存在机会的目标细分市场。目标细分市场应具有的属性：潜在需求大并有成长趋势，是低度服务的；竞争情势有利，是竞争者没有最佳服务的，没有企业对此目标细分市场建立独特定位与聚焦；立基强势资源，新事业已有强势知识，有限的金钱投入能产生效果；需求类型不同，价值创造逻辑不同，创业者能够创造出新的资源构造与商业模式。

5. 上游供应商、要素

上游供应商、要素方面要分析：上游有哪些生产要素（原料、组件、技术、人才）；要区分出既有要素、差异性要素、新异质要素；要素有何属性与变化，对创业者造成机会还是威胁；当新要素出现后，若创业者率先利用则能把握住机会；若创业者滞后利用则会遭受威胁。在与上游厂商关系方面，创业者要决定与上游厂商间建立何种关系，即选择市场关系或密切的网络关系，另外也要分析上游厂商相对于创业者的议价力。

6. 竞争者分析

战略分析要进行竞争者分析。竞争者分析的基础包含市场共同性与资源相似性，这些变量可以帮我们界定直接竞争者，了解他们的竞争行为。直接竞争者是那些与创业者资源相似性大、提供相似产品、争取相似顾客的竞争厂商。直接竞争者多且强，则产业中竞争激烈，创业者面临的威胁较大。

战略决策要知己知彼才能有效地回应竞争者。不同的企业对于相同竞争情势应有不同回应方式。例如，小型与弱势企业回应强势竞争者的战略是：避开竞争与寻找利基生存。大型与强势企业回应竞争者的战略是：攻击性竞争，争夺更大市场，驱逐竞争者。

知彼的方法包括通过收集竞争者信息，可以知道竞争者的资源能力、市场地位、行为方向。竞争者分析的问题如下：在不同细分市场中，竞争者资源与能力的优势与劣势是什么？竞争者的目标、现状与市场地位、未来战略的方向与定位是什么？竞争者对产业假设是保持现状还是突破？竞争者对某个机会积极还是不积极？相对于竞争者，创业者产品服务的市场定位为何？竞争者对本企业各种战略的承受能力如何？本企业战略对竞争者成功反击的承受能力如何？

产业中的某些竞争现象会形成机会。例如现象一：产业中存在竞争合流现象（competitive convergence），即多数竞争者以相似战略往同一个方向竞争，它们会忽略某些细分市场，这些市场成为创业者的机会。现象二：多数竞争者采取无差异的战略，即未聚焦与定位某个细分市场，则创业者可聚焦在此细分市场成功创业。现象三：产业持续浮现新需求，在浮现的新细分市场可以成功创业。

小企业与多元化的大企业可能存在差异的竞争观。小企业重视的某一个细分市场可能是多元化大企业所不重视的细分市场，因为大企业有其他更好的市场机会可追求（Chen，1996）。

7. 互补方面

互补方面要分析哪些厂商的哪种产品与创业者的产品互补，可以整合为完整方案。互补产品越强，则产品组合越强，给创业者带来机会；反之给创业者带来威胁。

8. 替代方面

替代方面要分析哪种产品与创业者的产品相互替代。若替代品越来越强，则对创业者有威胁；反之，则创业者有侵入替代品市场的机会。例如：闪存（Flash RAM）做的固态硬盘替代传统硬盘。

9. 发现机会、形成战略、聚焦定位

产业环境分析可以通过将产业划分为不同的细分市场和价值活动，再对每个细分市场和价值活动分析变化趋势。不同细分市场的需求会呈现出浮现、成长、稳定、衰退的趋势，顾客需求有不同类型，价值创造活动也会呈现出高效率、无效率等特征，技术与生产要素会呈现出成熟、发展中、刚出现等特征，竞争程度不同，进入门槛高低也不同。

创业者要从几个创业机会中选择利用一个最适合的创业机会，并能结合资源条件形成创业战略方案。新创企业通常选择的是现有企业尚未进入与提供服务的、被现有企业忽略的或正在浮现的利基细分市场，以迂回的方式进入市场，避开现有企业的威胁与报复。

战略是选择聚焦定位在一个存在机会的细分市场和价值活动上，运用已有的产业特殊知识，开发利用机会。聚焦包含:（1）水平的事业聚焦，即选择经营单一事业。（2）市场顾客聚焦，即选择服务单一细分市场的特定顾客群。（3）产品类聚焦，即提供窄的少数相关产品类。（4）垂直的价值活动聚焦，即选择创业者能建立专业核心的，与竞争者比有相对强势资源的少数价值活动。

（三）总体环境分析方面

总体环境的因素可以归类为六个方面，包含：政治与法律、社会文化、人口、经济、技术、国际。这些方面的改变会对企业形成机会或威胁。例如，政治、法律上开放了民间资本投资学校，因此有民营企业家投资成立大学。社会文化方面有更重视健康的趋势，会影响健康产品的市场需求量和需求形态，此时企业率先推出健康产品，就能掌握机会获得成长；若既有企业忽略健康议题，则会遭受取代威胁。人口方面可以区分出人口成长地区与人口衰退地区以及收入提高地区与收入降低地区。因为成长地区市场需求量增长，因此适合创业。经济方面存在景气的周期循环，景气的不同阶段影响资金成本和市场需求。另外，产品、要素、就业市场也存在需求循环。创业投资最好在景气谷底时，因为这时候要素价格低，在接下来的复苏时需求也会增长，从而支持企业的营收和获利增长。企业领先应用新技术就能掌握创造新产品服务的机会；反之，则会遭受其他企业的替代与威胁。国外产业环境中各方面因素与国内有差异（有利、不利），能够提供给企业国际化和利用国外的有利条件的机会。

创业战略的分析过程与既有大企业的战略分析过程通常是不同的。前者通常是立足于自己的专业核心，从发现相关产业范围内的几个机会开始，然后才分析产业环境，再分析宏观总体环境因素改变对特定创业项目的有利程度，然后选择一个最有利的创业项目。宏观环境分析是最后做的，也许是被忽略的，因为创业机会本身就可以使创业成功与获利。而既有企业的战略分析，通常是先从宏观环境分析开始，再做产业环境分析。

二、创业机会分析

（一）机会

1. 机会定义

广义的机会要有产品差异来源和市场需求，产品差异来源于异质的资源。机会中存在低度利用的资源和整合资源产生新产品、新服务的可能。因此未完全利用的差异性资源和未满足的市场需求构成了机会，但不一定是创业机会，它可能是对既有竞争者、创业者、潜在进入者开放的机会。创业机会是狭义的机会，是创业者有产业知识和能力可以利用的，同时也是竞争者不积极、不知道、被隔离而不能利用的，有互补厂商可以合作利用的机会。

2. 机会起源

机会起源于改变。上游供应商、厂商内部、竞争者内部、下游顾客和渠道商的因素改变，研究机构、大学中的技术因素改变都可能产生机会。上游供应商的要素改变产生差异性新组件、新原料，可产生新产品。例如上游产生了更高阶的 CPU、芯片组，使工业电脑创业者获得生产更高阶工业电脑的机会。鼠标产业上游出现了新的光学鼠标模组，创业者获得了做出光学鼠标的机会。上游技术进步，产生了新的技术、设备，可用于改善事业现有营运。下游需求改变，产生新需求。例如建筑行业下游浮现出厂办大楼的需求。厂商内部产生了创新的技术知识，被创业者模仿取得。市场中存在竞争者没有聚焦与定位的细分市场。

不是任何改变形成的机会都能成为创业机会。由于创业机会是多个因素共同构成的，因此一组因素，包含：产生新要素的上游因素改变，浮现出新需求的下游因素改变，以及产生互补厂商的因素。这三种共同形成了创业机会。

对创业有利的机会才是好机会。例如，下游需求不但存在，而且是日益增长的。例如工业电脑厂下游的需求将会更大，因为未来工业电脑应用越多越广，增加对硬件的需求。上游的要素不但存在有价值的差异，而且未来的差异更大。例如工业电脑厂上游的奔腾处理器未来的性能将更高，而且量产后价格更低。

3. 机会消灭

机会是由于竞争厂商利用了它而消失的。所以机会是时间轴上的一个变量，不是任何时候都有的。

（二）影响机会发现和识别的因素

创造创业机会：创业者的创新知识来自创新、模仿或技术引进等活动。个人的兴趣和专长的持续发展，产生了差异化与价值很高的创新知识，这种知识可以产生产品差异，配合下游市场存在需求，也可以形成创业机会。

（1）先前的产业特殊经验知识与创业机会发现：创业者运用产业特殊知识，特别是产业环境知识，可以发现相同产业或相关产业的创业机会。产业环境知识包含：上游供应商的要素、下游顾客的需求、竞争者行为、互补厂商、已有的相关产业知识、资源整合的创意。创业机会是上游出现新要素与下游顾客需求改变产生新需求类型形成的机会，同时是竞争者不积极利用的，创业者有知识与能力能够利用的机会。

拥有的特殊（不同）时空知识；创业者将只发现与他先前的产业特殊知识有关的机会，并且没有积极地寻找他们；此项技术与创业者的先前产业特殊知识是互补的；潜在创业者关于市场的先前知识，影响他们发现应进入哪个市场以利用新技术；关于如何服务市场的先前知识，影响他们发现如何用新技术服务一个市场；关于顾客问题的先前知识，影响他们开发利用新技术的产品和服务。

（2）社会关系网络与创业机会发现：创业机会包含创造的创业机会和发现的创业机会。创业者的社会关系网规模，弱连接的范围，网络结构洞影响创业者发现创业机会。

①弱连接范围与创业机会发现：创业者的社会关系网可以按关系的

强连接和弱连接来分。Hansen 指出，网络的弱连接范围大，有助于取得信息与发现创业机会，强连接关系有利于知识等深度资源的取得。潜在创业者的大范围弱连接社会关系有助于信息的取得与创业机会的发现。

②网络结构洞：Burt 提出的网络结构洞概念，它可以解释创业机会的发现和独家利用。若一个有潜在需求的下游网络和一个有潜在资源的上游网络没有相互连接，则存在网络结构洞。若只有创业者在中间联结，则他填补和独占了这个结构洞。创业者的关系网填补了越多结构洞，则他发现创业机会的可能性越大。若上游出现了下游可以利用的资源，或者下游出现了上游的资源可以服务的需求，创业者在结构洞位置，则它可以发现并独家利用这个创业机会。

（3）创造性：创造性地整合资源产生价值。创业机会来自获得产品有价值（对目标细分市场顾客有价值）有差异的属性（相比于竞争者的产品属性），即提高产品服务性价比。所以当创业者创造性地想出了解决既有产品服务的问题，可以提高性价比的方法，形成了创意（创新知识最初始的形式），则他也发现了创业机会。

（4）跨地区或跨国旅行和观察：当地区之间、国家之间存在商业模式差异、产品种类与价格差异、技术差异时，旅行和观察也会发现创业机会。①跨地区旅行可以发现商业模式和技术差异。例如，优酷创业者到美国旅行，看到 YouTube 的成功，回中国模仿建立了优酷。百度李彦宏在美国的 Infoseek 公司工作，他回中国讲学，发现中国搜索引擎技术落后，因此发现了回中国复制创建搜索引擎公司的创业机会。②在产品货源地区与外地的市场地区旅行考察可以发现商贸机会。过去改革开放早期，外出弹棉花打工的温州永嘉县农民发现了，在温州永嘉县桥头镇的纽扣产地市场的纽扣种类多价格低，一颗纽扣批发价一分钱，在江苏南京、无锡等外地市场的一颗纽扣可以卖 1 角钱。由于温州存在纽扣产业的优势，在温州与江苏南京之间的产品种类和价格差距很大，因此他们发现了商贸创业机会。

（三）机会投资报酬评价与创业评估（投入资本、未来报酬）

1. 机会开发特征与创业资源评估

创业者和团队是否会利用机会创业还要考虑：开发机会的工程大小，需要的资金规模大小，是否有足够资金，是否需要建立一个规模较大的团队。虽然一个机会的报酬可能很大，但是如果开发此机会需要很大的投资金额，创业者和团队的自有资金很小，也没有能力利用此机会。如果开发机会需要建立一个规模较大的团队，而创业者没有能力建立这个团队，则他也不会创业。

在看似不可能的条件下，睿智的创业者会思考以下问题：是否可以将机会开发划分出不同的阶段，建立一个渐进投资发展的战略路径图？如果答案是肯定的，则创业者可以运用以小搏大的战略，利用看似不可能成功的创业机会。

2. 按照差异化模型进行机会价值的评价

由于在创业决策时根本没有新产品，新企业也没有成立，在那时，创业者只看到一组创业机会和资源，就决定创业了。在相同产业成长期创业阶段，产业中是存在许多竞争者的，创业者是后进入者，存在创业风险，仅仅从这一点看他是不应该进入产业的，但是创业者决定进入产业创业，因此他一定是从机会结构中看到了潜藏的东西。那么创业机会结构中潜藏了什么，或创业者看到了什么而被吸引的呢？

有时创业者决策时会同时面对几个可利用的机会。学者提出了机会吸引力的观点，用以解释利用某个机会的创业行动的发起。在一个机会的信息出现后，只有当创业者认为“一个机会的价值＞产生价值的成本＋其他产生价值的机会成本”，他才会利用此机会创业（Shane & Venkataraman，2000）。这个公式显示出一个机会的相对吸引力够大，亦即此机会的相对有利程度足够大，才会创业。一个机会的绝对吸引力（利润多少）＝此机会的价值 - 产生价值的成本。机会成本项目显示出，创业者面对一个机会时，同时面对了其他机会形成的多个选择权。利用这个机会产生的净价值高于利用其他机会的净价值时，才会创业。

那么一个机会的价值有多少？

竞争者也会应用上述公式决策。当竞争者认为“这个机会的价值＜产生价值的成本十其他产生更大价值的机会成本”，则他不会利用此机会。这是因为既有竞争者的产业范围大与资源能力强，可以利用更大范围内的需求、更大投资额的机会，他们与创业者可能具有不对称的竞争观。

（四）构思创业战略方案

创业者发现了相同相关产业的一个机会，他要构思形成粗略的创业战略方案，进行评估与决策，即选择利用这个机会。之后进入执行阶段。

决策：发现机会→辨认是创业机会→评估机会价值→评估资源（知识）、资本需求→构思战略方案与发展路线（团队组织—研发—生产—营销）→决定创业。

执行：组建团队（与内部利益相关方交换、明确所有权、控制权，组织建立，开发人事系统）→投入财务资本→整合资源→研发产品与商业模式→融资补足资金缺口→建立企业与事业运作体系→生产产品与提供服务→独特差异产品上市→取得竞争优势→开拓市场销售产品（对外部利益相关方让利）→提升市占率产生利润→后续：盈余转增资、发展组织、持续创新、发展核心能力、市场渗透。

战略方案包含：组建创业团队与投入人力资源；投入财务资源；聚焦在创业机会点；建立与外部互补厂商的合作关系弥补自身弱势；立基与利用已有的无形优势资源，即产业特殊知识与关系，利用相同或相关产业的创业机会条件，领先多数竞争者，利用创新资源，即上游差异化的新要素或创新知识，以产业特殊知识中的产品结构知识整合创新资源研发差异化的新产品，研发创新的商业模式与有效的运营系统；生产产品与服务；开发浮现和成长早期的目标细分市场，避开现有细分市场的竞争威胁；创造出竞争优势，为目标顾客创造更高价值，提高销售额与利润，提升市占率与市场地位，并改变产业结构。

三、创业项目选择

创业者在打算创业时会遇到很多的困难和烦恼。除了资金、经验、知识结构等方面的困难以外，如何选择一个合适的创业项目也是其中一个重要方面。中国创业招商网对创业者的调查显示：80% 的创业者在创业前期都感到确定创业项目“十分头疼”“很难抉择”；在创业失败的案例中，60% 的人觉得“创业项目不对头”或“创业项目选择失误”；而在成功创业人群中，70% 的人都认为是“良好的创业项目成就事业”。那么，如何选择合适的创业项目呢？

创业项目首先源自于好的创业想法。创业想法是项目的雏形，是项目运作最早产生的念头。创业想法产生后，创业者对创业想法不断进行充实、完善、论证进而形成一个完整的、系统的创业项目。好的创业想法在项目的产生中非常重要，一个不在意的灵光一现可能会产生一个改变世界的好项目。著名的谷歌公司创始人之一拉里·佩奇在做梦时想象通过链接下载整个互联网的网页，在醒来后他迅速地画出了整个梦境的构思，然后和他的合伙人谢尔盖·布林在宿舍里讨论了几个月，最终在一间车库里创办了今天著名的谷歌公司。

（一）创业想法

创业想法是对打算创办企业的核心业务的简单构想，主要包括以下几个方面的内容：

1. 企业将要提供哪些产品或服务

企业提供的产品和服务是在企业的经营中最基本、最核心的业务。企业提供的产品或服务是什么？能不能满足顾客的需要？在市场中有什么竞争优势？具不具备商业化运作的条件？这些都会影响到企业是否能够生存、创业能否成功。一个好的创业想法一定是能够满足顾客需要的。根据顾客的需要，可以将创业项目分为通用性项目、差异性项目、便利性项目、关联性项目、前瞻性项目等。

所谓通用性项目，是指和人们日常生活息息相关的、需求量大的、消费频率高的项目，比如人们的衣食住行，都是可以作为创业项目的选择方向。差异性项目是指和市场中提供的产品和服务存在差异的项目。当前市场中虽然有类似的产品或服务，但是通过创业者的改变，出现差异化的特点。差异化反映出了人们对于新鲜事物的好奇，好的差异化方案可以让一个普通的项目变得与众不同。便利性项目是指产品和服务能够改善人们的生活，给人们带来便利。关联性项目是指项目和当地的经济、物产、风土人情紧密联系的项目。或者一个行业的崛起，会带来另一种新的需求，推动了新的关联行业的繁荣。前瞻性项目是指目前市场中没有，或者很少，但将来会成为一种发展趋势的项目。

2. 企业将向谁销售产品和服务

在产生创业想法时，你的顾客是谁，有没有足够多的顾客消费你的产品或服务，是决定创业想法能否成功的关键。你的产品或服务销售的对象，就是你的目标顾客。目标顾客是谁？有什么特点？目标顾客有哪些需求？目标顾客为什么会购买你的产品或服务？这些问题是在创业构思时需要充分考虑的问题。

企业不仅仅需要顾客消费，而且需要足够多的目标顾客。企业的产品和服务如果没有足够多的人来消费的话，则将无法获得足够多的利润。只有极少数的奢侈品的目标顾客是定位于少数人群的。

3. 企业将如何销售产品和服务

在构思你的创业想法时，要考虑到产品和服务如何销售出去、如何建立自己的销售渠道、自己在渠道建设上是否存在优势。如果你的产品在销售渠道上有优势的话，那么创业项目成功的可能性将会大大提高。

（二）创业项目的选择

对很多创业者来说，尤其是对大学生创业者而言，由于缺乏创业的经验，往往很难选择创业项目，连创业的初期构想也很难产生。因此，对初次创业者而言，他们可以通过以下方法来找到创业的灵感或者是好的项目。

1. 个人的兴趣与特长

兴趣是最好的老师。一个人只有选择了他喜欢做且有能力做的事情，他才会自觉地、全身心地投入工作中去，并忘我地工作，才有可能在遇到困难和挫折时百折不挠、勇往直前，克服困难，实现创业目标。所以，选择自己感兴趣、有特长的项目是创业成功的基础。美国苹果电脑公司创始人史蒂夫·乔布斯曾对向他求教的创业者提出这样一些问题：“你所热爱的是什么？你开公司想要做什么？”同时，他建议创业者“去找份工作使自己忙碌起来，直到你找到答案为止。你必须对自己的想法充满热情，强烈感受到愿意为它冒险的心情，如果你只想拥有一家小公司，那就算了吧”。

2. 对项目的熟悉程度

创业是一个有风险的活动，充满机遇同时也伴随着挑战。当从事某一项目时，只有充分地把握这个项目的来龙去脉，才能够应对创业过程中的各种风险。因此，从选择项目来看，从事自己熟悉的行业或者项目是一个不错的选择。比如对从事餐饮的创业者来说，如果你不了解蔬菜在哪里采购，价格是多少，哪里的食品既安全价格又合理，当地消费者的口味如何，那么你就无法控制成本，无法获得消费者的青睐，甚至还可能上当受骗。越是专业化程度高的、产业链长的项目，就越要对项目熟悉，这样才能够掌控整个项目全过程。

3. 自身的人际关系或资源

经营企业就必须和人打交道。俗话说：“多个朋友多条路”。在创业活动中，人际资源是一种重要的资源。创业者的人际资源在哪个行业比较集中，或者说，创业者现有的人际资源中能够对你提供什么样的帮助，你就可以从事哪个行业。这可以降低在创业过程中的难度和成本。创业者可以将能够帮助自己的人写在一张纸上，仔细分析这些人能够对自己从事哪个项目有帮助，进而做出选择。

4. 选择可以改善人们生活的项目

时代进步和社会发展的重要标志是人们的生活会变得越来越方便。因此，能够改善人们生活、降低成本、提供便利的项目一定是符合社会发展的项目。比如，手机取代了固定电话，汽车走入了家庭，都是因为这些产品给人们带来了方便。创业者应该仔细地体验生活，从生活的细节中体会改变生活的商机。有这样一个真实的故事。日本著名跨国公司“松下电器”的创始人——松下幸之助，被人称为“经营之神”——“事业部”“终身雇佣制”“年功序列制”等日本企业的管理制度都由他首创。他在开始创业时也是不顺利的，但是一件小事改变了他与松下公司的命运：松下公司最初是生产插头的，但是因为没有特色，并没有多大的销路，公司面临破产。一天晚上松下回家的时候，他偶尔间发现了一对姐弟，姐姐正在熨衣服，弟弟想看书，却无法开灯（当时的插头是单个的，无法同时开两个电器），弟弟一直在催姐姐快点，并且向姐姐不断地发牢骚。这件小事触动了松下幸之助，他想，如果要熨衣服就无法看书，反过来，看书就无法熨衣服，那么如果发明能插两个电器的插头，问题不就解决了吗？从此以后，他认真地研究这个问题，不久就发明出了双插头的构造方法。试用品问世后，订货的人越来越多，最后竟然供不应求，从此松下公司不仅解决了危机，而且逐渐走上了正轨。

5. 到异地去调研，学习好的项目

在创业时可到其他城市或者高一级的城市去看一看，换一个环境和思维，看别人在经营什么项目，哪些项目在这个城市有市场潜力。一般来说，高一级的城市发展得要比自己城市发展得要快，项目的信息较多，很多项目具有前瞻性和示范作用。大城市的今天就是小城市的明天，因此，到大城市去寻找项目或者去学习先进的理念、技术和管理对自己创业很有意义。

四、创业项目评估

当我们产生了一个企业的想法并经过完善形成一个创业项目后，是不是就可以马上付诸实施呢？答案是否定的。因为这个创业项目到底能不能实施，成功的可能性有多大，还没有经过充分的评估。根据 PDCA 原则，即计划（Plan）、实施（Do）、检查（Check）、行动（Action），无论哪一项工作都离不开 PDCA 的循环，每一项工作都需要经过计划、执行计划、检查计划、对计划进行调整并不断改善这样四个阶段。因此，创业项目的可行性评估对创业计划而言十分重要。项目可行性分析的方法有多种，这里介绍两种常用的分析方法：书面论证法和 SWOT 分析法。

（一）书面论证法

项目可行性分析是在决策之前，通过对项目的市场需求、资源供应、建设规模、工艺路线、设备选择、环境影响、资金筹措、盈利能力等，从技术、经济、工程等方面进行调查研究和分析比较，对其投资建设的必要性、技术上的先进性、经济上的合理性、工程建设和企业财务上的可能性及市场、产品销售和风险等方面，进行全面的、系统的调查研究，并从法律、环境保护、公众安全及其对整个社会经济的影响等各个角度，分析、测算和评估论证，以实现投资项目最佳经济效果的一整套科学方法。它是运用现代科学技术成果，保证投资项目以最小的耗费取得最佳经济效果的有效手段。

各类投资项目可行性研究的内容及侧重点因行业特点而有所不同，一般包括以下几点内容：

1. 投资必要性

主要根据市场调查及预测的结果，以及有关的产业政策等因素，论证项目投资建设的必要性。在投资必要性的论证上，一要做好投资环境的分析，对构成投资环境的各种要素进行全面的分析论证；二是要做好市场研究，包括市场供求预测、竞争力分析、价格分析、市场细分、定位及营销策略论证。

2. 技术可行性

主要从项目实施的技术角度合理设计技术方案，并进行比较、选择和评价。各行业不同项目技术可行性的研究内容及深度差别很大。对于工业项目，可行性研究的技术论证应达到能够比较明确地提出设备清单的深度；对于各种非工业项目，技术方案的论证也应达到目前工程方案初步设计的深度，以便与国际惯例接轨。

3. 财务可行性

主要从项目及投资者的角度设计合理的财务方案，从企业理财的角度进行资本预算，评价项目的财务盈利能力，进行投资决策，并从融资主体（企业）的角度评价股东投资收益、现金流量计划及债务清偿能力。

4. 组织可行性

制订合理的项目实施进度计划、设计合理的组织机构、选择经验丰富的管理人员、建立良好的协作关系、制订合适的培训计划等，保证项目的顺利执行。

5. 经济可行性

主要从资源配置的角度衡量项目的价值，评价项目在实现区域经济发展目标、有效配置经济资源、增加供应、创造就业、改善环境、提高人民生活等方面的效益。

6. 社会可行性

主要分析项目对社会的影响，包括政治体制、方针政策、经济结构、法律道德、宗教民族、妇女儿童及社会稳定性等。

7. 风险因素及对策

主要对项目的市场风险、技术风险、财务风险、组织风险、法律风险、经济及社会风险等风险因素进行评价，制定规避风险的对策，为项目全过程的风险管理提供依据。

可行性研究本身不是决策，而是为决策服务的。投资项目可行性研究不是简单地得出肯定或否定一个项目的结论，它所进行的调查研究、系统分析和指标测算，论证投资项目的必要性、技术上的先进性、经济上的合理性、工程建设和财务上的可行性，是获得一个实现目的的途径和一个完整的实施方案。因此，对投资项目进行可行性研究，可减少盲目性和不必要的损失。国内外大量的实践证明，凡是经过可行性研究的项目，一般成功的多，失败的少。

创业，必须对项目进行可行性分析，要分析投入产出、生产什么、如何生产、规模如何等，这样才能将现有的资金进行最合理的运用。

上面的因素更多的是以书面的形式去分析。对创业者而言也可以通过问答的形式测评自己对项目的掌控情况，下列 10 个问题，每个问题的分值为 1 分，总分为 10 分，分值越高，说明对项目的把握能力越强，项目的可行性也越强。总分值低于 6 分说明项目不可行，或者你没有具备运作这个项目的条件。

（1）你的项目为什么会赚钱？

（2）项目的竞争对手都是谁？

（3）你和竞争对手相比有什么优势？

（4）顾客为什么购买你的产品或服务？

（5）请你把你的项目运作的全过程讲解一遍。

（6）你的生意如果按照你的预测完全可以达到目标，预期利润是多少？

（7）你的经营潜在的风险都是哪些？请一一详细解释。

（8）你打算如何控制你的风险？

（9）你的成本构成都有哪些？

（10）你的上游和下游是谁？你知道的上游数量足够多吗？跟他们的熟悉程度很高吗？

（二）SWOT分析法

SWOT分析法又称为态势分析法，它是由旧金山大学的管理学教授韦里克于20世纪80年代初提出来的。SWOT四个英文字母分别代表：优势（Strength）、劣势（Weakness）、机会（Opportunity）、威胁（Threat）。所谓SWOT分析，即态势分析，就是将与研究对象密切相关的各种主要内部优势、劣势、机会和威胁等通过调查列举出来，并依照矩阵形式排列，然后用系统分析的思想，把各种因素相互匹配起来加以分析，从中得出一系列相应的结论，而结论通常带有一定的决策性。

SWOT分析法常常被用于分析项目可行性和竞争对手情况。进行SWOT分析时，主要有以下几个方面的内容。

1. 分析环境因素

运用各种调查研究的方法分析出公司所处的各种环境因素，即外部环境因素和内部环境因素。外部环境因素包括机会因素和威胁因素，它们是外部环境对公司的发展有直接影响的有利和不利因素，属于客观因素。内部环境因素包括优势因素和弱点因素，它们是项目在其发展中自身存在的积极和消极因素，属主观因素，在调查分析这些因素时，不仅要考虑历史与现状，还要考虑未来发展问题。

优势，是企业的内部因素，具体包括：有利的、良好的竞争态势、充足的财政来源、良好的企业形象、一定的技术力量、规模经济、产品质量、市场份额、成本优势、广告攻势等。

劣势，是企业的内部因素，具体包括：设备老化、管理混乱、缺少关键技术、研究开发落后、资金短缺、经营不善、产品积压、竞争力差等。

机会，是企业的外部因素，具体包括：新产品、新市场、新需求、外国市场壁垒解除、竞争对手失误等。

威胁，是企业的外部因素，具体包括：新的竞争对手、替代产品增多、市场紧缩、行业政策变化、经济衰退、客户偏好改变、突发事件等。

SWOT 方法的优点在于考虑问题全面，是一种系统思维，而且可以把对问题的“诊断”和“开处方”紧密结合在一起，条理清楚，便于检验。

2. 构造 SWOT 矩阵

将调查得出的各种因素根据轻重缓急或影响程度等排序，构造 SWOT 矩阵。在此过程中，将那些对项目发展有直接的、重要的、大量的、迫切的、久远的影响因素优先排列出来，而将那些间接的、次要的、少许的、不紧迫的、短暂的影响因素排列在后面。在 SWOT 分析中对内部因素进行分析，最终要考虑是优势占主导还是劣势占主导。如果是优势占主导，那么就是内部因素，就是具有优势 S。外部因素分析也是如此，如果是机会占主导，那么外部因素就是机会 O，如此组合进而形成了 SWOT 矩阵。具体包含以下几种形式：优势机会并存（SO）、机会弱势并存（WO）、优势威胁并存（ST）、劣势威胁并存（WT）。当处于 WT 的状态时，说明项目不可行。具体组合如图 2-2。

	内部优势 S	内部劣势 W
外部机会 O	SO 战略 依靠内部优势 抓住外部机会	WO 战略 利用外部机会 克服内部弱点
外部威胁 T	ST 战略 利用内部优势 抵制外部威胁	WT 战略 减少内部弱点 回避外部威胁

图 2-2　SWOT 矩阵

3. 制订行动计划

在完成环境因素分析和 SWOT 矩阵的构造后，便可以制订出相应的行动计划。制订计划的基本思路是：发挥优势因素，克服弱点因素，利用机会因素，化解威胁因素；考虑过去，立足当前，着眼未来。运用系统分析的综合分析方法，将排列与考虑的各种环境因素相互匹配起来加以组合，得出一系列公司未来发展的可选择对策。

如图 2 -3 所示，SWOT 分析的结果在不同的象限，企业所处的状态不同，因此可针对性地进行项目的调整。其中，第一象限是最佳状态，项目可行；第三象限为最差状态，项目不可行，应该放弃；第二、四象限为调整型策略。

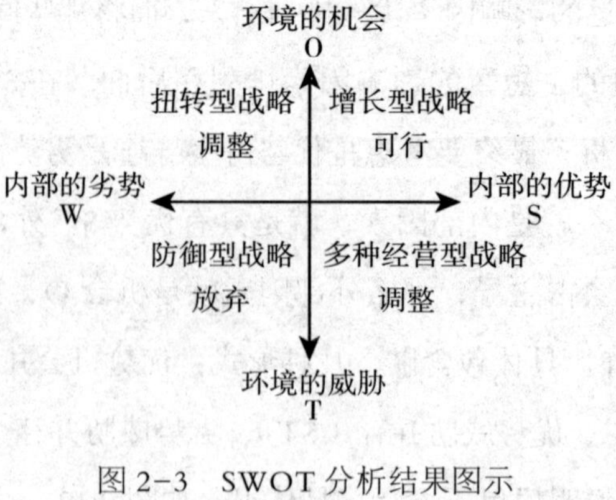

图 2-3　SWOT 分析结果图示

五、创业项目计划书

（一）创业计划书与撰写必要性

1. 创业计划书

创业计划书是说明新事业的起始条件以及未来发展的书面文件。创业计划书有四个基本功能。第一，它点出该事业的机会本质与来龙去脉，也就是“为何会存在该机会”。第二，它描述出创业者打算如何运用此机会。第三，它阐明了最足以决定该事业成败的相关因素。第四，它是一项用以募集资金的工具。

创业计划书可视为创业者的行动方针；它把刺激创业者行动的梦想与希望具体化了。创业计划书应展示出创业者对该事业的基本理念，详述其目前所处的地点、打算前往的目标，也勾勒出其前往的路线与方式。最重要的，创业计划书应点明影响成败的关键变数，让创业者为可能出现的各种状况与可能犯错之处预做准备。事实上，这才是创业计划书最重要的功能。因此，大体而言，创业计划书给创业者与管理团队提供了一个省思的好机会，使其认真考虑到底有哪些因素足以左右公司成败。

简而言之，创业计划书是创业者的蓝图，是联结理想与现实的一座桥。如果没有创业家当初在头脑中对过程与结果的想象，日后他也就无从亲眼看见该事业理想的具体化。创业计划书的角色就在于为创业者所欲达成之事提供鲜明的想象。创业者要在计划书中，对未来三至五年内，该新事业在营销、营业与财务等各方面的发展情况做出预测。

2. 撰写创业计划书的必要性

大量创业者没有为新企业撰写创业计划。美国富国银行调研的600位小企业创业者中，只有31%的人表示他们在创建新企业时准备了正式的创业计划。

是否需要写创业计划书，与创业机会的特征有关。许多创业项目没有写计划的原因在于：（1）创业机会是短暂的，很快就会消失，创业者不能花太长的时间在写创业计划上，以避免延误商机。（2）创业者在相同或相关产业创业，进行复制或少量创新，他的产业特殊知识使他对要创立的新事业和创业路线已经成竹在胸，因此不需要写创业计划。（3）创业者的自有资本可满足创业需要，无须向外部投资者融资，因此不需要为融资写创业计划。

一项学术研究发现，完成创业计划的潜在创业者成功创建新企业的可能性，比那些没有写创业计划的人高出6倍。因此在下述情况下，撰写创业计划是值得的：（1）机会不是稍纵即逝的；（2）需要谋定而后动，控制创业过程的不确定性；（3）需要获得外部资金提供者的投资或需要获得其他利益相关者的支持。

（二）创业计划书的作用与使用者

1. 创业计划书的作用

撰写创业计划的目的与原因，亦即创业计划书的主要功能包含两方面。（1）供企业内部使用，要明确揭示目标与策略，在创建过程中引导创业团队。为此，创业者和团队在撰写创业计划的过程中，需要缜密地运用创意和逻辑，设计达到未来目标的战略发展路线和事业经营方式；需要系统思考新创企业的每个方面，审视创业想法的现实可行性和潜在价值。（2）作为向外部人士推销用的文件。向外部资源提供者（潜在投资者、银行家、供应商、商业伙伴、关键职位应聘者）进行展示，推销新创企业，寻求他们的支持。

图 2-4 列出了一些对新事业之创业计划书感兴趣的人士。主要使用群之一是关心事业成败的企业外部人士：顾客、供应商、投资者。另一主要使用群是内部人士：新事业的管理团队及其员工。

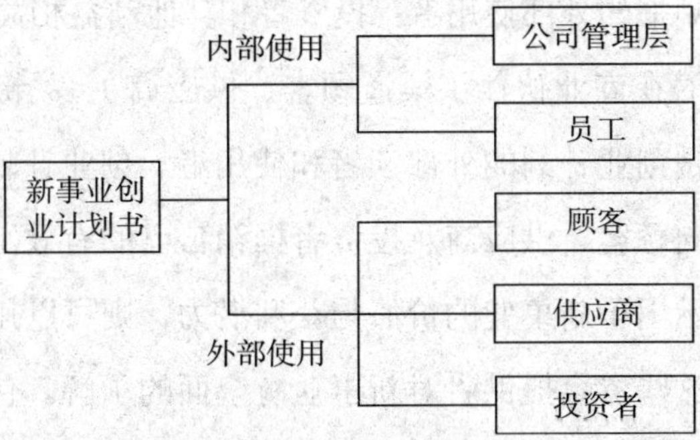

图 2-4　创业计划书的内部使用者和外部使用者

2. 创业计划书的内部使用者：企业内部管理者和员工

对新企业管理团队和普通员工来说，一份清晰阐明愿景和未来规划的创业计划十分重要。它可以在混乱的创建过程中给创业者和员工方向感，来引导企业的创建、发展与经营活动。如果计划准备不充分，创立新事业的相关活动通常会执行得杂乱无章。创业计划书应能让公司每位成员都有效了解。它为创业者提供了一个能与现有及潜在员工沟通其理念的架构。

规划构思新事业是一种心智过程，需要运用想象，但是不能凭空想象。必须思考与运用收集的事实数据，将粗略的想法具体化或量化，并且采取最严格的标准分析与审视内部的逻辑关系。

书面的计划书可确保新事业的所有重要事项已被系统化地囊括于其中。点出影响事业成败的变数后，创业计划书便成为协助创业者专注于重要事项与活动的一套模式。对创业者与管理团队来说，撰写一份正式的创业计划书，有一些应注意的原则。比如说，撰写有关营销策略的文件时，创业者与管理团队应事先进行市场调查。同样地，规划财务事项时，应依据预期之每月收入与支出来进行规划。若非如此，再好的新事业机会也可能因负数之现金流量而功败垂成。简而言之，创业计划书迫使创业者设定出一些为使事业成功，管理者必须遵守的信条。

3. 创业计划书的外部使用者：投资者和其他利益相关者

投资者、潜在商业伙伴（渠道顾客、供应商）、关键应聘者等外部利益相关者，是创业计划的外部读者和使用者。创业计划书可以强化公司信誉，成为向顾客、供应商及投资者推销自己的有效工具。若创业计划书清楚地显示出了新事业的价值与获利潜力，则可以用于吸引借款人和投资者，使这些资金提供者对新事业有全面的了解。包括该公司所提供的产品或服务、创业机会的市场价值、创业者与管理团队的经历与合作能力、支持企业运行的资源状况，以便做出是否投资的决策。风险投资公司是对新创公司提供大额股权融资的重要投资者。天使投资者是有资金与专业投资经验的个人投资者。风投公司与天使投资者是不会把钱花在一份看起来草率了事的创业计划书上的。此外，创业计划书也是新公司与商业银行建立良好关系的得力助手。另外，完备的创业计划书可取得供应商的信任，使其提供较为优惠的信用条件。供应商会因而扩大交易信用，这对新公司的财务计划来说通常甚为重要。有时候，创业计划书还可以让顾客得知一家公司能够建立竞争优势，并具有永续经营的潜力，从而获得顾客支持，改善销售状况。

（三）投资者观点下的创业计划书

1. 投资者的观点

如果创业者打算拿创业计划书融资，就必须从投资者的角度来思考。

多数创业者在这方面做的不多，因为创业者经常会用不同于投资者的眼光看待新事业。通常创业者会着重在新事业的正面发展潜力，也就是一切顺利之下的大好前景。投资者则扮演着质疑的角色，他们必须顾虑失败的后果。创业者必须了解与尊重观点上的歧异。

风投公司、天使投资者等潜在的投资者只有一个目的：通过所获得的现金流，让投资报酬率最大化，让投资风险最小化。由于投资者与创业者有观点上的基本差异，最重要的问题就变成：创业者该如何撰写一份吸引投资者的创业计划书？回答这个问题可不简单，但有两件事是可以确定的：（1）投资者的注意力很短暂；（2）创业计划书的某些特征最能吸引投资者，其他特征则是他们没有兴趣的。

2. 投资者的注意力很短暂

就某种程度而言，新创事业或新公司的投资者可以算是“一分钟投资人”，这是因为他们手边收到太多创业计划书，无法一一细读。某位风投公司的投资经理表示，“我每年会阅读三百多份的创业计划书，但只投资其中三到四家。我们根本没有闲工夫彻底分析每个投资机会。”由于创业计划书被浏览的速度通常很快，这迫使其内容必须能迅速有效地被投资者理解。

3. 投资者感兴趣与心生反感的创业计划书特质

为了向投资者募资，创业计划书必须是一份“对的”计划，也就是说它必须使用投资者的语言。创业者必须明白，什么对投资者重要，什么不重要，以及如何用他们认为有意义的方式表达自己的理念与想法。若非如此，就会马上失去信誉，也失去可能的资金来源。

里奇与甘伯特（Rich & Gumpert，1985）点出了几个足以提升投资者投注资金概率的创业计划书特征。比如说，若要让创业计划书产生效率，就不能让它太长或太拘泥于细节。它通常不该超过 40 页，投资者多半喜欢阅读简报，而不爱看太冗长难读的计划书。此外，报告的整体外观也应该吸引人，内容应该有组织、有条理，编好页码，列出目录。

投资者较看重市场，而非产品，即便是专利再多的发明，也未必能从投资者身上拿到一毛钱。创业过程的精髓就在于发展出新产品，但前提是它能够满足可资证明的顾客需求。因此，创业者必须尊重投资者重视市场的心态，也要跟着投资者一起关心市场前景。

其他足以吸引投资者的特征包括：

①提供能说明顾客对新事业产品或服务接受度的证据。

②透过对投资者特有的财务目标（比如其所期望的投资报酬率）的认同，显示出对投资者需求的尊重。

③集中经营焦点，只专注于少数几种产品或服务的销售。

④公司拥有特定资源，如专利权、著作权、注册商标等。

以下是一些容易让潜在投资者心生不悦的特征：

①对产品或服务过度狂热，却对市场需求认识不足。

②财务预测数字与业界既定水平不一致。

③成长预期不切实际。

④产品或服务有待进一步修改或规划应用范围，目前尚难以期待其具体成长。

（四）创业计划书的格式、重要因子与要解答的问题

1. 计划书之格式与撰写

要让创业计划书有好的品质，就必须有够品质的生意概念。新事业的点子如果构思得很差，写得再光鲜亮丽也没用。不过话说回来，好概念可能也会毁在沟通效果太差的撰写上。会计机构安达信有一本名为《创业家的计划书撰写手册》的小册子，提供了几个撰写计划书时的务实建

议，可供各位参考：

（1）要有目录并分章节，以利参考。

（2）用活页夹方式留存，以便未来修改。

（3）为引起阅读人的兴趣、便于理解，多运用图表说明、表格式摘要、地图或其他辅助性视觉组件。

（4）为确保创业计划书不致外泄，应于封面与标题页注明，任何内含之资讯皆属私有而具机密性质。每份拷贝均加编号，并请计划书收取者签收。

（5）新创事业若因植根于先进科技而具敏感本质，可适度保留部分资讯，如技术之细节设计或营销策略中敏感度较高之部分——即便是对潜在投资者亦应如此。可准备一份巨细靡遗的计划书供内部使用，对外则适度截取部分精华说明，以有效支持募资之提案。

（6）写好计划书的主要内容后，慎选曾有成功融资经验的第三方，包括会计师、律师、其他创业家等，请对方查看计划书品质如何、论点是否清晰合理、内容是否完整等。一旦计划书接近完工阶段，再请这些独立人士提出最后的意见，修改后，才复印并对外发送创业计划书。

2. 创业计划书的重要因子与要解答的问题

（1）便于投资者了解新企业的重要因子

决定创业计划书的内容时，应考虑便于投资人及其他相关人员了解新企业，需注意以下 5 项因子：

①人：描述创业者和团队主要成员，说明他们拥有开发创意并经营新企业所需的知识、经验和技能，以及提供关键服务或重要资源的外部个体，如律师、会计师、供应商等。

②机会：介绍事业，卖什么新产品或服务，说明新产品或服务的特点和价值，为什么这是一个有价值的创业机会？卖给谁、价钱、成长性、

财务前景，以及可能阻碍其成功之人、事、物。

③战略与环境趋势：战略主要涉及如何开发、生产、销售新产品或服务，以及有何应对现存和未来竞争的总体计划。宏观总体环境状况主要涉及经营环境之规章、利率、人口趋势、通货膨胀，以及其他无可避免会变动却又非创业者所能抗衡的因素。

④需要的支持和共赢方案：如果是为了筹资，那么需要筹集多少资金，需要何种融资方式，如何使用资金？创业者和其他人如何实现投资收益？

⑤风险与报酬：评估任何可能出错或应该做对之事项，讨论创业团队如何应对变化多端的挑战。

这些是投资人感兴趣的核心内容，也是创业者必须牢记的基本因子。

（2）创业计划书要回答的重要问题

下面列出了创业计划必须回答的10个最重要的问题，这些问题对任何创业计划制订者来说都很有价值。

①新事业仅是一个利用机会的创意，还是一个已经有实现获利潜力的事业？

②产品或服务是否可行？它能给客户带来重大价值吗？是否完成了可行性分析，结果如何？

③企业正在进入令人激动的成长产业吗？企业已经识别出产业内有吸引力的定位了吗？

④企业有明确的目标细分市场吗？

⑤企业拥有区别于竞争对手的差异化方面吗？这些差异是否可持续？

⑥企业也拥有正确的营销计划吗？

⑦管理团队是否有足够的经验和技能来创业？

⑧企业的运营计划合适吗?

⑨企业财务规划依据的假设是否现实可行?

⑩企业财务规划是否正确完成，它们是否为企业描绘了光明的未来?

（五）创业计划书的结构与内容

1. 创业计划书的结构与内容简述

下面对创业计划书的结构与内容做一个概略性的阐述。这些是大多数创业计划书所共有的重要段落。后面我们要针对这些段落内容做出说明。

①封面：提供公司、负责人与管理人员的名称、地址与电话号码；所准备资料；拷贝份数；联络人。

②目录：提供计划书各重要段落的页码。

③执行摘要：在各大段落结束后，提供 1 到 2 页的内容摘要，强调值得注意的重点，并让阅读者产生想继续看下去的冲动。

④企业描述：说明公司的名称与地址、性质、主要产品或服务、历史与现状、愿景与使命、企业战略与商业逻辑、组织形态（独资、合伙，还是公司制）、所有权结构。

⑤创业团队与管理计划：说明重要成员（主动投资者、管理团队，以及经理等）的经验与能力。本段应提供下列事项之描述：管理团队、外部投资者与经理级别以上人士之条件，外部可用人力及其条件，以及员工招募与训练计划。

⑥产品服务与研发计划：描述所提供的产品与服务，并指出其特点；说明人们为何会购买此产品或服务。本段应提供下列事项之描述：产品与服务、其具竞争优势之特征；现有的法规保护（专利权、著作权、注

册商标）；在技术或款式上过时的可能性等。

⑦产业市场分析和目标细分市场选择：描述宏观环境趋势、产业增长趋势，判断其是否有利于新事业的发展。分析产业结构集中化的程度、产业内新兴领域、产业空隙以及产业关键成功因素。进行市场细分，选择某个目标细分市场。对目标细分市场展开消费者行为分析、竞争者分析。

⑧营销计划：说明目标顾客之样貌以及可能出现的竞争；简述营销策略，说明公司的竞争优势何在。本段应提供下列事项之描述：对目标市场的分析以及目标顾客基本特性的掌握；区别与吸引消费者的方式；销售方式，销售人员种类，以及渠道状况；促销方式与广告；信用与定价策略。

⑨运营计划：说明所采用的生产或运营系统；描述厂房设施、劳工、原物料以及产品流程需求。本段应提供下列事项之描述：运营或生产方式，运营设施（地点、空间与设备），品质控制方式、存货与营运控制流程、供应来源，以及采购流程等。

⑩财务计划：说明财务需求与预期的财务来源；对盈收、成本与利润进行预测。本段应提供下列事项之描述：过去三年内的历史财务报表（可能的话）；未来三至五年的预估财务报表，包括利润表、资产负债表、现金流量表与现金预算（每年第一个月、次年第一季）；利润与现金流量的损益平衡分析；预期资金来源等。

⑪风险因素：讨论新企业将面临的各种风险，以及管理团队为防范风险所采取的措施和步骤。

⑫收获与退出：如果公司获得成功，投资者将如何取得收益（比如，公司何时以何种方式公开上市）。

⑬时间表和里程碑：包括有关新企业的每个阶段将在何时完成的信

息（比如，开始生产、初次销售、突破盈亏平衡点等）。本部分可以是独立的，在适当的情况下，也可以包含在其他部分中。

⑭补充文件附录：提供补充计划书之不足的资料。本段应提供下列事项之描述：管理团队自述、其他任何足以补充计划书内容不足之处的重要资讯、公司道德标准等。

2. 内容撰写说明

（1）执行摘要

执行摘要是整个创业计划高度精练的概述，可以向忙碌的读者提供他必须了解的有关新企业独特性质的所有信息，是创业计划中最重要的部分。执行摘要简述创业团队、产品、技术、市场、财务状况。它对时间不多的投资者来说相当重要，阅读完执行概要后，投资者应该能比较明确地了解整个计划的大致内容。它必须明确而清楚地说明新创事业，并同时创造出与前景有关的刺激感。这表示它必须写得很清晰，让人产生兴趣。执行摘要虽出现于创业计划书的前面部分，但是应该在写好整个计划书后才动笔写它。执行摘要不应该超过两页篇幅，可采取一览表或叙事体方式呈现。

（2）企业描述

要描述企业经营形态、地点；历史、经营现状；愿景与使命；战略；产品、服务；组织法律形式；所有权分配情况。①首先说明企业的经营形态、目标、地点，以及它是针对本地市场还是全球市场。②企业历史部分应该简明解释企业创意从何而来以及企业创建的驱动力量，要回答：企业开始于何时何地？企业本质与活动是什么？目前为止有何成果？如果企业创意起源的故事真实感人，那就把它写出来。③当前状况部分应该显示企业进展到何种程度，位于发展过程的哪个阶段（萌芽还是成长阶段），以及未来目标是什么。根据里程碑来考察企业状况，是一个很好的方法。里程碑指的是企业的显著或重大事件。④使命部分界定了企业为何存在、专注于什么。愿景部分则陈述企业期望成为什么，也就是目的和未来期望状态。使命宣言原则上要简单、可信与可达成才行。⑤战略部分精要地描述创业家在实现愿景的过程中，预定采用的策略与商业逻辑。包含定位的目标细分市场、经营模式，以及如何结合各领域力量达成目标。战略也应该要能让企业与其他竞争者区分出来。战略部分还要描述产业目前与预估的经济状况并对竞争者进行分析（可采取SWOT模式分析），此外也要描述企业拥有的某些重要合作伙伴关系。⑥产品与服务部分应该说明主要产品或服务是什么，产品或服务有何独特优势，如何将它在市场中定位，目标顾客是谁。⑦组织法律形式要说明是独资、合伙，还是公司。⑧所有权部分，应该说明谁拥有企业，企业所有权如何分配。

（3）创业团队与管理计划

潜在投资者要找的是管理得宜的公司。创业团队的品质是他们考虑的重要因素之一，甚至比产品或服务本身重要。投资者常说他们宁愿要一流的管理团队加二流的产品或服务，也不要二流的管理团队加一流的产品与服务。不幸的是，创业者有开创新事业的能力，并不代表就有管理的能力。因此，管理计划必须详细说明创业者与关键管理人员的相关职位头衔、背景、经历、经验、教育背景，显示他们能够胜任工作，能做出特殊贡献。管理计划要说明团队的互补性、完整性、异质性，以及过去是否有合作经验。可以用一张组织结构图显示团队的权责分工与指挥链。理论上，投资者喜欢相互平衡的管理团队——有财务、营销专家，也有生产与创新人才。有相关事业管理之经验，或曾在新创公司待过，这些在潜在投资者眼中都弥足珍贵。管理计划也可以描述创业团队的技术能力，概要介绍技术的相对优势，以及团队的创新能力。如果新创企业拥有董事会或顾问委员会，应该说明成员的任职资格与作用。董事会是由公司股东选举产生以监督企业管理的小组，顾问委员会可以提供不具约束力的建议。

（4）创业机会

应说明创业机会的构成，包含利用的创新资源，目标细分市场的需求情况，产业的竞争程度，产业知识与技术可得性，以及互补厂商。此外，还要阐述创业者如何利用这个机会，创业的阶段构成，各阶段的战略与发展路线。

（5）产品服务与研发计划

产品与服务计划应介绍公司提供给消费者的产品与服务；有什么特色（差异）、独特性，能解决什么顾客问题、满足什么需要。所提供的新式或独特实体商品若已有样品或原型，应附上照片。投资者会对已经开发、测试，或已能展现功能的产品倍感兴趣。任何创新特征与受保护的著作权都应特别提及，更应该特别标示有别于其他公司的特质。描述目前的产品或服务处于什么阶段，包括产品概念、原型化、试生产或全面投产阶段，并提供后续开发的进度安排，描述未来的产品与服务开发计划是什么样子。应该揭示产品或服务上市后可能会遇到什么设计、研发风险和挑战，以及如何应对这些挑战。描述企业拥有或打算保有的专利、商标、版权或商业秘密。

（6）产业市场分析和目标细分市场选择

描述企业试图进入产业的市场规模、趋势与增长率，并对销售情况进行预测等。宏观环境趋势包含经济趋势、社会趋势、技术进步和政治法规变革趋势，这些因素是否会促使产业增长？产业长期前景是否好，是否有利于新事业发展？产业结构集中或分散化的程度，是否适合于新企业生存和发展？产业内新兴领域是什么，产业有哪些缺陷？企业如何做好竞争准备，或者企业将要填补的产业空隙是什么？最重要的10项产业关键成功因素是什么？新创企业要在哪两三个方面表现优秀，以便使自己差异化？

市场分析将产业划分为若干细分市场，它们是企业企图进入的目标市场。大部分新创企业不会服务于整个市场，而是选择产业内的某个目标细分市场。市场分析的首要任务是细分企业即将进入的产业，然后识别特定的目标市场。企业按照多个维度划分市场，并选择适合自身能力的特定目标细分市场。市场分析还应包括目标细分市场的消费者行为相关内容。新创企业越了解目标细分市场的消费者，它就越有可能使产品或服务适合消费者需求。市场分析也应该包括竞争者分析，它是对企业竞争对手的详细分析。这有助于企业了解主要竞争对手的产业地位，也向创业计划审阅者表明，创业者对企业竞争环境有全面的理解。

（7）市场营销计划

潜在投资者与贷款者会优先考虑营销计划。他们不会把钱投资在制造精良但消费者全然不需要的产品上。因此，市场营销计划必须说明产品所服务的目标细分市场，以及目标细分市场顾客的兴趣和需要解决的问题，预估目标细分市场需求量规模和趋势，进行产品定位，阐述产品使用者所能获得的好处。营销计划首先要清楚地说明营销战略，包含产品市场定位和差异化，也要包含市场分析与竞争分析。如果在前面已经充分解释了产品，就可以直接描述定价、分销、促销组合、销售流程方面的具体战术，它们应该与定位和差异化一致。依产品与服务之不同，营销计划有可能在点出使用者所获得的好处外，还能将此好处以金钱形式量化说明。比如说，使用者购买产品后在多短时间内就能收回资本，或是接受服务后能节省多少营运成本等。当然，好处也可能会是“时间的节省”或“魅力的增加”，或是“安全”“健康”等。营销计划应证明市场确实存在，的确有感兴趣的消费者正准备购买此商品或服务。市场分析必须详尽，以证明对需求的合理推估。需求的推估应有完备的分析方式，且不能完全只立足于假设之上，才能让潜在投资者觉得有信心。营销计划必须提及竞争，并描述预定的营销策略，像销售团队类型、促销方式、广告方式等。

（8）商业模式与运营计划

该部分中要说明商业模式的各个要素，包含定位、业务系统、关键资源能力、盈利模式、现金流结构、企业价值等。

运营计划概述了企业如何运作，以及产品如何制造或服务如何提供。这部分内容的重要性因公司而异，最好短小精悍。也应该描述企业的地点适合性，有哪些重要的设施设备，未来需要多少空间，未来需要的设备如何获得（购买、租赁）。也应该说明确保品质、控制存货、与分包商合作、取得原物料之方式。可以按照“前台”工作（顾客能看见、体验到的活动）和“后台”工作（现场之外的活动）分类，描述关键的后台工作和前台工作如何进行。

（9）财务计划与融资需求

最后部分是企业的财务规划。它涵盖了整个创业计划，并用财务数据将其表示出来。企业的预估财务报表，类似于已建企业准备的正规历史财务报表，只不过前者预测未来而后者记录过去。预估财务报表，也就是公司的财测报表，是财务部分的核心内容，应在此揭示未来五年以上的财务数字。内容应包括每年的资产负债表、利润表、现金流量表，以及第一年的每月现金预算，第二、三年的每季现金预算，第四、五年的全年预算。也可以用财务比率显示各阶段的财务状况。财测的计算方式应有企业经充分证明的假设与说明佐证。假设清单解释了财务报表所依据的最重要假设。撰写者应该指出支持假设的信息来源。融资规划包括资金的来源与使用说明，要特别指明创业各阶段需要多少投资资金，融资资金要多少，不足的资金可能从何而来，资金使用在什么地方，以及未来投资者的退出方式。财务报表固然重要，现金流量表也应特别多加注意，因为企业可以没利润，却不能没有现金流量。现金流量表揭示了现金的来源——多少来自投资者，透过营运产生的又是多少。它同时也揭示了在存货与设备上所应投资的金额。现金流量表应明确指出需要潜在投资者提供的资金有多少，用途又是什么。

（10）风险因素

创业计划书除了预测新企业良好发展的一面，还要充分考虑发展的不利因素，或是新产品开发中容易发生错误的地方。实质上，当危机真正出现时，承认危机、面对问题是解决问题的第一步。

（11）收获与退出

投资者退出战略，即他们如何收获资助新企业所带来的利益。需要列出未来可能出售新事业或与其他企业合并或 IPO（首次公开募股）上市，或者其他重新募集资金的事件，使得其所有者和投资人有机会套现先前的投资。

（12）时间表和里程碑

创业计划书正文的最后部分应该说明：主要活动何时实施、关键里程碑何时达到。从投资者观点看，这个部分表明创业者的确仔细关注了企业的运营，并且已经为企业的未来发展制订了清晰的计划。具体如下：

①完成产品或服务设计；

②完成产品原型；

③新企业的正式组建；

④雇用最初的员工（销售人员或其他）；

⑤在贸易展览会上做产品展示；

⑥与分销商和供应商达成协议；

⑦进入实际生产；

⑧收到初次订单；

⑨初次销售与交付；

⑩盈利。

当然，这个列表只是新企业可以包括在创业计划书内的众多里程碑的一小部分。重要的是，要选择那些从企业资源及所在产业角度看都有意义的里程碑。

（13）补充文件与附录

附录应包括各种补充的资讯与附件，以增加读者对计划书的了解。

3. 不完善的创业计划书的特征

当创业计划书某些方面不完善或遗漏时，会表现出一些“危险信号”，见表 2－1。

表 2－1　创业计划书中的“危险信号”

危险信号	解释
创业者没有投资	如果创业者都不愿投资，为什么别人应该给创业者钱？
引注不明	创业计划应该基于现实证据和周密调研，而不是臆测和想当然。所有一手资料和二手资料研究都要注明引用来源。
市场范围界定过宽	市场界定过宽表明真正的目标细分市场还没找到。例如，新事业若将每年几千亿元的医疗产业视为目标市场，那是毫无意义的。新创企业要界定与瞄准产业内的某个特定细分市场。
过于激进的财务数据	财务部分推理不足或过于乐观的计划，会失去可信度。与此相反，给予合理研究与判断的冷静陈述，能很快得到信任。
随处可见的疏忽	让读者艰难阅读文稿、审看不平衡的资产负债表或面对随处可见的粗心失误，绝不是件好事。这些错误被认为不注重细节，从而损害创业者的可信度。

4. 寻求专业协助

向外寻求专家援助或将具有规划才干的人才纳入管理团队之中将会

很有帮助。请企管顾问帮忙润饰与修改计划书，也是可行的明智之举。其他可资寻求的外部资源大致如下：律师、营销专家、工程专家、会计公司、风投公司等。

5. 向投资者口头陈述创业计划

陈述应通俗易懂，避免使用技术术语。新企业创业者常犯的错误是，花费太多时间纠缠于产品或服务的技术，却没有时间陈述企业自身情况。口头陈述要精练，这种陈述形式只需要用12张幻灯片。创业者通常犯的错误是准备了太多幻灯片，他们在30分钟陈述期间急切地翻阅图片。

【案例】

亚尚家纺公司的来历

浙江亚尚家纺创办人杨先生住在温州，20世纪90年代初因为身体的缘故在家休养。他有一个亲戚从广东批购录音机运到温州销售。录音机外面用整张海绵包裹起来避免运输损坏，到温州将包裹的海绵拆掉后就成为废品（接近零成本的有剩余价值的低度利用的资源）。杨先生的一个朋友在邻近的缙云县办了一家做床上用品的福利厂，也包含做枕头。温州亲戚与缙云福利厂的人相互不认识，杨先生在中间连接了两方（填补网络结构洞），并且发现一方有资源，另一方有需求（出现了产业结构洞）。于是他就把这些海绵运到缙云作为枕头填充物卖给福利厂（从事贸易活动创业）。常去缙云使他观察到福利厂用钉满铁钉的电动滚筒将整张海绵绞碎，作为枕头填充物，他也了解到枕头的生意可以赚钱。于是杨先生回家自己制作了一个简陋的机器，就是用木头做成一个滚筒，钉上一些钉子，再用一个电动机带动滚筒。将海绵塞进转动的滚筒，上面的钉子会把海绵撕碎。再将碎海绵塞到爱人做的用整张海绵包在外面避免疙瘩的枕芯袋里，再车上袋口就做成了枕芯（增加下游制造销售价值活动，向下游一体化）。杨先生先向附近床品店销售低端海绵芯的枕头，后来又用生棉做枕芯填充物生产销售高端枕头（产品升级）。随着枕头事业越做越大，温州人给了杨先生一个“枕头王”的称号，他也靠枕头事业养活了一家人。这个事业后来发展成床品零售事业，进入了好又多等几十家超市，后来转型成亚尚家纺公司。

第3章

创业融资与创业风险投资

一、创业融资的含义及特点

（一）创业融资的概念

融资是一个企业资金筹集的行为与过程，也就是公司根据自身的生产经营状况、资金拥有的状况以及公司未来经营发展的需要，通过科学的预测和决策，采用一定的方式，从一定的渠道向公司的投资者和债权人去筹集资金，组织资金的供应，以保证公司的正常生产需要、经营管理活动需要的理财行为。

创业融资通常需要确定和处理以下问题：

（1）确定创业资金需求；

（2）何时需要这些资金；

（3）何处、向谁筹集；

（4）资金维持多久；

（5）资金使用过程的安排与管理。

（二）创业融资的特点

1. 启动资金的预测是创业企业融资预测的核心

任何企业的创业阶段都需要启动资金，有时需求量还很大。制造性企业尤其明显，它们需要购买或租赁机器设备，购买原材料，雇用生产者、管理者，然后进行产品生产——这一过程中不断地发生现金支付，这些支付都发生在企业产生收入之前。

2. 创业企业进行债务融资相对困难

创业企业由于没有历史数据、信用记录以资考察，也没有资产提供抵押保证，融资相对艰难，因此，一般而言，其预测前提是在一定的初始资金支持下的内部资金增长，也就是说，测算在依靠内部资金增长的前提下，企业需要的初始资金投入额。

3. 经营风险和财务风险反向搭配战略

融资成本是指企业为筹集和使用资金而付出的代价，体现为融资来源所要求的回报。

创业企业经营有着极大的不确定性，即有着很高的经营风险，创业企业必须给投资于该企业的投资者很高的回报才能吸引资金，这就大大增加了企业的融资成本。如果此时创业企业再以较大的比例进行债权融资，那么会增加企业的财务风险。因此，为了控制企业的总风险，创业企业一般遵循经营风险和财务风险反向搭配战略，即在高风险的创业阶段较多地使用权益资本而非债权资本以降低财务风险，从而实现控制企业总风险的目标。

二、创业融资的方法及技巧

（一）创业融资计划的制作

公司的初创阶段往往都需要一笔不小的创办经费和资本，这笔资本越充分越好，以便于创业者创业时游刃有余，也可以避免在创办早期因各种不可预测的缘故造成周转不够，落得中途而废。因此，这就需要创业者制订一个周全的资金筹集计划，为日后的发展做准备。

创业者在融资之前一定要做好融资计划。融资计划的制作是一个复杂的过程，千万不要在融资前草草地拟作一个。

其实，资金是制约创业的重要一环。任何创业者在创业之前，都应该有一个周全的融资计划。一个周全的资金融资计划，应该包含以下几个方面的内容。

1. 计算投资回收期

投资回收期就是使累计的经济效益等于最初的投资费用所需的时间，可分为静态投资期和动态投资期。投资回收期的计算方法是将初始投资成本除以因投资产生的预计年均节省数或由此增加的年收入。

2. 计算现值和终值

现值就是开始的资金，终值就是最终的资金。

3. 计算融资成本

企业因获取和使用资金而付出的代价或费用就是企业的计算融资成本，它包括融资费用和资金使用费用两部分。企业融资总成本＝企业融资费用＋资金使用费用。

4. 融资渠道

融资渠道主要有国家财政资金、专业银行信贷资金、非银行金融机构资金、其他企业单位资金、企业留存收益、民间资金、境外资金等。

5. 融资方式

融资方式主要有吸收直接投资、发行股票、利用留存收益、向银行借款、利用商业信用、发行公司债券和融资租赁等。

6. 融资数量

（1）融资数量预测依据：法律依据、规模依据、其他因素。

（2）融资数量预测方法：因素分析法、销售百分比法、线性回归分析法。

7. 融资可行性分析

（1）融资合理性：合理确定资金需要量，努力提高融资效果。

（2）融资及时性：适时取得所融资金，保证资金投放需要。

（3）融资节约性：认真选择融资来源，力求降低融资成本。

（4）融资比例性：合理安排资本结构，保持适当偿债能力。

（5）融资合法性：遵守国家有关法规，维护各方合法权益。

（6）融资效益性：周密研究投资方向，大力提高融资效果。

（7）融资风险性：企业的融资风险是指企业财务风险，即由于借入资金进行，负债经营所产生的风险，其影响因素有经营风险的存在、借入资金利息率水平、负债与资本比率。

总之，创业要精打细算，这是再明了不过的事。而制订详尽的融资计划对于创业者而言，不仅可以节省许多不必要的开支，还可以减少创业之初遇到的各种麻烦。若创业者制订融资计划时将以上各方面的内容考虑在内，将会是一个很好的开端。

另外，在做筹集计划时，创业者需要着重关注以下事项。

1. 选择风险较低的融资方式

不同的融资方式风险大小往往不同，有的融资采取可变利率计算，当市场利率上升时，创业者就需要支付更多的利息。利用外资方式融资，汇率的波动也可能使创业者偿付更多的资金；或者是出资人发生违约，不按合同出资或者提前抽回资金，都会给创业者造成重大的损失。

商业融资，必须选择那些风险较小的方式，努力降低融资的风险。如目前利率较高，而预测不远的将来利率将要下落，这时融资，应要求按照浮动利率计息；如果情况相反，则应按固定利率计息；再比如利用外资，应避免以硬货币来偿还本息，而应该争取以软货币偿付，避免由于汇率上升、软币贬值而带来的损失。同时，在融资过程中，创业者还应选择那些信誉良好、实力较大的出资人，以减少违约现象的发生。

2. 增强融资渠道的可转换性

由于各种融资方式的风险大小不同，因此在筹集资金时，创业者应注意各种融资方式之间的转换，即从这种方式转换为另一种方式的能力，以避免或减轻风险。通常情况下，短期融资方式的转换能力强，由于期限短，如果风险太大，则可以及时采用其他方式融资。而长期融资方式变换较为困难，长期融资中，如果合同中规定可以通过一定手续进行转换，如利用外资的币种转换，则风险也相对小些。除此之外，创业者融资应广开渠道，不能过分地依赖一个或几个资金渠道，进行多元化和分散化融资，亦可增强转换能力，降低风险，提高创业成功的概率。

融资计划的周全与否，往往可以看出创业者思维的缜密、工作的周全与否等。投资者只会把钱交给他放心的人手中，所以计划的周全是相当重要的。

（二）创业融资的省钱之道

许多人在创业初期往往求“资”若渴，为了筹集创业启动资金，根本不考虑融资成本和自己实际的资金需求情况。但是，如今市场竞争使经营利润率越来越低，除了非法经营以外很难取得超常暴利。因此，广大创业者在融资时一定要考虑成本，掌握创业融资省钱的窍门。

下面介绍一些创业融资的小窍门。

1. 巧选银行，贷款也要货比三家

按照金融监管部门的规定，各家银行发放商业贷款时可以在一定范围内上浮或下浮贷款利率。其实到银行贷款和去市场买东西一样，挑挑拣拣，货比三家才能选到物美价廉的商品。相对来说，国有商业银行的贷款利率要低一些，但手续要求比较严格，如果你的贷款手续完备，为了节省融资成本，可以采用个人“询价招标”的方式，对各银行的贷款利率以及其他额外收费情况进行比较，从中选择一家成本低的银行办理抵押、质押或担保贷款。

2. 精打细算，合理选择贷款期限

银行贷款一般分为短期贷款和中长期贷款，贷款期限越长利率越高，如果创业者资金使用需求的时间不是太长，应尽量选择短期贷款，比如原打算办理两年期贷款可以一年一贷，这样可以节省利息支出。另外，创业融资也要关注利率的走势情况，如果利率趋势走高，应抢在加息之前办理贷款；如果利率走势趋降，在资金需求不急的情况下则应暂缓办理贷款，等降息后再适时办理。

3. 亲情借款，成本最低的创业“贷款”

创业初期最需要的是低成本资金支持，如果比较亲近的亲朋好友在银行存有定期存款或国债，这时你可以和他们协商借款，按照存款利率支付利息，并可以适当上浮，让你非常方便快捷地筹集到创业资金，亲朋好友也可以得到比银行略高的利息，可以说两全其美。不过，这需要借款人有良好的信誉，必要时可以找担保人或用房产证、股票、金银饰品等做抵押，以解除亲朋好友的后顾之忧。

4. 提前还贷，提高资金使用效率

创业过程中，如果因效益提高、货款回笼以及淡季经营、压缩投入等原因致使经营资金出现闲置，这时可以向贷款银行提出变更贷款方式和年限的申请，直至部分或全部提前偿还贷款。贷款变更或偿还后，银行会根据贷款时间和贷款金额据实收取利息，从而降低贷款人的利息负担，提高资金使用效率。

5. 用好政策，享受银行和政府的低息待遇

创业贷款是近年来银行推出的一项新业务，凡是具有一定生产经营能力或已经从事生产经营活动的个人，因创业或再创业需要，均可以向开办此项业务的银行申请专项创业贷款。

创业者在融资的时候不妨仔细考量各种融资途径，综合利用多种政策，尽量减少不必要的资金浪费，从而为创业积累更多可利用的资金。

（三）融资的五大要求和四大方针

融资是创业者活动的起点，是一项重要而复杂的工作。许多创业者并不是一步登天步入辉煌的，而是走过艰难而曲折的创业融资过程，在这一过程中积累了经营管理经验，才进入企业经营与发展的佳境的。这一过程，就如同要产生氢弹爆炸的核聚变反应，首先是普通炸弹的一级爆炸产生的压力，使核裂变原料达到临界体积，发生核裂变链式反应。

创业者融资要研究影响融资的各种要素，讲求综合经济效益，并按照一定的要求进行。

（1）融资必须有效、及时。

融资的目的是为了保证创业伊始所必需的资金。无论通过什么渠道、采取什么方式来筹集资金，创业者都应预先确定合理的资金需求量，并制订融资计划，使资金的筹集量与需求量达到平衡。这样，既能避免因为资金筹集不足而影响创业工作的正常进行，又可以防止资金筹集过多而降低资金的利用率。同时，创业者融资应根据资金的投放时间来合理安排，使资金的筹集和使用在时间上互相衔接，避免超前融资造成使用前的闲置和浪费，或滞后融资而错失良机。

（2）融资要讲效益。

融资是为了满足公司创建以及经营初期资金运作的需要。创业者只

有明确了这一点，安排了资金的用途以后，才能根据需要选择适当的融资渠道、融资方式以及融资数量，避免漫无目的地融资。

（3）选择融资方式，降低资金成本。

资金成本是资金使用者支付给资金所有者的报酬及有关的筹措费用，是对企业融资效益的一种预先扣除。不同渠道和方式的融资其难易程度和资金成本是不一样的。创业者在融资时要综合考虑各种融资渠道和方式，研究各种资金来源的构成情况，选择最优的融资方式，以降低资金成本，使资金的使用效率最大化。

（4）适度负债经。

公司的资本结构一般由自有资本和借入资本构成。自有资本是指公司依法筹集并长期拥有、自由调配使用的资金，包括资本金、资本公积金、盈余公积金和留存利润等；借入资本是指创业者依法筹集并依约使用、按期偿还的资金，通常指短期负债和长期负债。自有资本的多少反映了公司的资金实力。

但大多数创业者不会以自有资本作为唯一的资金来源，而是通过借债来筹集部分资金，即负债经营。负债经营在投资利润率高于借入资金的利息率的情况下，可以使公司的自有资本获得杠杆利益，负债比例越大，企业可获得的利益也越大，但同时，财务风险也越大。因此，创业者在筹集资金时要科学合理地确定借入资本与自有资本的比例，优化自身的资本结构，适度地负债经营。这样既利用了负债经营的财务杠杆作用提高自有资本的收益率，又降低了自身的财务风险，偿债能力也得到了保障。

（5）规划融资方案，认真执行融资合同。

在融资过程中，首先必须进行融资成本和投资效益可行性的研究，拟定融资方案。对融资时间应选择有利的时机，既要与用资时间相衔接，又要看资金市场的供应能力。在具体操作时，融资者与出资者应按照法定手续认真签订合同、协议或制定章程，明确各方的责任和权利。此后，必须按照融资章程、融资方案和合同规定执行，恰当支付投资者报酬，按期偿还借款，这也是维护自身信誉的必要保障。

在公司创业者筹集启动资金时，必须遵循一定的财务管理方针和规律。就目前而言，所融资金的来源及其途径多种多样，融资方式也机动灵活，从而为保障融资的低成本、低风险提供了良好的条件。但是，由于市场竞争的激烈和融资环境以及融资条件的差异性，又给融资带来了诸多困难。因此，创业者在融资时必须坚持一定的方针，具体有以下四项。

（1）准确预测需用资金数量及其形态方针

公司资金有短期资金与长期资金、流动资金与固定资金、自有资金与借入资金，以及其他更多的形态。不同形态的资金往往满足不同的创业和经营需要。融资需要和财务目标决定着融资数量。相关人员应周密地分析创业初期的各个环节，采取科学、合理的方法准确预测资金需要数量，确定相应的资金形态。这是融资的首要方针。

（2）追求最佳成本收益比方针

创业者不论从何种渠道以何种方式筹集资金，都要付出一定的代价，也就是要支付与其相关的各种筹集费用，如支付股息、利息等使用费用。即使动用自有资金，也是以损失存入银行的利息为代价的。资金成本是指为筹集和使用资金所支付的各种费用之和，也是公司创建初期的最低收益率。只有收益率大于资金成本，融资活动才能具体实施。资金成本与收益的比较，在若干融资渠道和各种融资方式条件下，应以综合平均资金成本为依据。简言之，创业者筹集资金必须要准确地计算、分析资金成本。这是提高融资效率的基础。

（3）风险最小化方针

融资过程中的风险是公司融资不可避免的一个财务问题。实际上，创业过程中的任何一项财务活动都客观地面临着一个风险与收益的权衡问题。资金可以从多种渠道利用多种方式来筹集，不同来源的资金，其使用时间的长短、附加条款的限制和资金成本的大小都不相同。这就要求创业者在筹集资金时，不仅需要从数量上满足创建和经营的需要，还要考虑到各种融资方式所带来的财务风险的大小和资金成本的高低，做出权衡，从而选择最佳融资方式。

（4）争取最有利条件方针

筹集资金要做到时间及时、地域合理、渠道多样、方式机动。这是由于同等数额的资金，在不同时期和环境状况下，其时间价值和风险价值大不相同。

所以，创业者要把握融资时机，以较少费用筹集到足额资金。因此，必须研究融资渠道及其地域，战术灵活，及时调剂，相互补充，把融资与创建、开拓市场相结合，实现最佳经济效益。具体地说，融资要采用尽可能多的融资方式，尽可能低的资金成本，尽可能长的偿还期限，尽可能减小风险。

（四）融资演示的 14 条技巧

在向投资者融资演示的时候，创业者还需要成为 PPT 专家和 Excel 专家。这些虽然不能保证有投资者会答应给你资金，但是作为掌握演示商业计划书的小技巧还是有必要的，至少可以让融资演示过程更流畅。

给投资者演示你的公司原本就是一件压力很大的事情，掌握这些技巧性的细节可以帮助创业者把细微的事情做好。在演示的过程中，创业者才能更加坦然专注地介绍公司业务和推销团队了。

1. 了解投资者的喜好

每家投资者都有自己的风格。因此，在融资演示之前，你应该了解每家投资者的喜好，尽量多地收集内部信息。他们真正关注创业者的什么特质，他们喜欢什么形式的演示，他们是否关注当前财务状况还有长远发展目标等。如果你无法事先找到这些背景信息，那么在演示的过程中，要注意观察一些信号，并及时做出调整。

2. 提高 PPT 的效率

PPT 只不过是你的辅助工具，关键是怎样尽量有效地使用它。对于新手来说，一定要做一个有视觉冲击力的 PPT，用简短凝练的语句表达出创业者的所思所想。

投资者跟所有普通人一样也喜欢好看一点的 PPT，加上一些让人眼前一亮的东西会让 PPT 看起来更专业和认真。一张图片抵得上千言万语，运用图片和寻找能够表达你意思的图片，会让投资者更认真地考虑 PPT 中你要表达的意思。

3. 保持平常心

投资者有很多，每家对你的反馈都会不同。投资者也是普通人，没什么特别的，他们中有些人很不错，有些人也很一般，有些人很友好，而有些人很讨厌。

即便你什么都没准备，也不要担心什么，并不是要每个人都喜欢你，也不是要每个人都理解你。创业者在做融资演示的时候不要感情用事，不要为那些不理解、不喜欢、不相信你的想法的投资者而苦恼，你越觉得从容和放松，演示成功的可能性也就越大。

4. 关掉电脑屏幕保护程序

在创业者做演示的时候，通常投资者会针对一个问题和创业者讨论很长时间。在讨论的时候，CEO 用来投影的电脑不要休息。有些 CEO

在屏幕保护出现的时候会表现出惊慌失措的样子，如果这种事情会让你分心，那么在你开始演示之前，最好关掉屏幕保护程序。

5. 提前到投资者的办公室

一个优秀的投资者，他每天的时间都是安排得满满的，他只不过是给你预留了一段时间来听你演示你的商业计划。跟你会谈之后，投资者可能马上要跟另外一个创业者见面，或者跟某家被投资的公司打电话。

因此，你要提前到投资者的办公室，因为你可能会遇到一些烦人的技术问题，比如，电脑和投影仪的连接、网络连接等。你只有很少的时间向投资者演示你的公司前景，不要把时间浪费在鼓捣电脑、投影仪接线这些乱七八糟的事情上。提前到的话，你就有充足的时间做准备，并做个预演，最好能有时间把你的创意再重新过一遍。

6. 与投资者见面，衣着不必太正式

如果创业者在进入会议室的时候，看到管理团队穿西装打领带，我们通常会觉得很痛苦。当你给早期投资人做演示的时候，不要穿得那么正式，穿衬衣、外套会比西装领带更好。当然，在其他地方创业者跟投资者会面的时候，也许不适合这条技巧。

如果你不知道穿什么好，你可以咨询一下投资者的行政助手。因为大部分投资者都可能会有一个行政助手帮助他安排会议，你可以问问他，以避免在会议室里出现尴尬的场面。

7. 详细介绍创业团队

大部分投资者投资的是创意，但这些创意还没有转化成真正的业务。所以，创始人和管理团队就是你的业务。对于创业企业来说，团队介绍是其中重要的内容之一。

8. 备份一份演示文件

投资者有投影仪，创业者需要把你的 PPT 在屏幕上展现出来。通常将你的笔记本电脑连接到投影仪是一件很容易的事情，但是，有时候不是这样。万一投影仪出现故障，无法识别笔记本电脑时，你最好还是带一个保存有演示文件的 U 盘。

虽然这种问题出现的概率很低，但后果很严重。你只有一次机会展示自己，谁愿意为了一个投影仪的问题把自己搞得很狼狈，U 盘是解决技术问题的一个不错的保障。

9. 调好财务模型格式，以便打印

把财务模式发送给投资者前，创业者要调整财务模型为方便打印的格式。通常，模型会由一名助理直接在 E-mail 中打开并打印，并在投资者走进会议室跟你见面之前，把它递交到投资者的手上。

10. 做好演示的准备工作

当你需要做一个产品演示的时候，如果需要用 WebEx 视频会议系统，应该提前用邮件把演示 PPT 发过来，并保证直拨电话也可用 WebEx 和其他类似的视频会议系统。你只有很有限的时间去打动投资者。提前给投资者发一份演示 PPT 不仅可以让投资者在跟你见面之前有所准备，你也可以避免浪费时间。

11. 不要给投资者展示投资回报率

给投资者做退出分析、计算出他们投资你的公司之后能够获得巨大回报，这是你能犯的最大而且是最低级的错误之一。投资者不需要你告诉他投资之后能够赚多少钱，计算退出回报是投资者的一项工作内容。

你试图告诉投资者他们确切能够获得多少回报是没有必要的。你应该详细解释公司是如何从零成长到一个较高收入水平的，把退出模型留给投资者自己做吧。

12. 不要急着要钱

人们常说，谈钱伤感情。投资者也是这样，一开口就要多少多少钱是没有用的。当你做演示的时候，需要向投资者展示你创业的激情，你需要给他们实实在在的想法和做法才能让他们兴奋：你卖什么东西，怎么卖，收入模式是怎样的……一旦投资者能够理解你，并通过他自己的判断，把你的激情、想法和做法这三者牢牢地联系在一起，那么你离拿到钱就更近了一步。

13. 不盲目自信

大胆和乐观是值得肯定的，同时你也可以向投资者展示你对自己的创意的信心，并且你也可以给投资者灌输一些你认为真实、有用的信息。但是你需要提供背后的假设条件来支持你的说法。

14. 提供产品或服务演示模型

如果你的公司还没设立或者商业计划书还不会写，那你的产品演示是不会让你获得投资的。但是你要给潜在投资人展示你的产品可以使用，让他们想象一下你的产品如何解决用户面临的某些问题。

例如，关注 IT 的投资者喜欢新产品和新服务的演示，当然，前提是你的产品是可以拿出来演示的。很显然这对于很多创业企业来说是行不通的，如果你能够把你的“存储硬件设备”的样品让投资者传看，这会让你的融资演示更能给投资者留下印象。

总之，向投资者融资是很困难的一件事，需要做大量的准备，还要结合技巧与经验，而创业者很少具备这些。你需要很好的演讲技巧、无穷的热情和一份完美的并且内容充实的推销计划。当然，这还需要一点运气。

三、创业者融资的注意事项

在创业企业融资的过程中，为了保证融资的成功率更高，小微企业创业者应当注意以下一些方面。

1. 只有创意还不行，还要有竞争优势

单有好的创意还不够，你还需要有独特的竞争优势，这个优势保证即使整个世界都知道你有这样一个创意你也一定会赢。也许除了有好的创意或者某种竞争优势还不够，公司人人能建，但你会经营吗？如果你能用不多的几句话说明上面这些问题，并激发投资商的对你的兴趣，那么接着你就可以告诉他你计划需要多少资金，希望达到什么目标。

2. 不要空泛地描述市场规模

有些小本创业者一个常见的错误是对于市场规模的描述太过空泛，或者没有依据地说自已将占有百分之好几十的市场份额，这样并不能让人家相信你的企业可以做到很大规模。

3. 先吸引投资者的注意力

也许你会在公共场合偶然遇到一位投资者，也许投资者根本不想看长长的商业计划书，你只有几十秒钟的时间吸引投资者的注意力。当他的兴趣被你激发起来，问起你公司的经营队伍、技术、市场份额、竞争对手、金融情况等问题时，你已经准备好了简洁的答案。

4. 与投资者讲价钱

投资者对创业企业的报价往往类似于升价拍卖，如果投资者真的很看好这家企业，那么他就会提高对企业的作价，直到双方达成一致意见为止。另一方面，创业企业在融资时的报价行为类似于降价拍卖，刚开始时自视甚高，期望不切实际的高价，随着时间的推移，企业资金越来越吃紧，投资意向一直确定不下来，锐气逐渐磨钝，结果最后接受现实的价格。

5. 强调竞争对手

有些小本创业者为了强调企业的独特性和独占优势，故意不提著名的竞争对手，或者强调竞争对手很少或者很弱。事实上，有成功的竞争对手存在正说明产品的市场潜力，而且对于创业投资公司来说，有强势的同行正好是将来被收购套现的潜在机会。

6. 合理预测

预测的一个常见错误是先估算整个市场容量，然后说自己的企业将获得多少份额，据此算出期望的销售额。另一个值得怀疑的方法是先预计每年销售额的增长幅度，据此算出今后若干年的销售额。

过于乐观的估计会令人感到可笑。例如有人这样估计营业额：我发明了一种新鞋垫，假设全国人民每人每年买两双，那么市场容量约有 26 亿双，我们只要获得这个市场的一半就不得了了。

比较实在可信的方法是计划投入多少资源，调查面向的市场有多少潜在客户，有哪些竞争产品，然后根据潜在客户成为真正用户的可能性和单位资源投入量所能够产生的销售额，最后算出企业的销售预测。

7. 关于先入优势

需要注意的是，先入者并不能保证长久的优势，如果你强调先入优势，那么你必须能够讲清楚为什么先入是一种优势，是不是先入者能够有效地阻碍新进入者，或者用户并不轻易更换供应商。

8. 注重市场而不是技术水平

许多新兴企业，尤其是高科技企业的企业家都是工程师或科学家出身。由于其专业背景和工作经历，他们对技术的高、精、尖十分感兴趣，但是投资人关注的是你的技术或产品的赢利能力，你的产品必须是市场所需要的。

技术的先进性当然是重要的，但只有你能向投资者说明你的技术有极大的市场或极大的市场潜力时他才会投资。很多很有创意的产品没能获得推广是因为发明人没有充分考察客户真正需要什么，没有选准目标市场或者做好市场推广。投资者是商人，他们向你投资不是因为你的产品很先进，而是因为你的产品能赚钱。

四、创业风险投资的选择与评估

随着科学技术成果商业化和市场化程度的加深，技术创新和金融创新等活动日趋活跃，从而带来了对资本市场创新的需求，而资本市场的创新又为科学技术成果的商业化和市场化创造了条件，刺激了创新活动。这种相互作用、相辅相成的结果，逐步在资本市场范围内形成了一种崭新的市场形态风险资本市场。

现代风险投资起源于第二次世界大战之后，这是一种与银行贷款、传统投资方式相区别的全新的投资方式。根据 OECD（经济合作与发展组织）组织在《创业投资与创新》中所下的定义："风险投资是一种向极具发展潜力的新建或中小企业提供股权资本的投资行为。"风险投资追求的是高增长，伴随着高增长，必然存在着高风险。能够赋予高增长前景的投资项目又常常是高科技项目。所以，风险投资往往与高科技相伴，同时又与高风险和高收益并存。

（一）风险投资的特点

1. 一种有风险的投资

由于创业投资主要是支持创新的技术与产品，技术、经济及市场的风险都相当大，其失败率相当高，但一旦成功，回报也很高。

2. 一种投资组合

为了分散风险，创业投资通常投资于项目群，利用从成功项目退出后所取得的高回报来抵偿失败项目的损失并取得收益。

3. 一种长期投资

创业投资一般要经过 3~7 年才能通过退出取得收益，而且在此期间通常还要不断地对有成功希望的项目进行增资。

4. 一种权益投资

创业投资是一种权益资本，不是借贷资本，因此其着眼点并不在于其投资对象的当前盈亏，而在于其发展的前景和资产增值，以便能通过上市或出售而退出并取得高额回报。

5. 一种专业投资

创业投资者不仅向创业企业家提供资金，还提供所积累的学识、经验以及广泛的社会联系，并积极参与创业企业的经营管理，尽力帮助创业企业家取得成功。

（二）风险投资的时期

风险投资一般分为 8 个时期：种子期、初创期、第一投资期、第二投资期、第三投资期、第四投资期、麦则恩投资期、兑现期。在不同的时期，风险投资资本的选择有所不同。

1. 种子期

种子期是风险投资的最初阶段，仅仅对发明家或者企业家的某个想法或技术提供极少的资金，主要是希望通过这笔较小的投入来决定是否值得进一步投入。由于种子期创新产品的未来不确定性非常大，而且所需要的资金量也比较小，所以这个阶段是风险投资介入较少的阶段。

2. 初创期

初创期主要针对成立不到一年的新公司。资金的主要用途是产品开发、测试，同时也在小范围内对特定的一些顾客做市场调查。在这个阶段，风险投资者需要进行的工作是市场潜力的调查、初步形成管理团队、修改商业计划。与种子期相比，由于要购买设备进行试生产、投入资金进行试销，所以初创期的资金需求会有所上升。增加资金的主要渠道是原有风险投资的增资以及吸引新的风险投资资本进入。

3. 第一投资期

第一投资期的特点是业务的早期发展。当初创期的产品原型被认为可以接受时，技术上的风险被基本排除后，风险投资进入第一投资期。在这个阶段，公司管理层会根据市场调查的结果安排适度规模生产。第一投资期是不要求产生利润的。

4. 第二投资期

第二投资期的特点是业务的扩张。在这个阶段，通过小规模生产，企业已经通过向其顾客销售产品而得到了一定的收入回报。管理层通过第一投资期的销售，对市场的了解更深刻，认为必须通过扩大生产规模才能迅速占领市场、渗透市场，所以，迫切需要进一步投入资金来购买设备、增加存货、开发市场。在这个阶段，企业一般处于未盈利阶段，也有个别企业能实现微利。

5. 第三投资期

第三投资期的特点是进入盈利阶段，但是现金短缺。在这个阶段，企业的销售量迅速增长，产品实现的利润不断折减先前的投入。但是，生产和销售的迅速增长要求更大量的营运资金的投入，而如果仅仅依靠企业通过销售产生的内部资金则难以满足需要。因而，新的风险投资加入进来。

6. 第四投资期

第四投资期的特点是风险降低，快速增长。在这个阶段，尽管企业还需要外部资金的支持，但是由于技术和市场已经成型，所以风险相对比较小，外部资金的参与兴趣很浓。但是，企业已经开始在融资方面倾向于债权融资而非股权融资，以避免股权被稀释。在这个阶段，商业银行的贷款比重加大，企业的负债比率相应增加。投资者认为离撤出时间已经为时不远。

7. 麦则恩投资期

麦则恩投资期又叫作桥式融资期。在这个阶段，企业已经决定采用何种方式套现投资，而且对大致的时间也心中有数。

8. 兑现期

这是风险投资的最后阶段，也就是撤出阶段。成功的风险投资一般有公开上市和并购两种撤出渠道。通过公开上市，风险投资者原先持有的非上市公司股份变成了公开上市公司的股份，资本实现了流动。

近年来，出现了许多经典的风险投资案例。软银与阿里巴巴就是非常著名的案例。2007 年 11 月 6 日，全球最大的 B2B 公司阿里巴巴在香港联交所正式挂牌上市，自此登上了全球资本市场的舞台。2007 年 11 月 6 日 10 时，港交所开盘，阿里巴巴以 30 港币，较发行价 13.5 港元涨 122% 的高价拉开上市序幕，小幅震荡企稳后，一路单边上冲，最后以 39.5 港元收盘，较发行价涨了 192.59%，成为香港上市公司上市首日涨幅最高的“新股王”，创下香港 7 年以来科技网络股神话。按收盘价估算，阿里巴巴市值约 280 亿美元，超过百度、腾讯成为中国市值最大的互联网公司。软银间接持有的阿里巴巴股权价值 55.45 亿美元，若再加上 2005 年雅虎入股时曾套现 1.8 亿美元，软银当初投资阿里巴巴集团的 8000 万美元回报率已高达 71 倍。随着阿里巴巴在美国纽约证券交易所上市，软银的回报将会更大。

创业企业可以与风险投资共赢，但是风险投资并非盲目和冒险地去对创业企业进行投资，风险投资筛选创业企业要经过一个复杂的选择和评估过程。

（三）风险投资的评估

风险投资是通过权益性资本投入到未上市的创业企业当中去的。其运作过程可以分为风险投资项目的甄选、项目评估和决策。

风险投资项目评估的内容具体包括以下几点。

1. 评估商业计划书

在风险投资企业家申请风险资本融资的过程中，一份精心准备、内容充分、逻辑清晰的商业计划书是必不可少的，因为商业计划书是风险投资者分析和评估风险投资方案的重要依据之一，同时也是风险企业家寻求风险资金的敲门砖。通过对一份高质量的商业计划书的浏览，风险投资者不仅可以对申请投资的项目的运作条件与运营步骤计划形成整体认识，也可以对该企业家的管理思路、创新能力、敬业精神有初步了解，以作为其是否深入评估的标准。

2. 对企业、项目的产品或服务的评估

对企业、项目的产品或服务的评估包括三个方面：

①技术因素评估。技术因素评估是以提出的方案能否实现所需功能及其实现程度为中心目标，来评估方案在技术上的先进性、可靠性、可行性与实用性。

②经济因素评估。经济因素评估是将技术开发的收益以经济指标形式加以分析比较，从方案的费用效益角度来衡量、评判方案的优劣。这要求方案的成本最低，效用与利润最大。

3. 对管理团队的能力评估

从一定意义上说，管理团队能力的评估是风险投资者对战略伙伴的选择与评价，是其决定是否投入资金的关键。对管理团队能力的评估，尤其是创业领导人的掌控团队能力的评估是风险投资机构非常看重的能力。软银决定投资阿里巴巴只用了几分钟，就是看重了马云的个人魅力和其在团队中的影响力。

4. 对企业或项目未来资金的需求与财务状况的评估

在风险投资的过程中，对风险项目潜在的资金需求必须要有一个客观而审慎的评价与估计。风险企业的财务评估包括三方面的内容：一是成本分析、二是收益分析、三是成本收益相关分析。

【案例】

杜蕾斯的风险投资

2014 年初杜蕾斯开始与电影开发衍生品。杜蕾斯 2014 情人节活动“爱上爱爱”发起移动小酒馆，邀请情侣分享爱情故事制作成视频、音频之后再分享到网络。

以此为契机，杜蕾斯联合《北爱》推出《北京爱情故事》定制包装，推出导演、主演签名款在社交媒体上曝照，作为首映式赠品和明星互动，并在情人节期间同步销售。《北爱》也专门定制了杜蕾斯版“北爱预告片”在网络和万达院线的大屏幕播放。

而在《后会无期》的宣传阶段，杜蕾斯借助韩寒在微博的影响力，大 V 与大号强强联合炒作话题、网络互动掀起热度；后来杜蕾斯再次推出定制款包装，选择杜蕾斯金色包装的“肤感”产品，美其名曰“黄金实戴”，并有“戴了，一切都是自由的”的宣传语。“黄金实戴”覆盖超过 300 万用户，互动总量将近 25000 次。

谈到与电影的缘分，利洁时家化（中国）数字营销总监唐寅向记者表示:“杜蕾斯的广告多集中于网络推广，但线上的消费人群毕竟只是一部分，杜蕾斯希望增加线下的曝光度，辐射到线下更广的人群。而娱乐性的电影营销恰巧能比较自然地把杜蕾斯带到消费者身边，电影宣发方开放的合作态度也为双方的合作创造了很大的空间，可以尝试更多元、更好玩的营销方式。”

与其他品牌不同，杜蕾斯并没有将产品或品牌植入作为主要的营销方式，而是根据自身产品特点从社会化媒体作为切入点，引爆话题和关注度，再落实到线下活动，配合定制产品销售，进行整合营销。

“在与电影跨界营销的过程中，杜蕾斯没有局限于哪种方法，而是针对每个电影制定个性化的方案。在这个过程中，一方面杜蕾斯和宣发方一起炒热电影，并将电影的热度和话题引流到产品；另一方面，电影跨界营销的效果直接作用于销售层面，衍生品杜蕾斯礼盒也获得了不错的销量”。

不错的销量是多少？唐寅并未透露具体数字，但是他表示在 2014 年的尝试、探索阶段杜蕾斯并未设量化的目标，2015 年衍生品营销成为最重要的营销方式，依旧不会设量化的目标，因为与电影的合作很多的热点和效果是可遇不可求的。

从成本角度考虑，衍生品的投入产出比也很高，“电影之所以跟杜蕾斯跨界合作，是因为有影响力的品牌可以帮助电影在口碑上获益，而在合作过程中，双方都不涉及太大的成本，只涉及推广成本，杜蕾斯更不需要向影片方提供赞助费。电影跨界营销由线上团队负责，线上营销和定制礼盒成本不大，更何况任何可以帮助销售的渠道成本都不算大。”

电影版定制礼盒已经成为杜蕾斯的一个标准产品，杜蕾斯也在合作过程中发现了娱乐营销更大的潜力，即为某个事件、话题而开发的定制产品，销量会非常好。杜蕾斯认为，衍生品的电影跨界营销是对消费者的一种投资，品牌在消费者心中的知名度和影响力也会扩大。

第4章

企业法律形态与申办注册

一、企业的法律形态及选择

完成了创业的前期准备工作，有了项目和资金后，开始进入为企业申请合法地位的阶段。需要按照我国法律规定，到相关管理部门进行工商注册和税务登记等，企业拿到营业执照就可以正式营业了。

为确保企业登记注册的顺利进行，申办企业前，要对创业企业的性质有一些基本的认识。要认识创业企业可以申办哪一类型的企业，即哪种法律形态以及不同法律形态的企业各有什么要求和特点。

（一）初创企业的法律形态

对于初创企业，比较常见常用的法律形态有：

1. 个体工商户

个体工商户是指经依法核准登记、从事工商业经营的公民。严格意义上讲，个体工商户不是企业。

个体工商户有以下特点：

（1）个体工商户不具有法人资格，是以个人或家庭的财产对外承担债务。

（2）个体工商户只能经营法律、政策允许个体经营的行业。

（3）个体工商户可以起字号、刻印章、在银行开设账户及申请贷款、与劳动者签订劳动合同等，但个体工商户雇工人数一般不超过 7 人，且不得设立分支机构。

（4）个体工商户是一种具有中国特色的经济形式，它是在我国由计划经济向市场经济转变过程中产生的。随着我国市场经济的逐步完善，尤其是《中华人民共和国个人独资企业法》颁布实施后，相当数量的个体工商户（特别是有自己的字号名称，有一定的出资，有固定的生产经营场所和生产经营条件的个体工商户）将转变为个人独资企业。

2. 个人独资企业

个人独资企业是指由一个自然人投资，财产为投资人个人所有，投资人以其个人财产对企业债务承担无限责任的经营实体。

个人独资企业有以下特点：

（1）个人独资企业的出资人是一个自然人。

（2）个人独资企业的财产归投资人个人所有。该企业财产不仅包括企业成立时投资人投入的初始资产，而且包括企业存续期间积累的资产。投资人是个人独资企业财产的唯一合法所有者。

（3）个人独资企业不具有法人资格，投资人以其个人财产对企业债务承担无限责任。这是个人独资企业的重要特征。也就是说，当投资人申报登记的出资不足以清偿个人独资企业经营所负的债务时，投资人就必须以其个人财产甚至是家庭财产来清偿债务。

3. 合伙企业

合伙企业是指由各合伙人订立合伙协议，共同出资、共同经营、共享收益、共担风险，并对合伙企业债务承担无限连带责任的营利性组织。

合伙企业有以下特点：

（1）合伙协议是合伙企业成立的基础。合伙人之间是平等的，合伙企业的利润和亏损，由合伙人依照合伙协议约定的比例分配和分担。

合伙协议未约定利润分配和亏损分担比例的，由各合伙人平均分配和分担。

（2）合伙企业不具有法人资格。

（3）合伙企业的合伙人对企业债务承担无限连带责任。所谓无限连带责任，是指合伙企业财产不足以抵偿企业债务时，合伙人应以其个人甚至家庭财产清偿债务，而且债权人可以就合伙企业财产不足清偿的那部分债务，向任何一个合伙人要求全部偿还。

4. 有限责任公司

有限责任公司是指依法设立的、有独立的法人财产、以其全部财产对其债务承担有限责任的、以营利为目的的企业法人。

有限责任公司有以下特点：

（1）公司须依法成立，并须依照公司法规定的设立条件和设立程序才能取得法人资格。

（2）公司具有法人资格，公司财产独立于股东个人财产；公司责任独立于股东个人责任。公司以其全部财产对公司的债务承担责任，股东以其认缴的出资或认购的股份为限对公司承担责任。

（3）公司以营利为目的，公司设立的最终目的是为了获得利益并且将所得利益分配于股东。

（二）不同法律形态企业的特征

选择合适的企业法律形态，首先要了解各类法律形态企业的特征和要素。参见表 4 -1。

表 4-1　不同法律形态企业的特征

特征	个体工商户	个人独资企业	合伙企业	有限责任公司
企业设立	简单	简单	简单 主要在于签订合伙协议	相对复杂一些，有出资额（认缴）限制
企业管理	决策完全自主，所有权和经营权合一； 快速发展难度较大	与个体工商户类似	一般为集体决策，个人技能互补，有利于控制关键人才	管理集中化 所有权与经营权分离，依靠组织结构进行管理
偿债责任	债务如果属于个人经营，则以个人财产承担；若家庭经营，则以家庭财产承担	无限责任	每个合伙人都对所有债务承担无限责任	有限责任
借贷	一般难以获取大量贷款	与个体工商户类似	多个合伙人筹资，一般可筹资较多	筹资途径多样化
纳税和避税	不可申请增值税，只能申请小规模纳税人，也可申请包税制，税收负担相对较小	个人所得税一次性征收，通过从个人收入中减除经营性支出和亏损避税，合伙人的工资不能减除；只能申请小规模纳税人	个人所得税一次征收，通过从个人收入中减除经营性支出和亏损避税，合伙人的工资不能减除	避税灵活，股东及管理者工资、保险医疗等可纳入期间成本
公开性	无须报告	无须报告	无须报告	需向有关单位报告公司的财务和经营状况
所有权转让	不可转让，必须重新注册	不可转让，必须重新注册	不可随意转让	可转让，需依据公司章程

（三）选择合适的法律形态

从上节分析的各类法律形态的特点与区别可以看出，从最低级的市场竞争主体个体工商户开始，个人独资企业、合伙企业、有限责任公司等，是一个规模由小到大、企业治理制度由任意到严格、承担责任由无限到有限的进化链。独资企业和合伙企业都是企业的低级形态。随着资本的积累，企业类型和组织形式都在向规模化和更高层次发展。

不同的法律形态对企业的经营各有利弊，为自己的企业选择一个合适的法律形态，需要考虑的要点：

1. 要考虑个人投资还是与他人合作投资。个人投资的，可以选择个体工商户、个人独资企业、一人有限责任公司；合作投资的，可以选择合伙企业、有限责任公司等。

2. 要考虑企业规模的大小。规模小的可以考虑个体工商户、个人独资企业、合伙企业；规模大的，应当考虑有限责任公司甚至股份有限公司，中小企业经营者一般选择有限责任公司形式。

3. 要考虑企业经营风险的评估以及投资人承担风险的能力或预期。风险大或投资人承担风险的能力较差的，宜选用有限责任公司；风险小的，可以选择个体工商户、个人独资企业、合伙企业等。

4. 要考虑企业管理与控制能力的差异。对企业的管理与控制能力强的，可以选择个体工商户、个人独资企业、合伙企业等；否则，应当选择有限责任公司。

二、企业命名及经营场地的选择

（一）企业名称的组成

企业的名称应该由行政区划、字号、行业、组织形式依次组成，法律法规另有规定的除外。

1. 行政区划

企业名称中的行政区划是本企业所在地县级以上行政区划的名称

或地名。

企业名称应当冠以企业所在地省（包括自治区、直辖市）或者市（包括州）或者县（包括市辖区）行政区域名称。

2. 字号

企业名称中的字号应当由 2 个以上汉字组成，行政区划不得用作字号，但县以上行政区划地名具有其他含义的除外。企业名称可以使用自然人投资人的姓名作字号。

3. 行业

企业名称中的行业表述应当是反映企业经济活动性质所属国民经济行业或者企业经营特点的用语。企业名称中行业用语表述的内容应当与企业经营范围一致。企业经济活动性质分别属于国民经济行业不同大类的，应当选择主要经济活动性质所属国民经济行业类别用语表述企业名称中的行业。

企业为反映其经营特点，可以在名称中的字号之后使用国家（地区）名称或者县级以上行政区划的地名，上述地名不视为企业名称中的行政区划。如：杭州市麻辣天下重庆火锅有限公司、上海红樱花日本烧烤有限公司。“重庆火锅”“日本烧烤”字词均视为企业的经营特点。

企业名称不应当或者暗示有超越其经营范围的业务。

4. 组织形式

依据《中华人民共和国公司法》《中华人民共和国中外合资经营企业法》《中华人民共和国中外合作经营企业法》《中华人民共和国外资企业法》申请登记的企业名称，其组织形式为有限公司（有限责任公司）或者股份有限公司；依据其他法律、法规申请登记的企业名称，组织形式不得申请为“有限公司（有限责任公司）”或“股份有限公司”，非公司制企业可以申请用“厂”“店”“部”“中心”等作为企业名称的组织形式，例如“北京味美食品厂”“上海爱民商店”“西安新奇技术开发中心”。

（二）企业命名的原则

企业命名要注重公司名称的合法性、专业性、品牌战略、行业特点等。企业命名的原则是：

1. 合法性

企业的命名需要经过工商注册机构审核，工商企业登记对公司名称有许多规定，多以合法性为企业命名的首要条件。

2. 品牌唯一性

随着企业的成长，企业的品牌也能有一定的地位和影响力。需要注意以下两点：

（1）新成立的公司名称不要与现有的公司或市场品牌重音或者近形，主要考虑尽量避免侵权纠纷；

（2）新成立公司品牌一旦打响，很有可能别的领域或别的公司抢占先机，所以更要具有独特性、唯一性，尽量不给他人打擦边球的机会。

3. 没有歧义

同样的名字在不同区域环境下意义也许有差别，企业命名前要注意这一点。

4. 与产品服务内容相吻合

商店命名方法，通常能反映经营者的经营特色，或反映主营商店的优良品质，使消费者易于识别店铺经营范围，并产生购买欲望。比如“堂”作为中药铺已成了约定俗成的识别标志，所以只需看到“同仁堂”招牌或其他“某某堂”招牌，客户就知晓是进行中药销售的企业。

（三）企业选址的参考因素

选址时应该注意的因素可划分为交通因素、商圈因素、物业因素、政策因素、个人因素、价格因素等。

1. 交通因素

无论是服务型企业还是生产型企业，都需要充分考虑便利的交通。例如，开一间快餐店在人流、车流量较大的位置，成功的概率比开在普通地段大得多。当然，并不是所有企业都应该将经营场所选在繁华闹市区。在充分考虑房租成本的前提下，应当尽量选择更接近市场需求，并能有效降低成本的地方。例如，物流公司的选址倾向于公路主干道附近，或者交通枢纽地带。

2. 商圈因素

商圈因素指要对特定商圈进行特定分析。一般来说，相同或相关联的企业，经常集中在一起，以形成规模效应。例如车站附近是往来旅客集中的地区，适合发展餐饮、食品、生活用品等行业；商业区是居民购物、聊天、休闲的理想场所，除了适宜开设大型综合商场外，特色鲜明的专卖店也很有市场。

3. 物业因素

在置地建房或租用店铺前，创业者应首先了解地段或房屋的规划用途与自己的经营项目是否相符；该物业是否有合法权证；该物业的历史、空置待租的原因、坐落地段的声誉与形象，是不是环境污染区、有没有治安问题等都是创业者选择时需要考虑和关注的。

4. 政策因素

政策因素指的是经营业务最好能得到当地所在政府的支持，至少不能与当地的政策背道而驰。

5. 个人因素

个人因素有时会被一些创业者过多地关注，一些人常常选择在自己的住所附近经营，然而这种做法可能会令创业者丧失更好的机会或因经营受到局限，购买力无法突破。

6. 价格因素

创业者在购买商铺或租赁商铺时，要充分考虑价格因素，包括资金、业务性质、创业成功或失败后的安排、市场的供求情况、利率趋势等，以免做出错误决定，对企业的业务经营造成不良影响。

（四）企业选址的步骤

1. 挑地方：确定人流量

首先，必须清楚了解人们要往哪里去，而不只是在哪里，像早餐店要在上班族会走过的地方，录像带出租店则要开在回家的路上。可以花一些时间，在感兴趣的目标地区计算上午、下午、晚上各时段的人潮，统计进入附近店铺的人数，看看经过的人当中，上班族、学生、家庭主妇的比例，而且至少要在平日和周末各算一次，才能知道人潮确实的分布状况。

除了人们往哪里去，还要考虑人们得花多久才会到达你的店面。越便宜的产品，顾客越不愿花时间在交通上，例如便利商店是以 3 分钟来定义主要商圈，咖啡店大约是 5 分钟，除非你打算卖汽车这种高单价商品，否则一般而言，顾客最远只能忍受 7 分钟交通时间。

2. 找地点：访查周围环境

有了预选的地点，第二步是先考察其周围环境，这时要用两种角度来观察：一是商人的角度，什么迹象显示该地点可以创造业绩？二是从顾客的角度，你会不会到这类地点逛街？黄金地段有冷门的角落，次级商圈也有热门据点，找地点最忌讳只看到别人成功，就想在隔壁复制一家店，除非有把握做出自己的特色。

此外，留意坐落在对角或不远处的竞争对手是否会抢走你的生意？是否能在顾客行动路线上，抢先一步拦截顾客？随时注意对手的位置，寻找足以抗衡的地点，你一定要保持领先地位，不然，位置在同类型商店的下风处，生意也可能会一直处于下风。

3. 看店面：建筑等于活广告

请抱着初次约会的心情看店面。先远看，再近看，想象店面在这个空间里的感觉：一旦店名放在招牌上会很显眼吗？开车经过的人看得到吗？行人能从人行道上就注意到吗？好的店面就像活广告，不只是让人方便找到你，也能向路上行进的潜在客户展示自己。此外，建筑设计也是一个重点，这个地点适合零售业吗？吸引人吗？该楼宇的质量是否跟你的产品一样好？即使在外观设计上相似的购物街，质量方面也可能相当悬殊。记住，一定要从品牌打造的角度来思考建筑物。

4. 选邻居：好邻居让你少奋斗

顾客会认为，彼此相邻的店面，其商品质量也相当类似，所以跟类似的品牌坐落在同一地点十分重要，因为有些选址策略就是要“寄生”。在大百货公司旁开服饰店，在高级超市旁开饮食店，被大品牌所吸引的顾客，也会被你所吸引。

另外，如果能碰到一些像录像带出租店或干洗店之类的优质邻居那更好，因为这些店面都有着“两次到访”的机会，人们把衣服送去洗，隔几天必定会再回来拿。邮局、超市也有非常好的人流量，选择在它们附近也会受益匪浅。

三、申办条件与登记注册流程

（一）企业申办应具备的基本条件

对于企业申办的不同组织形式，相关法律有一些设立的基本条件：

1. 申请个体工商户的基本条件

（1）有经营能力的城镇待业人员、农村村民以及国家政策允许的其他人员，可以申请从事个体工商业经营。个体工商户可以个人经营，也可以家庭经营。

（2）申请人必须具备与经营项目相应的资金、经营场地、经营能力及业务技术。

（3）缴纳相关的费用。个体工商户办理登记，应当按照国家有关规定缴纳登记费。登记机关办理年度验照不得收取任何费用。当前，有的地区对创业有优惠政策，免收了个体工商户的管理费，简化了办理执照的手续，同时税收上也有一定的优惠。

2. 设立个人独资企业的基本条件

个人独资企业是指依照《个人独资企业法》在中国境内设立的，由一个自然人投资，财产为投资人个人所有，投资人以其个人财产对企业的债务承担无限责任的经营实体。

（1）投资人为一个自然人。法律、法规禁止从事营利性活动的人不得作为个人独资企业投资人。

（2）有合法的企业名称，名称中不得使用“有限”“有限责任”或“公司”字样。

（3）有投资人申报的出资额。

（4）有固定的生产经营场所和必要的生产经营条件。

3. 设立合伙企业的基本条件

合伙企业是指自然人、法人和其他组织依照《合伙企业法》在中国境内设立的普通合伙企业和有限合伙企业。

（1）有两个以上合伙人。合伙人为自然人的，应当具有完全民事行为能力。

（2）有书面合伙协议。

（3）有合伙人认缴或者实际缴付的出资额。

（4）有合伙企业的名称。

（5）有经营场所和从事合伙经营的必要条件。

（6）法律、行政法规禁止从事营利性活动的人不得成为合伙企业的合伙人。

4. 设立有限责任公司的基本条件

有限责任公司是依照《中华人民共和国公司法》设立，股东以其出资额为限对公司承担责任，公司以其全部财产对公司债务承担责任的经济组织。

（1）股东符合法定人数。法定人数是《公司法》规定的注册有限责任公司的股东人数。《公司法》对有限责任公司的股东限定为 1 个（含 1 个）以上 50 个（含 50 个）以下。一人有限公司为一个股东。

（2）股东出资达到法定资本的最低限额。两名股东及以上有限责任公司，最低限额为 3 万元人民币。一人有限责任公司的注册资本最低限额为人民币 10 万元。2013 年 10 月，国务院常务会议部署推进公司注册资本登记制度改革，降低创业成本，明确除法律法规另有规定外，取消有限责任公司最低注册资本 3 万元、股份有限公司最低注册资本 500 万元的限制。

股东可以用货币出资，也可用实物、知识产权、土地使用权、股权等非货币财产作价出资。

注册资本可以分期缴付。公司全体股东的首次出资额不得低于注册资本的 20%，不得低于法定的注册资本最低限额，其余部分由股东自公司成立之日起 2 年内缴足，投资公司可以在 5 年内缴足。

（3）股东共同制定章程。制定有限责任公司章程，是设立公司的重要环节，公司章程由全体出资者在自愿协商的基础上制定，经全体出资者同意，股东应当在公司章程上签名、盖章。

（4）有公司名称，建立符合公司要求的组织机构。公司的名称应符合名称登记管理有关规定，名称中标明“有限责任公司”或“有限公司”字样。公司的组织机构为股东会、董事会（执行董事）、监事会（监事）、经理。

（5）有固定的生产经营场所和必要的生产经营条件。

（二）企业登记注册流程

1. 一般流程

企业设立登记的一般流程为：

申请企业名称核准→注册资金入资和验资→向工商局提交申请表和开业申办文件→领取经营许可执照→申办企业代码证书→刻制公章→申办和领取税务登记证→银行开立基本账户→购领发票→正式开业经营。

2. 主要登记程序

在企业设立登记中，最主要的是工商登记和税务登记。

（1）企业工商登记的程序

领取注册登记所需要的相关表格→填写并提交《名称预先核准申请书》→领取《企业名称预先核准通知书》，同时领取《企业设立登记申请书》→办理相关审批手续（经营范围涉及前置审批的详见表4-2）→办理入资和验资手续→递交《企业设立登记申请书》及全部相关材料，领取《准予行政许可决定书》（一般可当场领取）→缴费并领取营业执照（一般为5个工作日内）。

表4-2　需前置审批的项目及审批机关一览表

经营项目	审批机关
食品、餐饮（生产、经营）	卫生检疫部门、环保局
烟草制品（批发、零售）	烟草专卖局
建筑、装修	建设管理委员会
道路货物运输	交通运输指挥部
搬家公司	公安局交管部门
医疗机构	卫生局
旅行社	旅游局
图书、报刊、音像（批发、零售）	新闻出版总署，文化委员会
化肥、农药、农具、种子	农业局
印刷	新闻出版总署、公安局
特种行业（旅馆、刻字刻章、物品寄存等）	公安局
婚介	民政局
幼儿园、学校（职业技能培训为主的培训学校除外）	教育委员会
对外贸易	商务局
网吧	通信管理局、公安局
网站、网上论坛	通信管理局、新闻管理局
台球、保龄球馆；电子游艺厅；棋牌室；歌舞厅；卡拉OK	文化委员会、公安局
保险代理	保监会

（2）企业税务登记的程序。

从工商局领取《企业法人营业执照》或《营业执照》后，办理组织机构代码证→刻制公章→填写和递交《企业税务登记表》以及税务登记所需的相关材料→领取税务登记证→购领发票。

按照规定，必须在领取工商营业执照后的 30 日内，办理税务登记手续。

【案例】

创业前应做好法律储备

小杨是沈阳某高校四年级学生，读的是物流专业。去年，他了解到针对大学生群体的城际包车业务前景不错，便决定与几个想创业的同学启动“假期大学生客运包车”项目进行创业尝试，并选择了沈阳到大连这条线。今年清明节刚过，小杨和同伴就在沈阳十几所高校做宣传，有 500 多名大学生乘客表示愿意乘坐他们组织的包车去大连。

为此，他到大连委托一位朋友张某办理租车事务，还请当地高校的法律老师帮助审查包车协议。2016 年 4 月 20 日，小杨与在大连从事客运的于某签协议租下 7 辆客车，按照约定，7 辆车要在 4 月 30 日 12 时从大连发车，而 400 名预付部分车费（35 元 / 人）的大学生乘客于当日 16 时 30 在苏家屯高速入口和三台子高速入口处分别集合候车。

4 月 30 日 16 时许，大学生乘客们陆续到齐了。然而，到约定时间了，大家并没看到车的影子。这一等就是 4 个小时。据了解，大连发车晚了，有的车还被扣。等待期间，一些着急的学生要求退还预付票款，还有一些情绪激动的学生与小杨他们发生撕扯，还有学生觉得受骗了，拨打了“110”报警。有一些准备到大连玩的学生已订下特价酒店并网上支付了房费。他们向小杨提出数百元不等的索赔。而“五一”过后，还有学生专门到小杨所在的学校讨说法，这让正处在写毕业论文关键时期的小杨难以招架。小杨说，他们确实给很多乘客制造了麻烦，但他和同学们也是受害者，为这事赔进去近两万元钱。

小杨认为，大连方面的于某应负主要责任，因其违背了协议中“按时接学生”的规定。小杨曾到大连协调解决此事，希望拿回部分款项，但于某不但不给，还说“压根没跟小杨签过协议”。原来那份协议书上面并没有小杨的名字，在甲方包车方一栏里写的是“张某”，也就是说，这份协议是小杨在大连那位张姓朋友跟人家签的。

虽然小杨事先找人请教法律方面的问题，但却选择了一种“最不法律”的做法：大连包车公司的车辆有没有保险？有没有从事客运的资质等，这些事情，小杨事前均未了解。小杨表示，已经没有钱和时间来通过法律途径解决这件事，而且由于协议并不是自己签的，张某能否配合自己把大连车主于某告上法庭还是未知数。

交通部门工作人员表示，如果学校或学生在假期统一组织包车，客运票价没超出市场价，租赁的又是有营运证的合格车辆，这种行为是可以的。运营管理部门只负责查处车辆是否有营运证，至于学生个人组织的租车行为是否合理，要由其他部门进行界定。该工作人员还表示，城际包车车辆需要持有客运线路书，否则会受到“异地营运”的处罚。

有律师认为，小杨创业经历暴露出的问题发人深省。客运行业有严格的准入制度和行业管理制度，大学生又缺乏专业知识和行业经验，常会深陷泥潭。大学生还缺乏应对突发状况和规避风险的能力。更重要的是，签订协议的不是小杨本人，维权很难。

第5章

小微企业的人力资源管理

一、初创期人力资源管理的不足

小微企业由于规模较小、资金薄弱、人治色彩浓厚、管理规范程度低，在人力资源管理方面具体表现为以下四个方面的不足。

1. 缺乏科学的人力资源管理理念

一方面，缺乏科学地引进人才的理念。具体表现为引进人才时没有合理规划及有效的测评方法、手段，总希望通过招聘提升员工素质，降低人力资源培育成本。另一方面，缺乏科学的人才使用理念。小微企业初创期往往资金较为紧张，倾向于把资金用到看得见、摸得着的设备更新、原材料购置上，而不愿投入资金培养高素质员工，其实质就是没有真正认可人才的真正价值和人才在企业中的核心作用。

2. 没有战略层面的人力资源规划

初创时期的小微企业在制定并执行本企业的人力资源规划方面几乎是空白。只能回答目前企业的员工数量及构成，至于今后两到三年的员工数量及结构很少有人能说得清楚。至于员工的职业生涯规划、员工的培训规划、员工的激励计划等完全是凭着当前需要和企业原有惯性自然运行。这样一来不仅企业在需要时很难获得合适的员工，而且会带来一系列的问题。

3. 员工对企业归属感不足

小微企业相对于大型企业最突出的特点有两点：一是规模小，资金薄弱；二是家族化倾向明显。因为第一个特点，小微企业在职工的工资福利、劳动保障、职业发展等方面和大中型企业相比，总体上存在较大差距，对员工缺少向心力。同时小微企业管理不规范，使得员工仅仅把它当作职业生涯中的一个跳板，而不是归宿。企业很难和员工建立深厚的感情，另外家族化治理的企业中，大多数员工不能得到应有晋升、参与不了核心决策，经常有一种局外人的感觉，对企业的归属感和忠诚度必然大打折扣，在企业遇到困难时很难指望员工和企业携手共渡难关。

4. 缺乏对员工的后期培训

员工培训既是提高员工素质的手段，也是激励和留住员工的一种重要方法。初创时期的小微企业在培训方面的欠缺太多，突出表现在四个方面：一是对培训的重要性认识不足，有些企业把培训作为一项成本，而不是看作一种投资；二是在培训方面的投资支出严重不足；三是没有固定的培训场所，缺乏完善的培训制度、培训计划和目标，使培训仅限于一种短期行为；四是没有明确的职业生涯发展规划，企业不能给员工提供培训发展需求。

二、企业人力资源管理的职能

小微企业要想获得可持续发展，规范、完善的人力资源管理不可或缺，初创时期就应该在“以人为本”的前提下，将人力资源管理作为一个系统来开展工作，合理设计人力资源管理的各项职能。人力资源管理的职能包括人力资源规划、工作分析、招聘与配置、员工培训、绩效考核、薪酬管理、劳动关系管理以及员工的职业发展等，具体内容见表5-1。

表 5-1　人力资源管理的职能内容

模块	内容
人力资源规划	又称人力资源计划，是指根据组织的发展战略、目标及组织内外环境的变化，运用科学的方法对组织人力资源的需求和供给进行预测，制定相宜的政策和措施，从而使组织人力资源供给和需求达到平衡，实现人力资源合理配置，有效激励员工的过程
工作分析	又称职位分析或岗位分析，指全面了解及获取与工作有关的详细信息，并对工作内容和职务规范进行研究和描述的过程，其成果体现为职位说明书。工作分析是人力资源管理工作的基础，是建立科学的招聘、培训、绩效考核及薪酬管理体系的前提
招聘与配置	人员招聘是企业为了弥补岗位的空缺而进行的一系列管理活动的总称。人员配置是为了实现企业的目标，根据人岗匹配的原则，采用科学的方法，将人力资源与岗位有效结合而进行的一系列管理活动的总称
员工培训	员工培训是指企业为提升员工的相关工作能力，采用各种方式对员工进行有目的、有计划的培养和训练的管理活动。这些能力包括知识、技能和对工作绩效起关键作用的行为
绩效考核	绩效考核是指企业在既定的战略目标下，运用特定的标准和指标，对员工过去的工作态度、工作行为及取得的工作业绩进行评估，并运用评估的结果对员工将来的工作态度、工作行为和工作业绩进行正面引导的过程和方法
薪酬管理	薪酬管理是在组织发展战略指导下，对员工薪酬支付原则、薪酬策略、薪酬水平、薪酬结构、薪酬构成进行确定、分配和调整的动态管理过程
劳动关系管理	劳动关系管理是指通过规范化、制度化的管理，使劳动关系双方（企业与员工）的行为得到规范，权益得到保障，维护稳定和谐的劳动关系，促使企业经营稳定运行。企业劳动关系主要指企业所有者、经营管理者、普通员工和工会组织之间在企业的生产经营活动中形成的各种责、权、利的关系
职业生涯管理	职业生涯管理是指企业帮助员工制定职业生涯规划和帮助其职业生涯发展的一系列活动。有利于开发员工的潜能，促进员工成长和发展，也有利于企业吸引人才、使用人才和留住人才

人力资源管理的各个职能不是孤立、无关的，而是紧密联系的。创业者必须意识到，某一职能的决策将会影响其他职能发挥作用。因此，应系统地、全面地设计各项职能，以有效实现人力资源管理的目标。

三、小微企业初创期人力资源管理

与大企业相比，初创时期的小微企业不可能凭借名气与雄厚的实力吸引各种优秀人才，它必须集中力量，在规划人力资源管理系统的同时，突出人力资源管理工作的重点——选人、用人与留人。

1. 选人

选人是企业为了发展的需要，根据人力资源规划和工作分析的数量与质量要求，吸引人力资源的过程。即企业在合适的时间为合适的岗位寻找到合适的人选的过程。

（1）建立积极的人才吸引制度。比起人才济济的大企业，青年人尤其是一些刚刚走出校门的大中专毕业生更容易在小微企业找到用武之地，更能显示自己的优势，受到重视与重用。这一点对小微企业来说是一个相对优势，创业者应该利用好这一点来招揽人才。同时，应通过各项管理制度，创造每位员工参与企业发展的机会，鼓励员工积极参与管理，让民主集中制的原则渗透到每一个车间、部门，增强员工在企业内的成就感和自豪感，使企业的发展与员工的个人发展相互促进，形成良好的企业氛围，吸引人才。

（2）建立有效的人才选拔制度。首先应规范人才选拔的程序，见表5-2。

表 5-2　人才选拔的程序

程序	内容
选择招聘渠道	选择招聘渠道的时候，要综合考虑招聘成本、招聘时限要求以及招聘职位要求。常见的招聘渠道有：校园招聘、媒体广告招聘、网络招聘、现场招聘会、猎头公司招聘、企业内部招聘、员工推荐、招聘告示等
发布招聘信息	选择合适的媒介发布准确、吸引人、内容详细的招聘信息，内容包括：公司情况简介、职位情况介绍、任职条件介绍、岗位的薪酬范围、应聘的联系方式、应聘者应提供的材料等
筛选简历	通过查看简历的方式，排除完全不符合公司要求的求职者。首先，是否符合任职要求的客观条件，如毕业学校、专业背景、年龄、工作经验、性别等；其次，了解具体的工作经历，以及在工作中的表现和取得的成绩
笔试	通过笔试的方式考核应聘者的岗位应知应会水平
面试	依据岗位要求的能力要素编制面试题本，通过面对面的沟通，对应聘者言行举止观察和感觉、面试过程所表现的状况进行分析，测查应聘者与岗位、企业的匹配程度
履历背景调查	对求职者的履历进行核实，避免用人不当造成损失。常用的方法：电话调查、电子邮件调查、简历核查等
入职体检	通过体检保证入职员工的身体状况适合从事该专业工作，在集体生活中不会造成传染病流行，不会因其个人身体原因影响他人。入职体检有相对固定的体检项目与体检标准，选择专业体检中心能保证体检质量
签订劳动合同	决定录用后，企业要与员工签订正式的劳动合同。内容包括：用人单位的名称、住所和法定代表人；劳动者的姓名、住址和居民身份证号码；劳动合同期限；工作内容和工作地点；工作时间和休息休假；劳动报酬；福利待遇、社会保险；劳动保护、劳动条件和职业危害防护；违反劳动合同的责任；试用期约定、培训、竞业禁止等相关事项

2. 用人

（1）制订科学合理的员工配置计划

建立企业人力资源管理的远景规划和预测系统。对于远景规划而言，要与企业生产、市场调研、产品研发等职能部门的战略计划相融合，并为企业整体目标的实现提供人力资源保障。在人力资源预测系统的构建上，通过市场调查，利用德尔菲法、描述法、计算机模拟法、现状规划法等多种方法搜集信息，了解人力资源的供需状况，从中选择最佳方案。

人力资源管理部门必须结合企业和人才两方面需要，预测、了解企业现有人力资源的数量、质量、结构以及现有的职位空缺、要求，时刻掌握企业人力资本动向，确保企业内部人力资本的供需平衡。

企业还要对各类人才的文化程度、素质结构、能力高低及技术熟练程度等了如指掌，真正做到岗有所需、人有所值、人尽其能，实现人力资源配置最优化。设计合理的分工，设计正规的岗位说明书，以专业技能定技术级别，个人收入与岗位责任、工作业绩、岗位相对值挂钩。要随时在实践中考验这样的设计是否合理，并在一段时间后在与员工共同商议的基础上，对其修改，使之更加合理化。

（2）制订详细、合理的员工培训计划

员工培训是挖掘员工潜能的最佳方式。著名的日本企业家松下幸之助说过，“培训员工的成本很大，但不培训的成本更大”。对于初创时期的小微企业，同样也应在培训员工方面给予足够的重视，在企业战略发展的层面上建立培训系统，完善培训机制。具体可以从如下四个方面着手。

转变培训观念，重视员工培训。现代小微企业管理者应转变培训观念，意识到员工培训的重要性和作用。应当用长远的眼光来看待员工培训，不可仅看现在，要以长远的眼光看待培训，员工培训是需要投入时间和费用，但它更是一项投资，有效的员工培训可以给一个企业带来很大的回报。因此，小微企业应当重视员工培训，而非只见现在，不见未来，应当加大对员工培训的投入，提高员工工作积极性、效率和忠诚度。

培训需求分析。在进行员工培训之前，需要明确一系列问题和目标，应当从组织、个人和工作三方面分析培训需求，确定培训内容和目标。从组织所处的内外部环境分析组织培训需求，并结合员工培训相关调查和评估分析员工的工作行为，同时还要分析工作所需掌握的知识技能等方面，进而对组织的目标、环境、任务、培训对象确定，使员工培训有的放矢，使培训更具有针对性、更有效果。

提高小微企业培训人员的素养与能力。由于小微企业员工培训人员的能力和素养直接关系到培训的效果，因而提高企业人力资源部门人员和培训人员的素养和能力具有重要意义。企业在工作中应着重加强对培训人员的专业化培训，同时可以聘请一些资深培训人士、大学教授等对员工进行培训，从而提高员工知识和培训技能。

综合运用多种培训方法，增强培训的灵活性和实践性。根据组织和员工个人目标确定最适合的培训方法，提高培训的实践性和灵活性，最大限度地满足组织和员工个人需要，增强培训效果。综合利用在职学习、项目培训、脱产培训、半脱产培训等培训方法，结合自己企业特点和需求，选择最适合的培训方法，既灵活，又不脱离实际，确保培训效果。

a. 建立和加强小微企业内部培训保障体系。建立内部培训体系是企业的一项基本制度，小微企业应转变观念，重视小微企业内部培训保障体系的作用，建立专门的培训机构，建立和加强完善的员工培训保障体系。提高培训的计划性和针对性。

b. 编制有效的培训计划。企业培训计划是实施企业培训的一个重要前提，做任何工作都应有计划，这样才能更有目的和针对性，确保员工培训的实施有一个明确的方向。员工培训不仅仅是为了目前的需要，更要考虑将来的长远发展。在人力资源总体规划和调查分析的基础上，制订员工培训计划，包括培训目标、方法、内容、人员等实施方案计划，并在实施的过程中随着环境的变化而调整，为员工培训提供计划和指导。

c. 重视和发展网络培训。随着信息技术的发展和计算机的普及，网络培训也逐渐受到企业的关注。由于网络培训具有时效性、快捷性、学习时间灵活、学费合理、资源共享等优点，因而，现代小微企业应当重视网上培训方式，将网络培训与传统培训相结合，充分发挥网络培训的作用，使培训效果最大化，进一步提高员工的知识、技能和工作积极性。

（3）制定详细、合理的员工职业生涯发展规划

对于企业来说，需要借助员工职业生涯管理深入了解员工的发展愿望和职业兴趣，为设计适合企业的组织结构进行人才盘点，使员工感到受重视，从而提升员工对企业的满意度和忠诚度，降低企业人力资源使用成本，稳定员工队伍。企业可以根据具体情形采用各种方式引导员工的个人发展目标与企业战略目标相统一的职业生涯管理，这样，才能平衡企业壮大和员工发展的需要。因此，在小微企业实施职业生涯管理可以通过以下几种途径。

确立企业发展战略，了解企业对员工的需求，使员工职业发展规划与企业的发展方向保持一致。在市场竞争越来越激烈的今天，企业要想生存发展，必须有一个明确的发展战略。小微企业也不例外。明确了企业发展战略，企业人力资源管理部门就能制定相应的工作分析、职位设计、培训计划等，员工才能获得企业职位要求、组织选择与规划、继任计划等正确信息。只有这样，员工的职业生涯规划和组织的职业生涯管理才能是有效的。

评估员工，提出员工职业生涯规划的合理化建议。企业招聘时，人力资源部门应初步掌握员工的基本资料，包括其教育背景、工作经历、个人爱好、个性特征等，并通过“职业倾向”测试，了解其职业兴趣，结合企业发展战略和企业人力资源规划，通过与员工的双向沟通，为员工职业生涯规划提出合理化建议，并在实际工作中合理安排员工的岗位，使每一位员工都能在工作中发挥自己的优势和潜能。

设计员工职业发展通道，画好蓝图。考虑工作内容的侧重点以及薪酬福利组成等，企业可以将员工分成不同的序列，分为管理序列、技术

序列、操作序列和营销序列等，再根据岗位价值评估结果，确定每个序列职级的位置。

积极推行在岗培训，完善培训体系。设计基于任职资格体系要求的培训课程。完善培训体系是一个企业自身不断成长、培养人才、储备人才的重要保障，同时也是员工个人职业生涯发展过程中，提升职业能力的重要渠道。在培训体系中，直线管理者和人力资源部各有分工。直线管理者负责员工的在职培训，指导员工制定个人职业生涯发展规划，并给下属提供反馈，进行工作再设计等；而人力资源部门则制定员工培训计划，提供职业发展咨询，提供内部岗位轮换机会等。

企业的高层要做好职业生涯管理的坚强后盾。在小微企业，高层的意志对企业的文化氛围和职能战略具有决定性影响。小微企业如果想长久留住优秀人才，必须给予人才以足够的信任和个人事业发展空间。无论是优秀的高级管理人才，还是学有专长的专业人才，即使是能力平平的一线操作员工，不管其职位高低，每个人其实都需要有成就感。企业若是能够做好职业生涯管理，给员工一个展示才华、成就自我的平台，必将有助于吸引人才纷至沓来，保证企业持续、有效地发展。

3. 留人

（1）建立科学、合理的绩效考核制度

目前，国际上通用的人力资源管理的操作方案——3P 模式，即岗位（Position）、绩效（Performance）和薪酬（Payment）三者结合，而其中的绩效考核又是重点，它决定了薪酬、岗位和晋升。

初创时期的小微企业应根据不同岗位的性质特点、职责权限及承担责任风险程度制定严格的考核标准，对员工业绩进行考评。建立完善的企业绩效考核机制，可以激发员工的积极性、主动性、创造性，增强员工对企业的责任感、成就感、自豪感，创造“能者上，平者让，庸者下”

的公平竞争机制和健康向上的企业氛围。小微企业的绩效考核可以依据企业自身实际情况，主要从以下四个方面着手：德、能、勤、绩。德主要是员工的思想品德和职业道德；能就是员工的工作能力，即分析问题和解决问题的能力；勤就是员工的工作积极性和出勤情况；绩就是员工的工作业绩，给企业带来的经济效益和社会效益。绩效考核的结果应及时反馈给每个员工，作为员工晋升的重要参考依据。

（2）构建敏锐的激励机制，激发员工的工作潜能

对于初创时期的小微企业员工来讲，报酬是最好的价值体现载体。因此，首先要提高小微企业员工的工资、福利待遇。其次，要建立与工作成绩挂钩的浮动报酬机制。最后，要实现激励体制的多元化，满足员工的不同需求。主要的激励方式有以下几种：一是薪酬激励。员工的贡献和薪酬直接联系起来，真正做到按劳分配，还可以通过持股激励、住房补贴等物质激励的方式来调动员工的积极性。二是微笑爱心激励。我国的小微企业管理者真正做到这一点的并非绝大多数，他们或颐指气使，随意呵斥员工，或故作风度，面带冰霜，员工对他们“敬而远之”“畏而避之”。这样的企业如何能上下同心拧成一股绳，奔向企业目标？三是建议激励。每个员工都可以为本公司发展提出建议，好的建议有奖。这对改善企业内部管理，推动业务和技术创新可起到很大作用。四是压力激励法。主要是采用末位淘汰制，给予员工一定的压力。此方法要注意一定的度，以激励为主，淘汰为辅，让员工看到希望，而不是挫伤员工的积极性。当然，激励的技巧和方法不只这些，不同的企业应根据本企业的具体情况、职工的个性特征等条件创造出适合本企业的激励手段。

良好的激励制度要体现公平的原则。首先要在广泛征求员工意见的基础上出台一套大多数人认可的制度，并且把这个制度公布出来，在激励中严格按制度执行并长期坚持；其次要和考核制度结合起来，这样能

激发员工的竞争意识，使这种外部的推动力量转化成一种自我努力工作的动力，充分发挥人的潜能；最后是在制定制度时要体现科学性，也就是做到工作细化，企业必须系统地分析、搜集与激励有关的信息，全面了解员工的需求和工作质量的好坏，不断地根据情况的改变制定出相应的政策。

（3）构建合理的晋升机制，创造良好的留人环境

初创时期的小微企业构建合理的晋升机制，首先要以建立科学的绩效评估体系为出发点，将晋升与绩效的评估结果、薪酬结合起来。科学的绩效评估体系与员工的晋升紧密结合，方能使人尽其能，方能创造企业内人才辈出的用人环境。其次，要建立有效的人才流失约束机制作为保障。小微企业对人才流失的控制可以通过三种渠道完成：第一，实行劳动用工合同制管理。第二，实行培训赔偿制度，重视各类员工的适时培训。第三，要培养适合小微企业的企业文化。企业文化是企业最宝贵的无形资源之一，也是企业获得竞争优势的基础。因此，每个小微企业都应建立自己独特的、竞争对手难以模仿的企业文化，同时“以人为本”，树立企业为人、企业留人、企业靠人、企业用人的思想，使软性的企业文化成为吸引人才的无形的向心力。有效的企业文化可以在企业与员工之间建立互动依赖关系，使员工真正融入企业，成为企业的主人。

初创时期的小微企业，缺少资源成立一个独立的人力资源部门，创业者在企业初创时期就应着手规划，在企业与员工之间建立互动依赖关系，使员工真正融入企业，让企业的人力资源发展与企业的发展协调一致。同时，塑造“以人为本”为核心的企业文化，建立自己独特的、竞争对手难以模仿的企业文化，使软性的企业文化成为吸引人才的无形的向心力。

【案例】

餐馆的困境

一家经营瑞士菜肴的餐馆开张有7个月了，生意一直很好。餐馆的老板是凯希，她出生在法国，多年来都在学习烹饪，终于学到了一套本领，她宣称自己可以说是一名大厨师了。当凯希来到美国，她决定在达拉斯经营餐馆。凯希热爱达拉斯这个地方，并且感到达拉斯人会喜欢上她的饮食及服务方式，凯希决定把重点放在饮食质量和服务态度上。

凯希按照欧洲的方式提供顾客以饮食和服务，一开始就大获成功。餐馆的职员穿着极为整洁，并且有一套严格的服务制度。凯希甚至让他们在服务顾客时说法语。所有的酒都是从欧洲进口的，而牛排是经过仔细挑选的得克萨斯牛排，凯希所标出的价格是很高的，但这并未影响她的生意，并且她还在继续涨价，她的销售也不断上涨。当有熟悉的顾客打电话给凯希，询问她在一次小型聚会上该用什么酒时，凯希会送几瓶好酒给这些顾客，并且还免费直接送到他们家里。凯希没有打广告，她也不必这么做。她的名声就是她最好的广告。

最初，凯希亲自做所有的菜，但是，她后来再也无法这么做了，她不得不训练和监督其他厨师来做菜。凯希想从法国雇用她的一些学烹饪的厨师朋友来帮她忙，还答应给高工资，有住所，但没有一个人愿意来。无论如何，凯希努力要求她的每个职员干到最好，提供最好的服务，做出最好的菜肴。有几个职员拒绝学做法国菜，凯希只好辞退他们。

凯希不在乎辞退人，因为她要求是完美，无论饭菜，还是服务，在她看来都应完美无缺。但是，凯希手下有了很大的一批专职的职员，她担心这些人联合起来。有几个烹饪组的管理人员答应按她所要求的方式干，但随后又改变了一些具体的东西，并未完全按凯希所说的去做，凯希的另一个麻烦就是她的几个服务员，他们总是想和顾客套近乎。

凯希不准任何职员收小费。这既包括提供饮食的职员，也包括提供服务的服务员。职员的薪水是每小时 10 美元，顾客的账单没有小费，顾客不必付小费。有时，顾客要给服务员小费，但凯希会告诉他们，在这里不必付小费。服务员对此很有意见，他们已习惯收小费，而凯希的做法让他们很不舒服。

凯希还有一个麻烦，就是她的职员的穿着问题。每一个烹饪的服务组的管理人员有责任检查这个组的每一个职员的穿着，要保证衣服绝对整洁，并且穿着要按规定，手套应是洁白的。每个管理人员手中都应有清洁布，以保证随时清洁衣服、鞋子和手套。凯希的这项措施还未完全实施，就听到了一些抱怨。

凯希也开始听到顾客的一些抱怨，比如饭是冷的；服务员加快了上菜和饮料（以及酒）的速度。并且还有人向她抱怨调酒师不适宜把酒混在一起，有意想让一些人喝醉。凯希竭尽全力试图加强她所有职员的服务水平，但是他们并不与她合作。所有女职员的情况要好些，但凯希要求所有男职员也应达到她的要求。另一个困难来自于烹饪。其中有这样一件事，凯希亲自烹制的生日蛋糕居然会被搞错。这块凯希用某种专门材料烹制的小蛋糕，上面还印上了“米拉格罗斯生日快乐”，但居然会被搞错了。由于这块蛋糕是凯希专门特制的，所以，对凯希来说很重要。但最后事情搞得一团糟，凯希为此大怒。显然是管理人员搞错了。但让凯希难以理解的是，她那天并未指令给其他人蛋糕，为什么还会搞错呢？凯希不得不免收顾客的钱，并还向顾客道了歉，最后，凯希只得把这记为亏损。

各种工作都堆在凯希身上等她去处理，凯希知道这样下去是不行的，她必须做出一些改变。凯希决定选择好的厨师和服务员，把烹饪的质量和服务提上来，凯希的一位朋友建议她可以实行利润分成的办法，但凯希断然拒绝了这个建议。最终，发生了这样一件事，管理人走到凯希身前，告诉凯希，他们将不会再忍受她的方式，他们不满她的尖叫和吼声，不满她对整洁的挑剔，也不满凯希所给的工资，特别不满不准收小费。他们还抱怨工作时间太长，如果凯希不改变这些，他们威胁说，他们将离开这里。凯希听了这些后，怒火直冒，从未有职员敢以这种方式对她说话，但是，凯希忍住了怒火，她表现得很平静，并感谢他们的真诚，向她提出了他们的要求。凯希答应过几天答复他们。

凯希现在不得不严肃地处理她整个的职员问题，而现在，包括厨师在内，她总共有 245 名职员。

小企业的人力资源管理有时候显得更重要一些，因为小企业更多的是对人的管理，管理的质量直接影响企业的生存。凯希的失误在于没有一套严格的管理制度，缺乏可执行性。同时她没有充分考虑员工的要求，以至于矛盾激化，使她陷入不利的局面。

第6章

小微企业创业团队管理

一、小微企业创业团队概述

（一）团队

团队（又称工作团队，work team），是指一个具有共同目标、成员拥有互补的技能、成员之间彼此协作的特殊群体。在这个群体中，成员之间在心理和行为上彼此具有交互作用，具备较强的团体归属感。

（二）团队的特征

团队的概念大多数人都比较熟悉，但是能够发挥效用的团队和一般的工作群体是有区别的，并不是所有的群体都是团队。团队具有一定的特征。

1. 互补的技能

一般的工作群体工作技能的配置带有随机性，也就是说它不是根据目标的需要通过合理的配置而产生的。技能的过剩或缺乏都会导致整体工作效率的下降。而作为一个真正的团队必须具有互补的，而且是能够完成团队任务所需要的技能组合。这些技能通常有三类：技术性或智能型的专业技能、解决问题的技能和决策的技能及人际关系的技能。

2. 共同认可且明确的目标

团队具有为全体团体成员所认可的共同目标，为团队成员指引方向，提供动力，这个目标是一种愿景。团队通常会花大量的时间和精力来讨论、修改、完善一个在团队层面和个人层面都被大家认可的目标。随后，将这个目标转变为具体的、可衡量的、切实可行的计划。团队永远是跟具体目标与业绩目标相联系的，人们围绕着这个共同的目标组织起来，并为达到这个目标不断地奋斗。

一个共同的、有意义的目的能确定团队的基调以及方向，而具体的业绩目标则是这个目标的构成部分。

3. 遵循规定的规章

明确的分工使全体成员行动一致，按照规定的程序和方法，把个人的技能与团队的智慧和力量紧密结合起来，一切工作围绕目标和业绩形成一个核心，不容许分散力量和干扰目标的行为出现。

4. 相互承担责任

团队作为一个由个人构成的相对独立的工作单元，责任的认定可以区别个人以及工作群体。如果个人作为一个工作单元的话，则责任当然是个人担当；而工作群体日常管理以及决策权仍在管理者手中，成员之间关系相对不紧密，责任认定方面仍是以个人为主。但是团队却不一样，正如俗话所说的，一个团队就像“同在一条船上”，明确的分工以及统一的目标让团队全体成员都成为利益相关者，同时又是责任的承担者。正是这种成员间休戚相关的关系，让团队更能够集众人之力去高效、准确地达到目标。

（三）团队与群体的区别

团队是通过成员的共同努力能够产生积极的协同作用，其团队成员努力的结果使团队的绩效水平远远大于个体成员绩效水平的总和。

群体绩效依赖于个人贡献，团队绩效不但取决于个人贡献，还应该产生团队共同的工作成果。

在群体中，个人只为个人的工作结果承担责任；而在团队中工作结果的责任则被视为团队共同的责任。

组成群体时，关于群体的技能要求是随机的；而在团队中，团队成员的技能一般要求是互补的，他们各自发挥自己的特长共同实现团队的目标。

（四）团队的分类

根据团队存在的目的，可以对它们进行分类。在组织中，有三种类型的团队比较常见：问题解决型团队、自我管理型团队、任务型团队。

1. 问题解决型团队

在团队刚刚盛行的时候，大多数团队的形式是很相似的。这些团队一般由来自同一个部门的 5~12 个人组成，他们每周用几个小时的时间碰头，讨论如何提高产品质量、生产效率和改善工作环境。这里把这种团队称为问题解决型团队（problem solving team）。

在问题解决型团队里，成员就如何改进工作程序和工作方法互相交换看法或提供建议。但是，这些团队几乎没有权力根据这些建议单方面采取行动。

2. 自我管理型团队

问题解决型团队的做法行之有效，但在调动员工参与决策过程的积极性方面，尚显不足。这种欠缺导致企业努力建立一种新型的团队——自我管理型团队（self-management team）。这种新型团队实现了真正的独立自主，它们不仅注意问题的解决，而且执行解决问题的方案，并对工作结果承担全部责任。

自我管理型团队通常由 10~15 人组成，他们分担了以前自己的上司所承担的一些责任。一般来说，他们的责任范围包括控制工作节奏、决定工作任务的分配、安排工作休息等。纯粹的自我管理型团队甚至可以挑选自己的成员，并让成员相互进行绩效评估。

这样，主管人员的重要性就下降了，甚至可以被取消。

例如，通用电气公司就是一个自我管理型团队。该公司设在宾夕法尼亚州 Grove 城的机车发动机厂，大约有 100 个团队，它们负责进行工厂的大多数决策：有权安排检修工作、决定工作日程、常规性地控制设备采购。工厂经理不用担心一个团队不打报告就花掉很多的费用。但仍然需要注意的是，有些组织采用了自我管理型团队，但结果令人失望。对自我管理型工作团队效果的总体研究表明，实行这种团队形式并不一定带来积极效果，如在这种团队中，员工的满意度的确有所提高。但是，与传统的工作组织形式相比，自我管理型团队成员的缺勤率和流动率偏高。这些发现的具体原因尚不清楚，还需要深入研究。

3. 任务型团队

任务型团队（task team）由来自同一等级、不同工作领域的员工组成，他们来到一起的目的是完成一项任务。许多组织采用跨越横向部门界线的团队形式已有多年。

例如，在 20 世纪 60 年代，IBM 公司为了开发卓有成效的 360 系统，组织了一个大型的任务攻坚队，攻坚队成员来自于公司的多个部门。任务攻坚队其实就是一个临时性的多功能团队。同样，由来自多个部门的员工组成的委员会是多功能团队的另一个例子。

任务型团队是一种有效的团队组织方式，它能使组织内（甚至组织之间）不同领域员工之间交换信息，激发出新的观点，解决面临的问题，协调复杂的项目。

（五）创业团队

1. 概念

创业团队，就是由具有技能互补的创业者组成，认同一个能使他们彼此担负责任的程序，彼此间通过分享认知和合作行动，为了实现共同的创业目标而努力的共同体。

2. 创业团队的构成要素

创业团队需具备五个重要的团队组成要素（5P）。

（1）目标（purpose）。

创业团队应该有一个共同的既定目标，为团队成员导航，团队没有目标就没有存在价值，目标在创业企业的管理中以企业的愿景、战略等形式表现出来。

（2）人（person）。

人是团队最核心的要素，团队的目标必须依靠人来实现，人力资源是创业团队最活跃、最重要的资源，所以人员的选择是团队创建的重要部分，团队的真谛就在于不同个性、不同特长、不同分工的成员的协调配合。

（3）团队的定位（place）。

团队的定位包括两个方面：其一是团队的整体定位，即团队在企业中处于什么地位，由谁选择和决定团队的成员，团队最终对谁负责，团队采取什么方式激励下属；其二是团队的个体定位，即团队成员在团队中承担什么角色。

（4）权限（power）。

团队领导人的权力大小跟团队发展的阶段相关，一般来说，在创业的初始阶段团队领导权相对集中，团队越成熟领导人的权力相应越小。

（5）计划（plan）。

团队目标的实现，需要一系列具体的行动方案，计划就是将目标分解，制定具体工作的必经程序。

3. 创业团队的常见模式

（1）差异型团队

团队成员之间存在较大能力和素质的差异，可能存在一个非常强势的团队领导人，也可能一部分人在团队中居于主导地位而另一部分人起辅助作用。

特点如下：①组织结构严密，向心力强，领导人在组织中的行为对个体的影响较大；②决策程序相对简单，组织效率较高；③权力过于集中，决策失误的风险较大；④冲突发生时候，很可能会造成队员离开。

（2）均衡型团队

团队成员之间能力和素质比较接近，团队没有一个起主导作用的领袖，团队成员在决策时的影响力也基本相当，经常采用多数人意见处理相关问题。这种情况多出现在几个专业背景、工作经历、个性特征比较接近的创业者创业的过程中，如几个志同道合的同学、同事一起创业就多属于这种类型。

（3）家族型团队

家族型团队也是一种常见的创业团队模式，这种团队的典型特征就是团队成员之间存在亲缘关系，或者说因为亲缘关系才导致团队的产生，团队成员在合作和工作中也会受到家族观念的影响。

（4）友谊型团队

团队成员之间的友谊和彼此的信任促使他们一起创业，但这种模式下团队成员可能在处理相互之间的分歧和冲突时感到困惑，为团队的管理埋下隐患。

（5）契约型团队

团队成员是因为创业的需要走到一起，成员之间的责、权、利是以契约的形式予以确定。

4. 创业团队的作用

创业团队是由一群“目标一致、优势互补、利益共享、责任和风险共担”的人组成，这样的团队，可以整合团队成员的资源，充分发挥各自的聪明才智，能实现团队的整体力量，远远大于个体力量的简单相加，取得的整体业绩也将超过个人业绩的总和。与个体创业相比，团队创业具有多方面优势。

（1）团队是满足创业项目要求的有效形式。

一个项目的成功主要取决于三个方面：良好的创意和实施技术、完整的创业团队、适当的外部环境和资源。这里所指完整的创业团队包含了创业者的专业技术水平、经营管理水平、人际关系协调、社会资源利用水平等诸多方面的要求。单个创业者是无法满足这些要求的，只有通过团队的整体素质，才能满足项目要求。

（2）团队是激发创业者斗志和灵感的有效形式。

创业是一场持久的战斗，常常需要创业者超乎寻常的毅力、勇气、智慧和灵感，团队成员间的相互激励和并肩战斗，能使成员的这些特质得到极大的提升。

（3）创业团队也是整合内部资源和获得外部资源的良好平台。

团队可以将单个创业者所拥有的资源整合后形成合力，也是获得外部资源尤其是风险投资的有利条件。在风险投资对项目的评估中，创业团队往往是最为关键的因素，有时甚至超过项目本身。因为风险投资商作为小股东不去管理公司，而且也几乎无法进行日常管理，因此最大的风险是创业团队的管理风险，风险投资商往往在评估创业团队方面格外重视。

二、小微企业创业团队组建

团队组建是指聚集具有不同需要、背景和专业的个人，把他们变成一个整体，形成高效的工作团队的过程。

团队的构成要素：组建创业团队的主要工作之一，就是应形成团队的内部结构框架，而要组建创业团队的内部结构，首先就必须确立团队的任务、目标、角色、规模和行为准则，因为这些也正是团队的构成要素。

（一）任务和目标

任务与目标是设计创业团队的依据。在设计团队的过程中，先要把整个组织的任务与目标具体化，而后再将这些任务与目标分解为更小的相互关联的任务与目标，由此来设计完成这些任务与目标的创业团队。这当中需要进行工作分析和任务间的相互关联度分析，首先确保经细分后的任务间彼此关联度最小，其次确保各任务本身是一个内部融洽的系统。这样设计出的创业团队，不仅其内部将更加协调和高效，而且也减少了协调团队之间关系的需要。

（二）团队的内部角色

团队组建时，需根据团队类型及结构物色成员，实行分工协作。在团队中，每个成员都扮演着不同的角色。一个协作团队只有在具备了范围适当、作用平衡的团队角色时，才能充分发挥高效的协作优势。创业团队包括的角色，主要由创业团队所担负的任务与希望达到的目标来确定。一般来说，团队需要的角色有如下八种类型。

（1）主导者：耐心听取别人的意见，但在反驳别人的意见时会表现足够的强硬态度；能很好地授权于他人；是一个好的咨询者，一旦做了决定不轻易变更。

（2）策划者：是“点子型的人才”，知识面广，思维活跃并且发散，喜欢打破传统。

（3）协调者：能够引导一群不同技能和个性的人向着共同的目标努力；成熟、自信，办事客观，不带个人偏见；除权威之外，更有一种个性的感召力；在团队中能很快发现各成员的优势，并在实现目标的过程中妥善安排。

（4）信息者：其强项是与人交往，在交往的过程中获取信息；对外界环境十分敏感，一般最早感受到变化。

（5）创新者：拥有高度的创造力，思路开阔，观念新，富有想象力，有挑战精神，会推动变革；爱出主意，其想法往往比较偏激，缺乏实际感。

（6）实施者：会将主意变为实际行动；非常现实、传统，甚至有点保守；崇尚努力，计划性强；有很好的自控力和纪律性；对团队忠诚度高，为团队整体利益着想而较少考虑个人利益。

（7）推广者：说干就干，办事效率高，自发性强，目的明确，有高度的工作热情和成就感；遇到困难时，总能找到解决办法，而且一心想取胜，具有竞争意识。

（8）监督者：对工作方案的实施等实行监督；喜欢反复推敲一件事情，决策时能把范围很广的因素都考虑进去。挑剔，但不易情绪化，思维逻辑性很强。

在实际工作中，一个团队不一定要全部具备以上八种类型的角色，要根据实际情况来确定。

（三）团队的规模

创业团队规模一般而言应尽量小，但创业团队规模还受其他许多因素的影响。有研究表明：①当期待团队采取行动时，团队规模应该小一点；而当希望听取意见、反映情况时，团队规模应该大一点；②当团队的任务是做出高质量的复杂决策时，最好由 7~12 人组成；③当团队的主要任务是解决矛盾和冲突，取得协议时，最好由 3~5 人组成；④当团队既要取得协议，又要做出高质量决策时，最好出 5~7 人组成；⑤当团队要迅速做出决定并采取行动时，团队成员人数员最好是奇数而不是偶数。总的来说，团队的规模到底应是多大好，并没有规定。本书认为，为了提高团队效率，团队应包括为完成其任务所必需的各项技能的拥有者，以及为协调各方关系所需要的各方利益的代表者。

（四）团队的价值观和行为准则

有共同价值观的团队一定是最具有忠诚度、凝聚力和执行力的团队，而身处其中的个人，也一定会在团队中获得至高的心灵满足和最强大的归属感。认同团队价值观的人，一定会成为团队的核心与中坚力量。

团队价值观应该外化为团队的行为准则，其目的是为了通过提供一份书面的团队行为指南，来鼓励有益的行为，纠正有害的行为，帮助成员了解什么是所期望的行为，提高团队的自我管理、自我控制的能力，促进团队的成长，使之早日步入规范期。团队的行为准则应在成立之初就制定出来。并且一旦被确立，就不应轻易更改，否则会引起混乱和不安。明确的、被大家所接受的行为准则将对团队成员的行为极具约束力，最遵守规章的成员将最受尊敬、不守规章的人将感受到很强的群体压力。

三、怎样打造优秀的创业团队

创业者能否走得更远，取决于创业者和创业团队的基本素质。企业的成长是人才成长的一个集中体现。企业的成功也是人才的成功。搭建一支优秀的创业团队对任何创业者而言，都是一项至关重要的工作，它决定着创业的成败。优秀团队的标准是高度责任感、成功的行业经验、合作的心态。那么，怎样才能组建一支优秀的创业团队呢？

（一）志同道合，目标明确

找创业搭档就跟找对象一样重要，对方是你事业上的另一半，在共同的创业过程中是否会与你福难同当、同舟共济是至关重要的。

团队的成员应该是一群认可团队价值观的人，团队的目标应该是每个加入到团队里的成员所应认可的。作为团队的负责人，应该以这个共同的目标为出发点，来召集团队的成员。团队是不能以人数来衡量的。如果你有一群人，但没有共同的理想和目标，那这就不是一个团队，而是一群乌合之众。这样的团队是打不了仗的。所以，你和你的伙伴应是志同道合的，有共同的或相似的价值追求和人生观。

合伙人应该都是有梦想的人，是为了做出一番事业而走到一起，而不是为了简单的现实利益。电子资讯系统公司（EDS）、佩罗系统公司（Perot Systems）的创始人罗斯·佩罗曾经说过："我在找人，找那些喜欢赢得胜利的人。如果我没找到，我就找那些憎恨失败的人。"所有的团队成员都必须是对企业的创业项目有热情的人。因为任何人才，不管其专业水平多么高，如果对创业事业的信心不足，都将无法适应创业的需求。

俗话说：三个臭皮匠，顶个诸葛亮。团队精神在企业管理中也占有重要地位。微软集团在用人的时候就非常注重团队精神，理由是即使你才华横溢，有超群的技术，可是如果你不懂得与人合作，那么就不能发挥出最好的成绩，只有把企业内部里有着不同的文化背景和知识结构的各种人才有效地联合起来，才能更好地实现高效的配合，达到事半功倍的效果。

当你拥有六个苹果的时候，如果你把六个苹果全都吃掉，你也只吃到了六个苹果，只吃到了一种味道，那就是苹果的味道。如果你把六个苹果中的五个拿出来给别人吃，尽管表面上你丢了五个苹果，但实际上你却得到了其他五个人的友情和好感。以后你还能得到更多，当别人有了别的水果的时候，也一定会和你分享，你会从这个人手里得到一个橘子，那个人手里得到一个梨，最后你可能就得到了六种不同的水果、六种不同的味道、六种不同的颜色、六个人的友谊。人一定要学会用你拥有的东西去换取对你来说更加重要和丰富的东西。

（二）扬长避短，人尽其才

世上的人虽然是各种各样，但是，以创业者用人的眼光去看，大致可分为三类：一是可以信任而不可大用者。这是那些忠厚老实但本事不大的人；二是可用而不可信者。这是那些有些本事但私心过重，为了个人利益而钻营弄巧，甚至不惜出卖良心的人；三是可信而又可用的人。创业者都想找到第三种人。但是这种人不易识别，往往与用人者擦肩而过。为了企业的发展，创业者各种人物都要用。只要在充分识别的基础上恰当使用，扬长避短，合理配置，就能最大限度地发挥他们的作用。

人有所长，必有所短。创业伙伴之间的优势最好呈互补关系。选择的时候要看清其长，以后也要学会包容其短。所谓取长补短，是取别人之长补自己之短，此为团队的真正价值，长城不是一人筑成，想做出点成绩，就得有做事情的开放心态。如果你是内向型性格，不善于交际，只适合从事技术工作时，那你就最好找富有公关能力、会沟通、能处理复杂问题的搭档；如果你是急性子、脾气比较暴躁且又自认为很难改正时，那最好找慢性子、脾气温和的搭档——因为合作中的摩擦是在所难免的，一急一缓可以相得益彰。

郭广昌曾这样评价自己的团队：“我们这些人，能力上可能每人只能打 70~80 分，但是我们要做能力的加法和乘法，企业的发展像一条河，像一条不断流淌的河，我们每一个人正像河中的一滴水，无论是在上游、中游还是下游，都能找到自己汇入的位置。”

郭广昌建议创业者：“我觉得在你决定谁可以成为你的合作伙伴这个时候，最重要的是要找到两种感觉：第一，找到人生的基本价值信条跟你一致的人；第二，找到彼此之间有互补性的人。你就需要对自己加以了解，你擅长的是什么方面？你要寻找跟你互补的人，从共同点上你可以筛掉一批人，有的人对钱太斤斤计较，你根本就不能要，就不用去考虑。”

创业需要的是一个系统，而非某一两个单点，作为单独的一个人，不可能具备创业所需要的所有技能和资源，大量的创业事例说明，单个创业者通常只能达到维持生计。要想单枪匹马地发展一家高潜力的企业是极其困难的。如果创业者不顾实际情况，一门心思单打独斗，就很有可能延误企业的发展。创业者如果成为孤独的“狼”，无法与他人相处共事，那只能算是地摊式的小业主而无法成为统领千军万马的企业家。

我国唐朝著名诗词家邵谒有云:“才靡入用，大厦失巨楹。”可见发现人才、使用人才在中国古代就引起了广泛的重视。近代中国开国之父孙中山先生也说过，人能尽其才则百事兴。有了人才，不一定有事业，但是没有人才，就一定没有事业。

(三)完善股权，利益共享

在个人创业的初始阶段，一定要具有群做群分的意识，这里所指的群做群分，就是指创业主导者来寻找一些志同道合的合作人一起来合作起步发展，并且，还要做到清晰且无争议的利益分配。

创业团队中无论有几个合作者，所持有的股份上可以做到大家平均，但在统一规划方面必须得确立一个主导者，不然就很容易出乱子。各人的资源不通过一个整体的框架进行调配整合，就是浪费，每个人的执行力若是没有集中在一个方向上，也是浪费，尤其是大家形成决议后，就必须确保集中所有的资源和力量，向一个确定的方向前进。若是在形成决议后，每人的思想和行动方向如果没有一个主导者进行统一规划约束，那么大家的新思想很容易就会不断地否定原来的老思想，新的行动方向又会不断地取代原设定的方向，很快就会导致巨大的内讧和矛盾。

郭广昌在“赢在中国”现场告诉创业者:“既然是一起创业，肯定不是雇佣和被雇佣的关系，那当然要有股份了。如果不是在股份合作这个层面的话，就不存在一起创业的问题。至于怎么分，我觉得你要将心比心，很好地跟你的团队去沟通，也就是合作最重要的一点，我觉得不是你看到对方的长处而是你能不能容忍对方的短处。如果‘怎么分’变成一个很大问题的时候，我觉得可能你们之间的默契还有问题。就以我们自己为例，‘怎么分’这个问题从来不是问题。”

另外，创业企业的股权结构不能太复杂，或者说不能在开始阶段赋予别人太多权利，因为后续的投资人特别是风险投资人，会关注公司的股权结构，如果股权结构太复杂，谈判就很难进行。

对于创业者来说，从企业创立开始就需要制定相对完善的股东协议，明确各个创业者之间和原始投资人之间的关系。

现在创业，已经不是原生态的打白条年代了，而是股份＋期权的契约年代。兄弟创业也好，伙伴创业也好，能够做大做好的企业不多，这是因为人们对于创业契约文化的不了解。在团队组合时，有一些事情是要提前谈清楚、做好约定的。叫朋友到公司来做事，千万别说“请你来帮我”，而是要事先讲好规则。友情不能维持合伙关系，事实上生意上的合伙关系很容易破坏多年的友情。

俗话说：“亲兄弟明算账。”凡涉及权利义务与利益分配问题，还是要一切先说清楚讲明白，不能感情用事，也不能回避不谈。设计团队成员的股权分配是创业规划时的一项重要工作。创业契约是创业者在找到创业伙伴必然要思考、讨论、制定、执行的公司的第一份契约。合伙要想成功、愉快，必须在合伙之前签好创业契约。有了创业契约，大家各司其职，那么最后可能是一辈子的兄弟、伙伴。如果没有创业契约，那么最后可能失败或者股权分持的共存基础都可能失去。谷歌、雅虎、如家、南极人、当当网都是这方面成功的案例。

典型的创业契约应该说明生意的具体目的、说明每个合伙人的有形的资产、财产、设备、专利等和无形的服务、特有技术、关系网等投入，把最基本的责权利说个明白透彻，尤其股权、利益分配更要说清楚，包括增资、扩股、筹资等。这样的协议允许合伙人占有的公司股份各不相同，但一定要说明各个合伙人在公司管理中的地位和职务，是否允许合伙人从事公司以外的其他业务等。有一点最重要，那就是合伙双方以什么样的方式结束合伙关系，对此一定要在协议中写明。即制定出“退出机制”来，一开始就先小人后君子，免得日后谁也说不明白。

任何事情都不可能在最初计划周全，事情是随时都有可能变化的，合作运营过程中，遇到新问题新矛盾一定先说清楚立下字据再行动，千万不要先干再说，因为事情发生后都是朝着自己有利的一方考虑。先干再说，看似快了，其实埋下了祸患的种子，将来就不是速度快慢的问题，而是风起云涌、企业组织颠覆性的运动的根源。

（四）知己知彼，百战不殆

绝大多数创业团队的核心成员都很少，一般是三四人，多也不过十来人，如此少的团队成员从企业管理角度来看，实在是“小儿科”，因为人数太少，几乎每个从事管理工作的人都觉得能够轻易驾驭。但实际上，这个创业团队成员虽少，但是都有自己的想法，有自己的观点，更有一股藏于内心的不服管的信念。因此，对创业团队中的每个成员都不能报以轻视的态度。

优秀的创业团队的所有成员都应该相互非常熟悉，知根知底。《孙子兵法》中云“知己知彼，百战不殆”，在创业团队中，团队成员都非常清醒地认识到自身的优势和劣势，同时对其他成员的长处和短处也一清二楚，这样可以很好地避免团队成员之间因为相互不熟悉而造成的各种矛盾、纠纷，迅速提高团队的向心力和凝聚力。

现在，国内许多大学生选择创业，他们选择的合作伙伴也多是同学、朋友、校友，但还是很快就失败了。为什么呢？因为他们选择的合作伙伴虽然都是他们的“熟人”，但是他们的那些“熟人”之间是缺乏交流、沟通的，说到底，团队成员是相互陌生的。甚至在许多校园 BBS 上，作者看到某个同学有一项新发明，或者是好创意，立即广发“英雄帖”，虽然都是同龄人，但是毕竟没有共同经历过“血与火”的考验，这样的团队成员之间是缺乏凝聚力的。

（五）相互补充，相得益彰

创业团队虽小，但是“五脏俱全”。创业团队成员不能是清一色的技术人员，也不能全部是搞终端销售的，优秀的创业团队成员各有各的长处，大家结合在一起，正好是相互补充，相得益彰。

相对来说，一个优秀的创业团队必须包括以下几种人：一个创新意识非常强的人，这个人可以决定公司未来发展方向，相当于公司战略决策者；一个策划能力极其强的人，这个人能够全面周到地分析整个公司面临的机遇与风险，考虑成本、投资、收益的来源及预期收益，甚至还包括公司管理规范章程、长远规划设计等工作；一个执行能力较强的成员，这个人具体负责下面的执行过程，包括联系客户、接触终端消费者、拓展市场等。此外，如果是一个技术类的创业公司，那么还应该有一个研究高手（甚至是研究领导者型人物），当然，这个创业团队还需要有人掌握必要的财务、法律、审计等方面的专业知识。唯有这样，团队成员才能算是比较合格的。

需要补充一点的是，在一个创业团队中，不能出现两个核心成员位置重复的可能性，也就是说，不能有两个人的主要能力完全一样，如两个都是出点子的人，两个都是做市场的等，出现这种情况是绝对不允许的。因为只要优势重复、职位重复，那么今后必然少不了有各种矛盾出现，最终甚至导致整个创业团队散伙。这样的例子不胜枚举。

那些正打算创业以及已经开始创业的人请仔细思考以上问题，看一看自己的创业团队是否真正做到了各个成员才能各异、相得益彰？如没有，那么，请早做其他打算。

（六）心胸博大，善于合作

选择好合伙人以后，就需要与合作者或合伙人能够很好地相处，这样才能够合作得长久，俗语“和气生财”是放之四海而皆准的一句话，否则创业是创不成的，老板也做不成的。

创业者应该有博大的心胸，能宽厚待人，懂得如何把握合作，懂得什么是合作分寸的度，这样才能更多地体会合作带来的快乐、喜悦和丰收的硕果。

携程网创始人之一的梁建章说过：“我觉得包容性是很重要的，越是高层的领导，他能包容的人越多。我们几个管理层，分歧也有，但都是健康的。一开始时，包括模式的确立，大家都提出自己的观点。现在我们的分工非常明确，都是互补性的，大家的决策越来越准确，争吵会少很多很多。”

一个人的心胸决定了他所能达到的事业高度。宽容是合作者首先必备的一种道德品质。内讧是摧毁合作的最大杀伤力。宽容是合作的黏合剂。唯有和谐，合作才能愉快，才能使合作者激发出最大的工作热情和才智，营造一个有竞争力的团体。

在合作过程中，不要太计较小事。“大海航行靠舵手”，组建创业团队最关键的人自然是企业的领军人物。企业对人的管理也要审时度势、宽严有度。该管的要管、不该管的事就不要管。要“一半清醒一半醉”。要知道，“水至清则无鱼，人至察则无徒”。难得糊涂对创业合作的各方都是保养自己心灵的鸡汤和企业组织运转的润滑剂，这与前面讲的“丑话在前”和“及时立据”看似矛盾，其实不矛盾，前者讲的是在没有形成事实的情况下的做法，后者是说事实已经形成了就不要太计较了。计较了也于事无补。其实，过后经常会发现双方的计较毫无实际意义。

（七）坦诚相待，尊重伙伴

作为合伙人，在平时的交往与合作中要坦诚，互相尊重对方，摆正自己的位置，既然是合伙人，也就是出资人，请在心中时时提醒自己，双方都是为了共同的利益才在一起的，无论出资多少，都不会拿着自己的钱白白浪费。遇到问题和矛盾时应该向前看，向前看利益是一致的，因为成功会给大家带来更丰厚的收获；盯住眼前的事情不放，只能是越盯矛盾越多，越盯矛盾越复杂，最后裹步不前。只有向前看，成功的希望激励着合作的各方摈弃前嫌，勇往直前，抵达成功的彼岸。

四、创业团队的沟通与管理

创业团队沟通，就团队管理而言，在团队成员之间如果不相互传递信息，团队就无法共同协作，这样，团队也就不能存在。沟通的意义不只是信息的传递，还在于得到理解，达成共识。

（一）创业团队沟通的含义

所谓沟通，其含义是指两个人或者两个主体之间对于某种信息的传递与接受。具体来说，沟通所传递的信息既包括客观情况和事实，也包括人的思想、意见、态度、感受等。就单一的沟通过程而言，沟通包括传递什么内容和怎样传递两个方面。单一方向发出的信息会导致双向的沟通，即接收方会对传递的内容从了解、理解到认同和产生共鸣，直至积极地回应。这要求沟通的双方必须相互适应对方的思维模式，直到双方都对所讨论的问题达成共识。

所谓创业团队沟通，是指创业团队内部人与人之间运用语言或非语言符号系统交换意见，传递思想、表达感情和需要的交流过程。可见，创业团队沟通包括如下基本要求。

1. 沟通双方互为主体

沟通的双方都是以积极主动状态参加交流的，因此沟通过程需要每一个参与者都具有积极性。

2. 沟通能够调整双方的关系

沟通的双方同时扮演着传达者和接受者的双重角色。此外，沟通双方可以借助符号系统相互影响，制约和调整双方的心理和行为。沟通的结果就是要改变行为。

3. 沟通双方要具备统一或接近的符号系统

沟通交流观念、思想、情感，只有统一的符号及其意义体系才能保证沟通和相互理解，如果符号不一致，就会出现沟通障碍。

4. 沟通中可能出现障碍

沟通过程中可能会出现社会性、心理性、文化性的障碍。由社会因素引起的沟通障碍主要是因为交流双方对沟通情景缺乏统一的理解；由心理因素引起的沟通障碍是由个性心理差异造成的；由文化因素引起的沟通障碍主要是因为双方风俗习惯、宗教信仰等不同而造成的。

（二）创业团队沟通的过程

从创业团队沟通的定义中可以看出，创业团队内部，沟通表现为这样的过程：一定的思想、观念或信息由传达者传递给接受者，并且，传递后接受者对所接受的思想、观念或信息有了一定程度的了解或理解，通常有新的信息反馈给传达者。由此可见，在沟通中存在着三种基本要素：一是思想、观点或信息的传达者；二是思想、观点或信息的接受者；三是所传达的内容，即思想、观点或信息。传达的内容可以使客观事实也可以使私人感受。图 6-1 说明了各个因素如何构成沟通模式，下面利用信息加工的理论来解释各个因素。

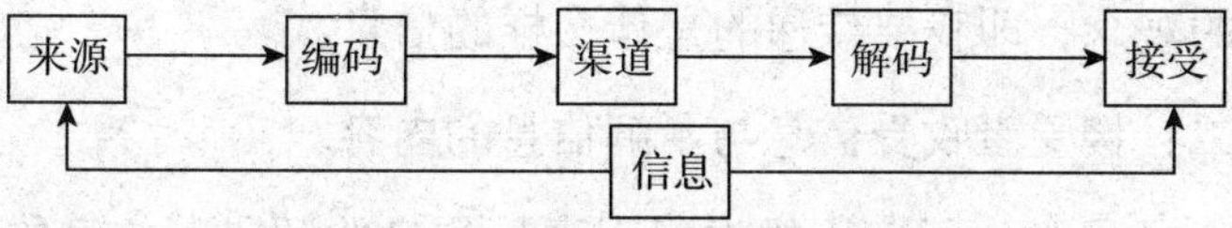

图 6-1　创业团队沟通的一般模式

在创业团队内部，要进行沟通，首先要有信息来源。沟通的发起者在产生了沟通的动机后，要对沟通的内容进行编码而产生出具体的信息。编码过程受个人的技巧、态度、知识、社会文化背景等各方面的影响。渠道有正式和非正式渠道，正式渠道是由企业按职权层次建立的，非正式渠道则是私人的或社交性的沟通。当经过编码的信息经过一定的渠道传递到接受者后，这些信息要被解码，成为接受者能够理解的内容。但是，这时沟通还有可能没有结束，接受者常常还要对传达者做出反馈，使其了解沟通是否准确、成功。

虽然从图 6 -1 的沟通模式来看，沟通是一个简单的过程，但是，在现实的沟通过程中至少存在如下三个不可或缺的环节。

环节一：传递者将一定的信息内容传递给一定的对象。

在这个环节中，运用了沟通的三种因素：信息的来源、信息的编码、渠道。要使第一个环节能够有效地进行，必须要正确认识所要传递的信息内容的多样性。通常来讲，沟通信息包括了认知性信息和情绪性信息两种。对于创业团队或企业来说，认知性信息包括以下几种：①目前的状态，面临问题的核心，推行工作目标的实际情况；②提示、主意、经验等；③有关目标、政策、实践的知识。情绪性信息包括以下几种：①

喜怒哀乐等情绪的气氛；②态度和反应；③支持、感谢及拒绝的感情；④忠诚及敌对感；⑤动机与目的。传递者如果对自己所要传达的信息内容没有真正的了解，即不知道自己到底要向对方说明或表明什么，那么，沟通在第一个环节便会受到阻碍。因此，传达者在沟通前自己必须先有一个清楚的观念，即我要传递的是什么样的信息。

环节二：接受者收受信息与了解信息的内容。

在这个过程中，所运用的沟通因素是信息的解码与信息的接受。信息要被解码成为接受者可以理解的内容，从而完成沟通的使命。因此要使这个过程能够顺利进行，首先要求传达者在传达信息的过程中能够确保信息传达途径的畅通。确保接受者可以通过这样的途径了解自己所要传达的内容；其次，要求接受者能够客观地对待传达者所发出的信息，否则这个过程也将受到一定程度的影响；其三，要求传达者和接受者在动机、态度、思维方式、受教育程度、专业方向等方面不存在过大的差异，如果差异过大也将影响信息的有效传递。

环节三：接受者接受或拒绝来自传达者的信息。

在这个环节包括的沟通因素是信息的接受。沟通的最后目的是接受者对信息的接受，然而，这并不是说沟通就全部完成了。这是因为，传达者将某一定的信息内容传递给接受者时，其目的在于引起对方的共鸣、同情或期待对方采纳自己的意见而做出自己所期望的行为。所以，接受者常常还要对发出信息的人做出反馈，使其了解沟通是否准确成功。但是接受者如果对传达者有不信任感或怀有敌意，他将不会做出传达者所期望的反应，终使沟通失去效果。例如，一个部门经理以强硬的态度命令下属加班完成某项工作，而这个下属平常对这个经理的做法就没有好感，而且他认为这个命令不合理，那么他可能用拖延的态度表示抗拒。不少管理者都认为改变下属行为的主动权操纵在自己手里，只有命令一下便完成了沟通。而事实上真正决定改变行为的人是接受者本人。

所以真正的沟通不是单方向的，接受者对传达者所传递的内容是否接受，有何意见，应该有所反应才是反馈。传递者在环节一和环节二中如果能够注意消除各种不利的因素，将可以增加沟通的反馈，使沟通的双向性得到保障。

（三）创业团队中常见的妨碍沟通的形式

沟通是一个看似简单的过程，实际上，沟通过程中的每一个环节都可能出现问题，如当出现信息传达者编码草率、当信息沟通渠道选择不当、当信息接受者和发起者的文化背景不一致等情况时，都会导致所要传递的信息被歪曲，从而使沟通出现偏差甚至失败。具体来说，在创业团队中，常见的妨碍沟通的形式如下：

1. 过滤

过滤是指信息传递者为投信息接受者所好，故意筛选出接受者能够接受的信息进行传递，对于其他信息则进行淡化处理。可见，在过滤过程中，信息传递者操纵传递信息，造成了信息片面或者歪曲。

过滤这种情形在创业团队或企业中是经常发生的。例如，基层管理者在把情况通报上级之前，先要对信息进行综合加工，以免上级被太多的信息淹没。于是，就会发生一个过滤过程。这是因为在这个信息的综合加工过程中有许多因素会影响了信息的客观性。第一，信息在经过加工后虽然变得精简了，但是这需要基层管理者有一个良好的判断力，即哪些信息是主要的，哪些信息是次要的。如果他的这种判断力有限，这种过滤将带来主要信息的流失，甚至会出现信息的歪曲。第二，作为基层管理者，没有权力也没有能力影响整个创业团队或企业的决策。但是，出于对小群体利益的关注，他总想让领导的决策对自己的小群体有利，于是他在通报情况时，总是想方设法让自己通报上去的信息能够影响决策者。于是，他对信息的轻重主次的判断就变得更加主观化了。

2. 认知的选择性

认知的选择性首先表现在人们会根据自己的需要去看待别人及别人带来的信息，于是会对需要的信息容易接受，常常表现为说者无心，听者有意；而对不需要的信息则常常表现为听而不闻，视而不见。其次表现在认知主体总是从自己已有的经验出发，以自己已有的认知结构为基础来认知来自他人的信息，对这些信息进行猜测、判断和评价。不管是哪一种形式的认知选择，都会导致个体不能客观、全面地看待现实，结果出现了人们看到的常常是他们想看到的这样一个事实。在沟通过程中，认知的选择性无疑会影响接受者对信息的检取和处理。

正是因为认知选择性的客观存在，人们通常对自己所感兴趣的事表现出极大地关心。在沟通过程中，也会因为认知的选择性而在信息上负载个人期望，使沟通的信息打上了个人需求、动机、经验、兴趣、地位背景及其他特性的烙印。因此，在企业中就会出现这样的情况，虽然销售、供应、生产、管理诸部门都在企业的总目标下做着不同的工作，但认知的选择性使得各位主管各自关心的内容不一样，在成堆的信息中，每个人总是趋向于强调与自己有关的内容的重要性。

3. 情绪推理

信息具有多样性，除了认知信息外，还有一些情绪性内容，这些内容同信息本身并没有什么直接的关系。但是接受者在接受信息时，其情绪往往会受到这些情绪性内容的影响。其实，每个人可能都有过这样的经历，对于同样的消息，在情绪好和不好时，你的感受是完全不同的，你的反应方式和处理方式也迥然相异。这是因为：第一，人不管是在极度高兴的情绪下还是在极度悲伤的情绪下，往往都会出现“意识狭窄”

现象。在这种现象下，认识活动的范围缩小，理智分析能力受到了一定程度的抑制，因此人的理智会受到一定程度的妨碍，从而出现判断上的偏差。第二，情绪对其他心理活动具有组织的作用，具体表现为积极情绪的协调作用和消极情绪的破坏、瓦解作用，因此人处在积极乐观的情绪状态时，总是能注意事物美好的一方面，行为比较开放，愿意接纳外界的事物，而处在消极的情绪状态时，容易悲观失望，放弃自己的愿望，有时甚至产生攻击性行为。

4. 语言的个性化特点

虽然人们用同样的语言交流，但是对于同样的表达，人们并不会产生完全一致的共鸣。因此在沟通过程中会出现会错意的情况。导致这种现象的原因很多：第一，人们处理语言的能力不同，有的人语言简洁，有的人语言啰唆；有的人语言幽默，有的人语言单调；有的人语态友好，有的人语态生硬；有的人语音适中，有的人却过高或过低。第二，不同生活背景的人有着不同的语言习惯。每个人在使用语言时都有一种独特的个人色彩，这给他的语言蒙上了一层面纱。信息接受者只有揭开这层面纱，才能真正理解语言的本意。

（四）实现创业团队有效沟通的常用方法

从上述对沟通中的障碍因素的分析可以看出，只要采取适当的方法消除这些障碍，就能实现创业团队中的有效沟通。

1. 利用反馈

在沟通过程中，误解、歪曲往往是在传递者表达信息或接受者理解信息时产生的。因此，要避免或减少这样的误解或歪曲，就应该充分利用沟通过程中的各种反馈要素。这些反馈要素既可以是言语的，也可以是非言语之外的表情、动作等。

通常的做法如下：第一，当传递者把自己的信息传递出去后，可以用合适的方式来了解接受者对信息的理解程度。例如，要求接受者重复并解释所接受的信息，或者请接受者对接受的信息进行评论，或者提出一些相关的问题进行进一步询问，从而判断接受者是否真正掌握了信息的内容实质。第二，注意面部表情、体态动作和语音语调等方面透露出来的表情信息。

2. 精简语言

所谓精简语言，就是在沟通信息的表达上做文章。通过把沟通信息用精确、简练的语言表达出来，从而使接受者易于迅速、准确把握，避免误解。

3. 主动倾听

倾听不同于听。普通的听是被动的，而倾听是主动的，倾听者同发言者一同进入主题、思考主题，在沟通中扮演着主动、积极的角色。倾听并不是一件很容易的事情，这首先是因为发言者处于相对主角的位置，比较容易有满足感；其次是因为倾听者比发言者更要投入，要跟上发言者的思维，在思维和感情上要与发言者相融合。只有这样，倾听者才有可能从发言者的立场考虑问题，不至于曲解发言者的原意。

4. 情绪控制

人是有情绪的，情绪和情感就像每个人手中的一把尺子，用它来衡量人们内心及周围发生的一切事情的意义。因此，人们的情绪、情感可以在很多时间里、在很大程度上影响人们的理性活动。尤其是当个体处于激烈的情绪中时，不管是积极的情绪还是消极的情绪，都会影响语言的表达和语言的理解，这时最好的做法就是停止沟通，等待情绪平复。

五、创业团队冲突的解决与处理

每个人对冲突都不会陌生。因为人们都会有想法上的对立和感情上的斗争，这种冲突会给人们带来消极的情绪体验和无序、混乱的生活感受；人们也会因为利益、名誉、价值观等方面的分歧与他人发生摩擦、对抗，造成人际关系紧张。创业者无论是在起步期还是发展期，也会遇到各种各样的冲突，有创业个体情感方面的，有创业团队内部人与人之间的，也有创业团队之外的，这些冲突都可归结为创业冲突。

（一）创业团队冲突的类型及其形成因素

1. 创业团队的个体冲突

创业个体冲突是指创业者个体内心同时存在对立的想法和感情。一般创业个体冲突包括以下几种。

（1）双趋冲突。所谓双趋冲突是指创业个体在有目的的活动中，同时有两个并存的目标，而且两个目标对其具有同样的吸引力或引起同样强度的动机。当创业个体因事实限制而无法兼得时，心理上会产生一种“鱼与熊掌”难作取舍的冲突心境。

（2）趋避冲突。此种冲突是指创业个体对于某一个目标同时具有趋近与躲避两种动机，形成所谓的既好之又恶之、欲趋之又避之的矛盾心理。

（3）双避冲突。对创业个体来说，有时候两个目标可能同时都具有威胁性，在这种情境下所引起的反应，自然是两者都想逃避。但是迫于形势，个人必须接受其中之一才能避免另一个，于是在抉择时便会遭受双避冲突的心理困扰。

（4）角色冲突。创业者在创业初期多是一个人担任多种角色，产、供、销集一身，同时又有多种社会自然赋予的角色，如父亲、丈夫等，个体因为有巨大的创业压力，常常不能尽到自己应尽的家庭义务，角色之间产生冲突。

2. 创业团队的人际冲突

创业团队的人际冲突一般是指团队内个体与个体、个体与群体、群体与群体之间的冲突。从产生的原因上，可以把人际冲突分为以下几种。

（1）团队结构造成的冲突。这类冲突是指由于团队的组织关系和团队成员之间的依赖关系而形成的冲突。例如，在团队中，不同的人扮演着不同的角色，拥有不同的职位和身份，因此对许多事情和问题，自然会有不同的考虑。而从不同的立场观点来看待事情和问题，很可能会因为彼此间的看法或态度不尽相同而相持不下，造成相互间的冲突。另外，作为团队来讲，团队都有一个大的目标，大目标会分解到不同的群体和个体身上，即群体和个体都有了一个小目标，这些具体目标是不同的、有差异的，甚至是相互冲突的。再如，在团队中，由于工作任务不明确且缺乏必要的指导和职能划分而导致工作重复、交叉，所引起的不必要的诸如推诿、扯皮、指责等群体冲突，使问题复杂化。

（2）团体内信息不畅造成的冲突。这类冲突是指由于人们对信息的取得方式不同，彼此之间又缺乏沟通而造成的冲突。造成信息不畅的原因有主观方面的，也有客观方面的。在信息传送过程中，由于各种干扰，会发生信息迟到或失真的现象，也会引发冲突。另外，不同的个体存在获取信息渠道的不一致。

（3）团队内个性、性格的差异造成的冲突。大多数网状创业团队在形成初期，都没有注意到成员的个性特征，多是因为私交很好而在一起创业，或者是因为具有相似的创业理念、创业观点，相似的技术研发背景，或者是因为对某一项技术发明的狂热走到了一起。这时大家能够同甘共苦，个性差异带来的处理问题的态度往往被掩盖起来。一旦团队发展到一定阶段，个性冲突就显现出来，如有些人果断、有些人优柔、有些人谨慎、有些人鲁莽，这些都会使创业团队内出现裂痕，严重的还会导致团队分裂。

（4）团队内角色认知差异造成的冲突。个体角色认知是指一个人寻求有意义的自我定位。团队组建之时，往往规模较小，大家分工模糊，经常是大家通力合作，不分你我。分工的不明会导致个人定位的模糊，从而使人际关系出现一系列的不协调。

（5）团队成员价值观与意识形态的差异造成的冲突。价值观念是指人们对是非、善恶、好坏的一般观念，由于个人价值取向和意识形态的不同，往往会造成冲突。例如，在一个集体中，无论群体或个体，都会有自身的特殊利益，在实际的利益分配中，经常可能出现利益不公或当事人看起来利益不公的现象，利益之争必然会引发冲突。

（二）冲突对创业团队的影响

根据冲突的性质可以把团队冲突分为积极冲突和消极冲突。所谓积极冲突是指双方的目标是一致的，是因为双方在方法和认识上不同而产生的冲突。在积极冲突中，双方对要实现的共同目标都很关心，并愿意了解和听取对方的观点和意见，双方都以争论问题为核心，积极交换情报信息，力求找到较好的解决问题的方法。所谓消极冲突是指由于目标不一致而造成的冲突，这种冲突往往具有破坏性。冲突的双方对自己的观点都十分自信，不愿意听或根本听不进对方的观点和意见，致使相互交流信息减少，以致完全停止，给团队带来消极的后果。

有什么样的团队就有什么样的冲突，反过来有什么样的冲突也就有什么样的团队。例如，团队如果拥有对冲突持包容，甚至鼓励的文化，这样团队的冲突将有助于团队的革新进取进而提升其绩效。反之，如果团队排斥异端，否定异见，压制冲突，冲突发生在这样的团队之中，只会产生不良的后果。

具体来说，冲突对团队的正面功能表现为六个方面，对团队的负面功能可归结为十个方面。

1. 冲突对创业团队的正面功能

（1）有利于团队的稳定。一个创业团队与外部的竞争必然会引发冲突，这时创业团队成员之间很容易形成宽容协作的氛围，这时的冲突可以增进团队成员的凝聚力。

（2）提升团队的适应能力。团队冲突可提高所属成员的协调意识，鼓励成员参与活动，使团队成员的沟通意识呈现活跃状态，进而强化系统内的沟通途径，造成沟通系统与权力系统的重新建构。团队内如果没有内在冲突，组织会因为很少发生问题而失去很多能刺激或促成建设性努力的诱因，致使团队死气沉沉。所以团队面临冲突往往是新陈代谢的催化剂。

（3）激发团队成员的创造欲望。当团队面临冲突时，需要具有创造性的解决方法。所谓的创造性，是指产生新奇有用的构想。当团队处于冲突的状态下，其成员会产生新奇的构想，以应付紧急的危机。

（4）及时诊治团队的弊病。当团队内发生冲突时，组织管理者可寻得一些线索，探知发生冲突的原因，找出组织上的缺失，将管理引向科学、高效。站在管理者的立场，若想完全防止冲突的发生是不可能的，关键的问题在于如何谋求对策，使消极冲突的发生降至最低限度，或者设法使其产生正面的效果。

（5）有利于团队成员宣泄情绪。当组织的效率要求和个人需求不一致时，常造成个人内心的焦虑。焦虑也可能来自个人本身的危机意识或组织的外在压力。个人为了要疏解这些焦虑以维持内在的平衡，常自觉不自觉地组成团体，以致相互冲突。团队间冲突提供了成员发泄情绪的途径，满足了某些心理上的需要。

（6）促进团结。组织中，不同的成员、不同的部门和不同的层级之间，存在着观点、立场和利害等的冲突现象，是自然的和必然的。冲突的过程会使双方为了团队的利益存小异而谋大同，从而使成员之间多一分理解和尊重，形成团结一致谋发展的良好局面。

2. 冲突对创业团队的负面影响

（1）破坏团队的均衡稳定。均衡是团队在面临变动时的稳定状态。当团队主要成员之间相互争夺各种利益，使得团队内部出现权力的消长，造成彼此间的仇视，和谐关系遭到破坏，工作效率降低，违反团队规定的事件时有发生时，团队就处于一种紊乱状态，原有的均衡稳定便受到破坏。

（2）团队内彼此猜忌怀疑。冲突的任何一方都希望在对立中能赢过对方，因此无不小心谨慎，彼此互相猜疑。猜忌对方获得不当的利益，怀疑相关者的私心。这种缺乏客观证据的不理性的行为，不仅伤害和恶化双方的感情，而且也挫伤了自己的元气。

（3）团队成员产生焦虑情绪。团队内相互冲突，会造成成员的焦虑情绪。成员一旦有了焦虑情绪必将对工作产生负面影响。冲突固然可以使成员在团队内部相互倾诉与发泄挫折感，然而却造成了成员间更严重的误解，甚至形成更多的纷扰。一般来说，团队间冲突虽然提供个人发泄情绪的功能，却也产生不少焦虑的情绪。

（4）阻碍创造性行为。团队冲突常常引发高度的焦虑，而高度焦虑往往导致低度的创造性。此外，团队冲突常造成成员的防卫性或保护自我的欲望，以致限制了创造行为。冲突也造成团队的不稳定。对成员来说，不稳定的组织是不可预测的，而不可预测的环境会产生不安全感与焦虑感。如果团队处于必须时刻应付冲突的状况，必将没有时间和精力来进行创新活动。

（5）阻塞意见沟通。团队的意见沟通是信息流通的主要方式。信息内容多涉及正在进行中的情况，其性质常是协调性的。一旦团队发生冲突，这些信息便被阻塞，造成协调障碍，阻塞意见沟通。

（6）阻塞团队目标。团队间的冲突固然可以提供发泄情绪的管道，但情绪的过分发泄可能激起更严重的冲突行为与对抗行动。通常创业者在对其企业的管理中会引进竞争机制，引入竞争机制无非是为了提高大家的工作积极性，产生更好的工作绩效。但竞争又往往会造成彼此间相互疏离，甚至于发展为对其他成员的冷漠与回避，或演变为冲突，阻碍了整体目标的达成。

（7）冲突双方鸿沟加大。冲突对立的双方，会出现抑制相互间沟通，减少了解对方的观点、利害和立场等的机会，徒然猜测、臆想甚至于夸大、渲染对方的缺点的现象，从而拉长了彼此的距离，使其相互间的鸿沟加深。

（8）冲突双方彼此仇恨。当冲突发生时，许多人会认为冲突是具有破坏性的，破坏团体间的情感，形成分裂的局面。出现丑化对方、恶意攻讦的现象，甚至采用暴力解决方式。

（9）冲突双方相互抵制。冲突的双方，常常为了利己采取多种方式扩大自己的力量，同时在对方不易察觉做手脚或欺瞒对方。相互抵制属于一种冷战方式，是一种非建设性的破坏行为。

（10）成员出现跳槽情形。不论是个体的冲突还是群体之间的冲突，都会给当事人造成压力，带来挫折感。人的天性是喜乐避苦的，如果冲突给成员带来太多压力，可能他就会考虑离开这个团队，另寻一个冲突较少的工作环境。

冲突对创业团队有正负功能的影响，应该说，功能的趋向更多地取决于管理者采取的态度和方法。如何消除和弱化负面影响，提升和增强正面功能是创业者面临的一个重要问题。

（三）创业团队冲突的处理

作为创业者，不仅要接纳冲突而且要鼓励冲突的存在，鼓励冲突在团体内维持一种较低水平，以便使团体始终保持一种旺盛的生命力和自我批评的反省力，并不断创新。

从冲突的结果来看，如何利用冲突使团队绩效最大化应该是人们的最终目的。一般的思路应是正视冲突，消除破坏性冲突，激发积极性冲突。

1. 处理创业团队冲突的一般原则

（1）面对众多冲突，创业者要慎重地进行选择。创业者会面临许多冲突，其中，有些冲突是局部的，非常琐碎，不值得花时间去处理；有些冲突虽然很重要，但不是自己力所能及的，不宜插手；有些冲突难度很大，要花很多时间和精力，未必有好的回报，不要轻易介入。创业者应该选择影响面大，对推进事业、打开局面有意义有价值的事件。对冲突事件不会选择、不会适度放弃的创业者很难集中精力抓大事情。

（2）要对冲突双方的代表人物进行仔细研究。对于影响大的冲突，人们必须慎重地面对，要对哪些人卷入了冲突，冲突双方的观点是什么，差异在哪里，双方真正感兴趣的是什么，代表人物的人格特点、价值观、经历和资源因素如何等问题进行认真的分析。

（3）深入了解冲突的根源。冲突的原因有的很好查找，有的也许很容易被假象所遮掩，这就要求人们不仅要了解公开的表层的冲突原因，还要深入了解深层的、没有说出来的原因。冲突可能是多种原因交叉作用的结果，如果是这样，还要进一步分析各种原因作用的强度。

（4）妥善地选择解决冲突的策略和处理办法。

2. 解决冲突的基本策略和方法

（1）缓解冲突的策略和方法。

就是不考虑冲突的起因，而使冲突只在某种受控制的条件下继续存在。这种策略可具体化为三种方法。

①回避。当冲突的原因微不足道时，如成员间由于口误造成冲突，当事人情绪极为激动，这时需要时间使他们恢复平静，此时，最好别人不要介入，采取回避的方式。

②隔离。即把相互冲突的群体隔离、分开，由于双方不再接触，冲突便自行消失。

③限制。允许冲突双方只在一定场合进行有限制的接触和相互作用，从而避免冲突的发生。

（2）使冲突失去爆炸性的策略和方法。

随着时间的流逝，冲突的严重性会日益降低，冲突双方也日渐冷静，因而使冲突失去爆炸性。具体方法如下。

①平滑。即降低冲突双方分歧的意义，而强调双方的共同点和共同利益。但实质上冲突的因素仍然存在。

②妥协。即进行一种得失交易，如双方以某种交换条件而达成相互让步的协议，这仅是暂时的权宜之计，冲突因素并未消失。

（3）正视冲突的策略和方法。

这种策略是要找出冲突的起因，并予以解决。具体方法有以下三种。

①轮岗。即互相交换人员，通过人员交换，可以使大家对彼此的工作多一分理解，从而自行消除对他人的偏见。

②目标。即强调高层次的目标，使相互冲突的群体把注意力集中到共同的对双方都有重要意义的高层次目标上，从而消除相互间较小的分歧。

③合作。即冲突各方之间开诚布公地讨论，积极倾听并理解双方的差异，对有利于双方的所有可能的解决办法进行仔细考察。合作是最好的冲突处理方法，当没有什么时间压力时，当冲突双方都希望赢时，当问题十分重要不可能妥协折中时，合作是最佳的策略。

3. 消除团队冲突破坏性的方法

传统的冲突处理办法，旨在消除冲突所带来的破坏性影响，因而对解决消极的恶性冲突仍有积极的意义，较常见的方法有如下几种。

（1）协商谈判。协商谈判又称为妥协，这是解决冲突常用的方法。当两个团体为了利益而发生冲突又僵持不下时，通过协商的方式来解决冲突，缓解矛盾。在相互商谈的过程中，需要双方各自做些妥协以求得意见的一致。

（2）仲裁调解。是由上级或权威人士出面仲裁调停的办法。当两个团体发生冲突而出现僵局时，就请上级或其他第三者来调解裁定。仲裁调解如不以一定的规则为依据，常常会导致偏差，激化矛盾，留下恶性冲突的隐患。

（3）转移目标。有时为了解决矛盾冲突，到外部寻找一个共同的目标或竞争者，把冲突双方的注意力转向新的目标。

（4）解体重组。这是对破坏性冲突在采用所有解决方法都不奏效的情况下所采用的方法。有时如团队间的冲突激烈又长期得不到合理解决，严重干扰团队目标的实现，也影响工作任务的完成，为彻底解决冲突，只有果断地将冲突团队解散，重新组织。

【案例】

新东方的合伙人

作为国内最大的英语培训机构，新东方声名赫赫。二十几年来，它帮助数以万计的年轻人实现了出国梦，众多莘莘学子借此改变了自己的命运。有人评价说："在中国，任何一个企业都不可能像新东方这样，站在几十万青年命运的转折点上，站在东西方交流的转折点上，对中国社会进步发挥如此直接而重大的作用。"

俞敏洪说自己最成功的决策，就是把那帮比他出息的海外朋友请了回来。1995年年底，积累了一小笔财富的俞敏洪飞到北美，这里曾是他魂牵梦绕的地方，当年就是为了凑齐留学的费用，他丢掉了在北京大学的教师职位。在俞敏洪的鼓动下，昔日好友徐小平、王强、包凡一、钱永强陆陆续续从海外赶回国加盟了新东方。经过在海外多年的打拼，这些海归身上都积聚起了巨大的能量。这批从世界各地汇聚到新东方的个性桀骜不驯的人，把世界先进的理念、先进的文化、先进的教学方法带进了新东方。俞敏洪笑言自己是"一只土鳖带着一群海龟奋斗"。如何将这些有个性的人团结到一起，并让每个人都保持活力和激情，是俞敏洪首先要面对的问题。

俞敏洪说："在新东方，没有任何人把我当领导看，没有任何人会因为我犯了错误而放过我。在无数场合下，我都难堪到了无地自容的地步，我无数次后悔把这些精英人物召集到新东方来，又无数次因为新东方有这么一大批出色的人才而骄傲。因为这些人的到来，我明显进步了，新东方明显进步了。没有他们，我到今天可能还是个目光短浅的个体户，没有他们，新东方到今天还可能是一个名不见经传的培训学校。"

第7章

小微企业的组织管理

一、组织认知与理解

1. 组织的概念

组织是为了达到某些特定目标经由分工与合作及不同层次的权力和责任制度而构成的人的集合。

这一概念包括 3 层含义：组织必须具有目标；组织内部必须有分工与合作；组织要有不同层次的权力与责任制度。

2. 管理幅度与组织层次的概念

管理幅度也称为管理跨度，它是指一个管理者能有效地直接管理下属的人数。

组织的最高主管因受到时间和精力的限制，需委托一定数量的人分担其管理工作。委托的结果是减少了他必须直接从事的业务工作量，但与此同时，也增加了协调委授人之间关系的工作量。因为主管能够直接有效地指挥和监督的下属数量总是有限的。在组织中，逐级委托，直至授托人能直接安排和协调组织成员的具体业务活动，由此形成组织中最高主管到具体工作人员之间的不同组织层次。显然，组织层次会受到组织规模和管理幅度的影响。

一般来说，组织规模越大，组织成员越多，则组织层次就越多。在组织规模一定的条件下，管理幅度越大，组织层次越少；反之，管理幅度越小，组织层次越多。

管理层次与管理幅度的反比关系决定了两种基本的管理组织结构形

态：扁平型结构和锥型结构。

扁平型结构是指在组织规模已定，管理幅度较大，管理层次较少的一种组织结构形态。这种形态有以下优点。

（1）信息传递速度快。由于组织层次少，可以使高层管理者尽快地发现信息所反映的问题，并及时采取相应的措施。

（2）信息保真度高。由于信息传递经过的层次少，在传递过程中失真的可能性也较小。

（3）有利于下属主动性和创造性的发挥。较大的管理幅度使主管人员对下属不可能控制得过多，这有利于下属在工作中发挥聪明才智。

扁平型结构的局限性是不能对每位下属进行充分、有效的指导和监督；从下属获得的众多信息中，可能将最重要的、最有价值的信息淹没，从而可能影响信息的及时利用等。

锥型结构是管理幅度较小，管理层次较多的金字塔形态。其优点和局限性与扁平型结构相反：较小的管理幅度可以使每位主管仔细地研究从每个下属那里得到的信息，并对每个下属进行详尽的指导。但过多的管理层次不仅影响了信息从基层传递到高层的速度，而且由于经过的层次太多，每次传递都被各层主管加进了许多自己的理解和认识，从而可能使信息在传递过程中失真；同时，过多的管理层次可能使各层主管在组织中的地位相对渺小，从而影响其积极性的发挥；最后，过多的管理层次往往容易使计划的控制工作复杂化。

3. 影响管理幅度的因素

有效的管理幅度受到诸多因素的影响，其主要因素有以下四方面。

（1）工作能力：管理者的工作能力。如果主管的综合能力、理解能力、表达能力强，就可以迅速地把握问题的关键，对下属的请示提出恰当的指导建议，并使下属明确理解，从而可以缩短与每一位下属在接触中占用的时间，在一定时间内处理的事务就多，则管理幅度就大。

下属的工作能力。如果下属具备符合要求的能力，受过良好的系统培训，则在很多事情上可以结合组织的要求，根据自己的判断去解决问题，这就减少了事事向上级请示的次数，少占用上级管理者时间，使管理者有更多的时间处理其他事务，管理幅度就可适当宽些。

（2）工作内容和性质：主管所处的管理层次。管理系统中不同层次的管理者的工作重点有很大不同，因而其管理幅度也就各不相同。高层管理者的主要工作是决策，用于指导和协调下属的时间就少，因此，管理幅度就相对较小。而基层管理者的主要工作就是指导和监督下属工作，管理幅度相对较大。

下属工作的相似性。下属从事的工作内容和性质越相近，则对每个人的指导和监督越容易，管理幅度就大。

计划的完善程度。如果计划制定得详尽周到，下属对计划的目的和要求就能非常明确，并认真去执行计划，就不需要主管过多地指导，只需要进行适当的监督，从而使管理幅度增大。

非管理事务的多少。主管为非管理事务所占用的时间越多，所能从事管理工作的时间就越少，管理幅度就会相应减少，否则就会影响管理的有效性。

（3）工作条件：助手的配备情况。如果给主管配备了必要助手，由助手与下属进行一般性的联络，并直接处理一些不太重要的问题，则可以大大减少主管的工作量，增加其管理幅度。

信息手段的配备情况。信息是管理的前提，先进的信息手段不仅可以帮助主管全面、快速地掌握下属的工作情况，而且还能及时地对下属工作进行指导和监督，从而使管理幅度增大。

工作地点的相近性。不同下属的工作岗位在地理上的分散会增加下属与主管以及下属之间的沟通困难，从而会影响主管直接指导和监督下属的人数。

（4）工作环境：组织环境的稳定程度会影响组织活动内容和政策的调整频度与幅度。环境变化越快，变化程度越大，组织中遇到的新问题越多，下属向上级的请示就越多，则管理幅度就越小。

二、企业的组织结构

组织结构是指组织内部各构成部分及各部分之间确立的相互关系形式。

从实现组织目标的过程来看，组织结构是组织将它的工作划分为具体的任务，并且在这些任务当中实现合作的方式。组织结构不仅静态地描述了组织的框架体系，而且动态地描述了这个框架体系是如何在分工与合作的过程中把个体和群体结合起来去完成工作任务的。

亚当·斯密在《国富论》中就指出：分工可以提高专业化熟练程度，使每道工序的生产效率提高；分工的同时必然需要协作，否则将导致混乱，而使整个产品的生产效率下降；协作过程即组织过程。企业的组织结构主要有下述几种形式。

1. 直线制

直线制是最早也是最简单的组织形式。它的特点是企业各级行政单位从上到下实行垂直领导，下属部门只接受一个上级的指令，各级主管负责人对所属单位的一切问题负责。厂部不另设职能机构，一切管理职能基本上都由行政主管自己执行。直线制组织结构的优点是：结构比较简单，责任分明，命令统一。其缺点是：它要求行政负责人通晓多种知识和技能，亲自处理各种业务。这在业务比较复杂、企业规模比较大的情况下，若把所有管理职能都集中到最高主管一个人身上，那么一个人显然是难以胜任的。因此，直线制只适用于规模较小、生产技术比较简单的企业，对生产技术和经营管理比较复杂的企业并不适宜，如图 7-1 所示。

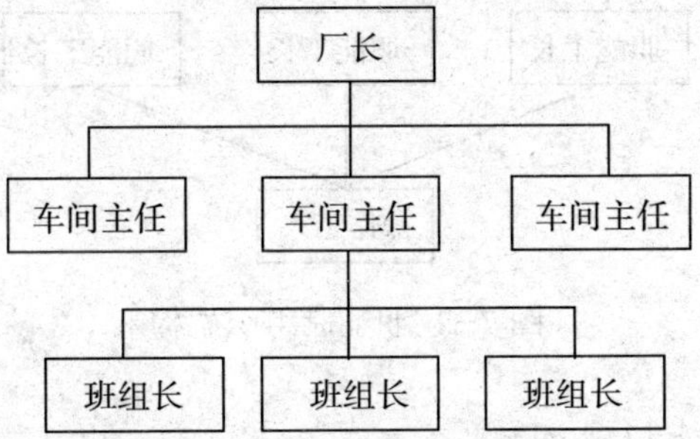

图 7 -1　直线制组织架构

2. 职能制

职能制组织结构是各级行政单位除主管负责人外，还相应地设立一些职能机构，如在厂长下面设立职能机构和人员，协助厂长从事职能管理工作。这种结构要求行政主管把相应的管理职责和权力交给相关的职能机构，各职能机构就有权在自己的业务范围内向下级行政单位发号施令。因此，下级行政负责人除了接受上级行政主管人指挥外，还必须接受上级各职能机构的领导。

职能制的优点是能适应现代化工业企业生产技术比较复杂、管理工作比较精细的特点；能充分发挥职能机构的专业管理作用，减轻直线领导人员的工作负担。但缺点也很明显：它妨碍了必要的集中领导和统一指挥，形成了多头领导；不利于建立和健全各级行政负责人和职能科室的责任制，在中间管理层往往会出现有功大家抢，有过大家推的现象；

另外，在上级行政领导和职能机构的指导和命令发生矛盾时，下级就无所适从，影响工作的正常进行，容易造成纪律松弛、生产管理秩序混乱。由于这种组织结构形式的明显的缺陷，现代企业一般都不采用职能制，如图 7-2 所示。

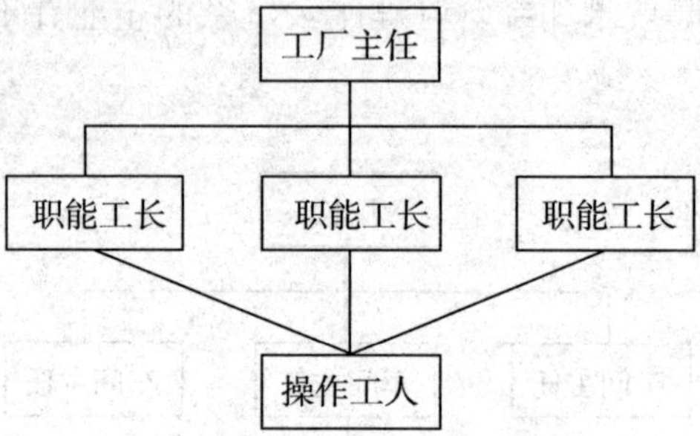

图 7-2 职能制组织架构

3. 直线—职能制

直线—职能制，也叫生产区域制或直线参谋制。它是在直线制和职能制的基础上取长补短，吸取这两种形式的优点而建立起来的。目前，绝大多数企业都采用这种组织结构形式。这种组织结构形式是把企业管理机构和人员分为两类：一类是直线领导机构和人员，按命令统一原则对各级组织行使指挥权；另一类是职能机构和人员，按专业化原则，从事组织的各项职能管理工作。直线领导机构和人员在自己的职责范围内有一定的决定权和对所属下级的指挥权，并对自己部门的工作负全部责任。而职能机构和人员则是直线指挥人员的参谋，不能对直接部门发号施令，只能进行业务指导。

直线—职能制的优点是：既保证了企业管理体系的集中统一，又可以在各级行政负责人的领导下，充分发挥各专业管理机构的作用。其缺点是：职能部门之间的协作和配合性较差，职能部门的许多工作要直接向上层领导报告、请示才能处理，这一方面加重了上层领导的工作负担；

另一方面也造成办事效率低。为了克服这些缺点，可以设立各种综合委员会或建立各种会议制度，以协调各方面的工作，起到沟通作用，帮助高层领导出谋划策，如图 7-3 所示。

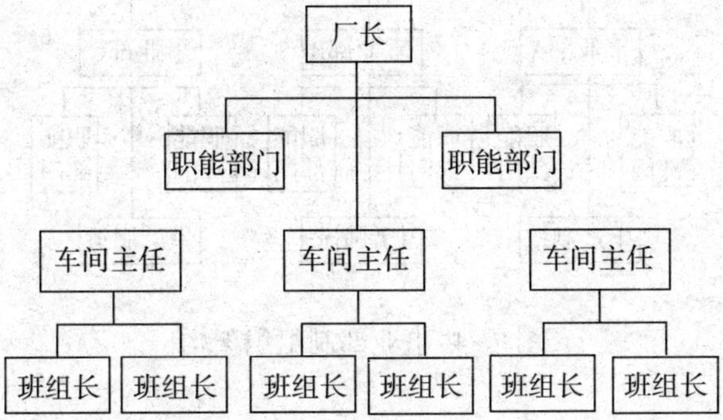

图 7-3　直线职能制组织架构

4. 事业部制

事业部制最早是由美国通用汽车公司总裁斯隆于 1924 年提出的，故有“斯隆模型”之称，也叫“联邦分权化”，是一种高度集权下的分权管理体制。它适用于规模庞大、品种繁多、技术复杂的大型企业，是国外较大的联合公司所采用的一种组织形式，近几年我国一些大型企业集团或公司也引进了这种组织结构形式。

事业部制是分级管理、分级核算、自负盈亏的一种形式，即一个公司按地区或按产品类别分成若干个事业部，从产品的设计、原料采购、成本核算、产品制造，一直到产品销售，均由事业部及所属工厂负责，实行单独核算，独立经营，公司总部只保留人事决策、预算控制和监督大权，并通过利润等指标对事业部进行考察和控制。也有些事业部只负责指挥和组织生产，不负责采购和销售，实行生产和供销分立，但这种事业部正在被产品事业部所取代。还有的事业部则按区域来划分。如图 7-4 所示。

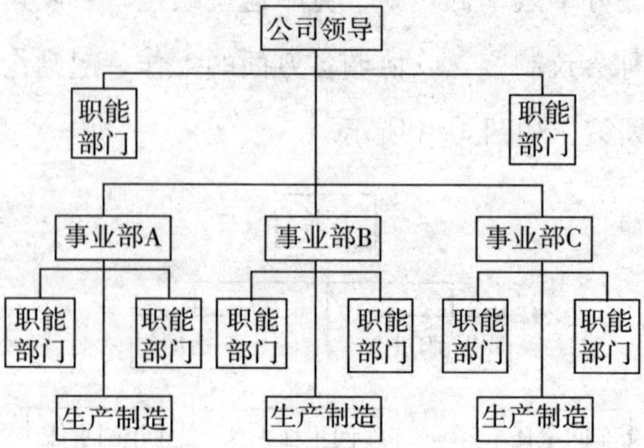

图 7-4 事业部制组织架构

5. 矩阵制

在组织结构上，把既按职能划分的垂直领导系统，又按产品（项目）划分的横向领导关系的结构称为矩阵组织结构。

矩阵制组织是为了改进直线职能制横向联系差、缺乏弹性的缺点而形成的一种组织形式。它的特点表现在围绕某项专门任务成立跨职能部门的专门机构上，如组成一个专门的产品（项目）小组去从事新产品开发工作，在研究、设计、试验、制造各个不同阶段，由有关部门派人参加，力图做到条块结合，以协调有关部门的活动，保证任务的完成。这种组织结构形式是固定的，人员却是变动的，需要谁，谁就来，任务完成后就可以离开。项目小组和负责人也是临时组织和委任的。任务完成后就解散，有关人员回原单位工作。因此，这种组织结构非常适用于横向协作和攻关项目。

矩阵结构的优点是机动、灵活，可随项目的开发与结束进行组织或解散；由于这种结构是根据项目组织的，任务清楚、目的明确，各方面有专长的人都是有备而来。因此，在新的工作小组里，能沟通、融合，能把自己的工作同整体工作联系在一起，为攻克难关、解决问题而献计献策，由于从各方面抽调来的人员有信任感、荣誉感，使他们增加了责任感，激发了工作热情，促进了项目的实现；它还加强了不同部门之间的配合和信息交流，克服了直线职能结构中各部门互相脱节的现象。

矩阵结构的缺点是：项目负责人的责任大于权力，因为参加项目的人员都来自不同部门，隶属关系仍在原单位，只是为“会战”而来，所以项目负责人对他们管理困难，没有足够的激励手段与惩治手段，这种人员上的双重管理是矩阵结构的先天缺陷；由于项目组成人员来自各个职能部门，当任务完成以后仍要回原单位，因而容易产生临时观念，对工作有一定影响。

矩阵结构适用于一些重大攻关项目。企业可用来完成涉及面广、临时性的、复杂的重大工程项目或管理改革任务。特别适用于以开发与实验为主的单位，如科学研究，尤其是应用性研究单位等。如图 7–5 所示。

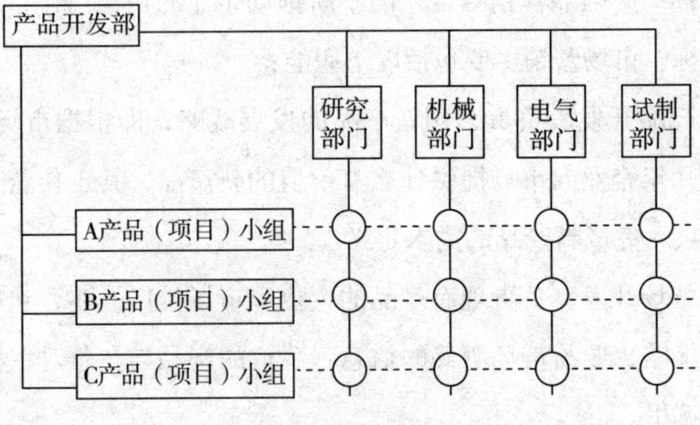

图 7–5　矩阵制组织架构

三、企业主要部门及职责

无论企业是什么组织结构，营销部、采购部、制造部、财务部、人力资源部等部门是最基本和最重要的部门之一。这些部门职能的完成情况和它们之间的相互协作情况基本上决定了整个企业的绩效。

1. 营销部

企业的利润是由销售收入带来的，销售实现是企业生存和发展的关键。而销售订单的取得依赖于市场营销的力度。随着市场竞争的加剧，企业的销售工作越来越难，人们发现单靠销售部门努力去推销很难实现企业的目标。必须靠营销结合才能不断推动企业的销售工作，实现企业的战略目标。市场营销主要包括以下职能：

（1）产品开发。负责公司新产品的发展战略，即根据市场的需要，决定未来几年企业向市场提供什么有价值的新产品，其工作重点是发现创新的源泉，完成新产品的需求定义。

（2）市场开发。负责现有产品的定位和市场推广战略，包括产品定位和价格策略，要给市场明确的信息：我们的产品与竞争对手相比其价值体现在哪里。

（3）市场宣传。负责新老产品的具体宣传活动，如广告、促销、产品介绍等，它的作用是树立品牌，激发市场需求，与市场有效地沟通。

（4）销售支持。向销售渠道，如自己的销售队伍、代理商、零售商等提供支持，包括产品培训、竞争分析、销售技巧、销售工具等。

2. 采购部

采购是企业运作的重要环节。据统计，产品成本的三分之一是物料成本，而采购价格是物料成本的绝大多数。此外，采购承担着为企业获取资源的责任。保证企业连续生产运作。在信息化和市场竞争一体化的形式下，采购理念和职能都在不断更新，基于供应链模式下完成采购职能是采购管理的最有效的方式。现代采购管理从职能管理转向流程管理，从采购管理转向供应管理，从企业间交易性管理转向关系性管理，从零和竞争转向多赢竞争，从简单的多元化经营转向核心竞争力管理。供应链管理成为采购管理职能的重要内容。采购部具体包括以下职能。

（1）负责采购物料，以满足生产任务的需要。遵循“同等条件看质量，同等质量看价格，同等价格看信誉，同等信誉看远近”的比价原则，适当、适量、适质、适价、适地提供企业所需要的物料。

（2）负责采购物资的验收入库、储存、防护和交付投产。

（3）组织评价合格供方，建立合格供方名单，与供应商建立长期协作关系。

（4）建立合格供方质量记录，对供方实施动态管理，发挥供方的参与作用，确保采购产品质量受控。

3. 制造部

生产制造是企业价值创造的主要承担者，承担企业产品形成的功能。现代企业的生产要求及时、快速地生产出市场需要的产品，而且成本要求越来越低，质量要求越来越高，生产管理在方法上不断创新，ERP（企业资源计划）、JIT（准时制生产方式）、全面质量管理以及 ISO9000 质量管理体系在企业生产管理中得到广泛应用，生产制造部门承担的职责不断强化，计划的准确性不断提高，企业精细化集成管理时代已经到来。生产制造部门主要有以下职责。

（1）生产计划管理。根据市场的订单需要制定企业的产品、零部件生产计划，做好生产进度安排和生产能力的平衡调度，保证按时提供市场需要数量的产品。

（2）负责质量控制和管理，保证企业产品的质量。

（3）控制生产过程成本要素，最大限度降低生产成本。

（4）做好生产设施的更新改造，保证生产能力能够满足生产的需要。

此外，生产制造部门通常还承担着安全、保卫和现场管理等职能，是企业资源使用最多、管理最复杂的部门。

4. 财务部

财务部包括企业财务和会计的职能，是企业资金运转和利用效率的管理者。财务部门的主要职责包括以下几方面：

（1）资金的筹集、管理，做好现金预算，管好、用好资金。

（2）企业日常收支和各项费用的记账、核算，特别是生产成本数据的收集、分类整理和计算。

（3）财务报表和财务分析、经营成果分析。给决策者提供企业经营的经济效果以及问题的相关数据信息，促进企业改善管理方法，提高资源利用效率，达到整个企业经济效益的提高。

5. 人力资源部

人力资源是企业最重要的竞争资本。人力资源的管理也成为现代企业管理最重要的方面，人力资源管理职能体现在以下几方面。

（1）建立并执行合理的人事管理制度，特别是绩效考评制度，激发员工的积极性，提高员工的绩效，为企业的发展提供动力。

（2）倡导积极向上的企业文化，构建和谐的工作环境，为员工发挥才能提供良好的环境。

（3）挖掘员工的才干，不断为员工能力的提高提供学习的环境和机会。

6. 信息部

信息部是企业收集内部动态、市场、客户、竞争对手，以及国家即将推行的各种行业相关政策等信息的部门，信息的重要性在这个互联网时代已经不言而喻，谁能预先得到有价值的信息，谁就离成功更近一步。信息部的职能主要包括以下几方面：

（1）收集企业内部资金、原料、生产等信息，以供股东及时掌控企业发展情况与企业发展方向。

（2）收集市场信息以及客户的意见、需求，还有竞争对手的产品服务信息，以便企业制定战略。

（3）收集政府即将出台的与行业相关政策，以便及时改变发展战略。

7. 技术部

企业技术部主要是为企业研发新产品、开发产品新功能，维护企业内部信息化设备、企业生产设备、计算机、局域网络等通信设施等的技术类部门。

四、企业的主要岗位职责

1. 总经理岗位职责

岗位名称：总经理。直接上级：董事会。下属岗位：各部门经理。

管理权限：受董事会的委托，行使对公司经营工作全面指导、指挥、监督、管理的权力，并承担执行各项规章制度的义务。

管理责任：全面主持公司经营工作，对所承担工作全面负责。

岗位要求：热爱本公司，具有德、勤、能、诚的品格；具有较强的综合管理能力和工作协调能力；具有企业经营管理知识，熟悉企业行业业务；擅长组织、带领班子成员团结、努力工作；具备较强的沟通能力与协调能力。

主要职责：总经理是公司的最高负责人，行使公司最高决策权。总经理既是所有决策的最终确定人，同时也是公司经营好坏的第一责任人。具体来说，总经理主要履行以下职责：

（1）执行董事会决议，主持全面工作，保证经营目标的实现，及时、足额地完成董事会下达的利润指标。

（2）组织实施经董事会批准的公司年度工作计划和财务预算报告及利润分配、使用方案。

（3）领导制定公司的市场运营、发展战略及经营规划。

（4）批准公司的财务预算，审查批准计划内的经营、投资、改造、基建项目和流动资金贷款、使用的可行性的报告。

（5）决定组织体制和人事编制，决定各职能部门负责人的任免、报酬、奖惩，建立健全公司统一、高效的组织体系和工作体系。

（6）领导公司建立各级组织机构，并按公司战略规划进行机构调整。

（7）领导公司制定各种规章制度，并深入贯彻实施。

（8）决定各职能部门主管的任免、报酬、奖惩。

（9）加强企业文化建设，搞好社会公共关系，树立公司良好的社会形象。

（10）决定对成绩显著的员工予以奖励、调资和晋级，对员工处分，甚至辞退。

（11）搞好员工的思想政治工作，加强员工队伍的建设，建立一支作风优良、纪律严明、训练有素的员工队伍。

（12）坚持民主集中制的原则，发挥“领导一班人”的作用，充分发挥员工的积极性和创造性。

（13）负责召集主持总经理办公会议，检查、督促和协调各部门的工作进展。

（14）负责对各部门经理工作布置、指导、检查监督、评价和考核管理工作。

（15）加强企业文化建设，搞好社会公共关系，树立公司良好的社会形象。

2. 人力资源经理岗位职责

岗位名称：人力资源经理。直接上级：总经理。下属岗位：人力资源部人员。

管理权限：为管理者提供人力资源管理服务和支持，在国家有关企业人力资源管理的政策法规和企业人力资源政策的指引下，领导人力资源部建立和健全人力资源开发和管理体系，组织实施人力资源管理的各项工作。

管理责任：全面主持公司人力资源部工作，对所承担工作全面负责。

岗位要求：了解国家有关人事管理的各项政策；熟悉人力资源管理、组织管理的有关知识与操作技能；具有较强的综合管理能力和工作协调能力；较强的沟通能力与协调能力。

主要职责：建立和规范公司人力资源管理体系；规范公司的行政、后勤、总务管理运作系统，以最低成本为各部门及全体员工提供工作、学习、生活的优质服务；依据公司的年度经营目标及经营计划，拟定公司年度人力资源及行政后勤管理目标与年度工作规划，编制并控制部门年度财务成本预算，配合公司的“目标管理责任制”，确保人力资源规划目标及行政后勤管理目标的达成；根据本部门的年度人力资源及行政后勤管理目标与年度工作规划，拟定并实施部门的工作计划，每月准时提交本部门的工作计划与工作总结给总经理；主导全公司“目标管理”绩效考核的推行，与财务部及各相关职能部门完成对各部门、各岗位、各员工的工作业绩量化考核；督导人力资源专员及时收集各部门及各岗位与“目标管理”绩效考核有关的年、季、月、周、日度报表，发现问题及时向总经理汇报；依据公司的经营目标及经营计划，主导设置企业组织机构，进行全公司各岗位的定岗、定员、定编，进行职位分析与岗位描述，明确各岗位权、责、利及任职资格要求；建立并执行公司的薪资、福利制度；依据公司经营发展战略的人力需求，开发短、中、长期人力资源，合理调配公司的人力资源；建立规范化的招聘系统，并实施各类管理、技术人员的招聘工作；建立并实施培训系统及编制、实施培训计划，协助帮助员工建立职业生涯规划；人事政策的制定与修改、人事规章制度的规划、制定、检讨与修订，使员工的管理有章可循；深化与宣传公司企业文化，将企业文化落实到企业管理制度与管理规范中；建立积极向上、团结友爱、协作忠诚的企业文化氛围，建立学习型企业。

3. 研发经理岗位职责

岗位名称：研发经理。直接上级：总经理。下属岗位：研发部人员。

管理权限：全面主持公司研发部门工作，行使公司技术引进、新产品开发研究、新技术推广应用、技术标准制定、技术指导与监督、协调、管理的权利。

管理责任：对所承担的研发部门工作全面负责。

岗位要求：具有较全面的专业技术水平和技术管理知识；有较强的技术业务能力和工作协调能力；虚心好学，积极进取，有较强的工作责任心和事业心；技术上不自满、不保守、易于接受新技术，勇于技术革新和创新；敢于坚持科学原则，具有科学、求学、开拓创新精神和品格。

主要职责：

（1）在总经理的领导下，负责主持本部的全面工作，组织并监督全部人员全面完成本部职责范围内的各项研发任务。

（2）贯彻落实本部岗位责任制和工作标准，密切与生产、质量、营销、人事等部门的工作关系，加强与有关部门的协作配合工作。

（3）负责组织制定公司技术管理制度和技术工艺标准。

（4）负责公司最新技术引进和产品开发工作计划、实施，确保产品品种扩大。

（5）负责组织抓好新产品的开发和研究工作，及时组织新产品的试制工作。

（6）负责及时指导、处理、协调和解决研发生产过程中出现的技术问题，保证生产经营工作的正常进行，确保公司研发生产计划的按时完成。

（7）负责及时组织编制公司技术开发计划，按时上报公司领导及计划部门。

（8）负责组织和编制公司技术发展规划、长远技术发展和技术措施规划，并组织规划的拟定、修改、补充、实施等一系列技术组织和技术管理工作。

（9）抓好公司技术管理队伍建设工作，抓好人员的技术培训和提高工作。

（10）有权向主管领导提议下属人选，并对其工作考核评价。

4。营销经理岗位职责

岗位名称：营销经理。直接上级：总经理。下属岗位：营销部人员。

管理权限：负责公司的整体市场营销工作。

管理责任：对所承担的营销部门工作全面负责。

岗位要求：具有良好的语言表达能力及人际沟通能力；具有团队合作精神，性格开朗；具有丰富的客户管理，市场营销，大项目销售经验；具有较强的市场分析与推广能力。

主要职责：

（1）参与制定公司营销战略，根据营销战略制定公司营销组合策略和营销计划。

（2）定期对市场营销环境、目标、计划、业务活动进行核查分析，及时调整营销策略和计划，制定预防和纠正措施，确保完成营销目标和营销计划。

（3）协调企业内外部关系，对企业市场营销战略计划的执行进行监督和控制。

（4）完成公司营销目标以及其他任务，对营销思想进行定位。

（5）做好市场调查并发现新的市场机会。

（6）新项目市场推广方案的制定。

（7）销售队伍的建设与培养。

（8）根据市场及同业情况制定公司新产品的市场价格。

（9）负责重大营销合同的谈判与签订。

（10）制定营销系统年度专业培训计划并协助培训部实施。

5. 生产经理岗位职责

岗位名称：生产经理。直接上级：总经理。下属岗位：生产部人员。

管理权限，全面负责公司生产制造部门的工作，负责生产组织管理工作，生产计划和生产作业计划编制、落实；生产现场管理、生产调度、工序质量管理，完成公司下达的各项生产工作任务，根据销售计划按时完成订单产品的交付。

管理责任：对所承担的生产制造部门工作全面负责。

岗位要求：具有良好的沟通能力与较强的协调能力；了解产品的加工工艺，对各类生产设备非常了解，操作熟练；具有合理安排生产、有效控制成本的综合能力。

主要职责：①编制生产计划和生产作业计划，按时完成各项生产制造任务；②依据生产实际情况和客户需求变化，制定临时生产作业计划；③负责工序生产质量管理，负责设备状态、检测、维护、保养管理工作；④负责直接下属人员的业绩考评和业务指导，对下属人员的工作业绩完成情况负责。

6. 财务经理岗位职责

岗位名称：财务经理。直接上级：总经理。下属岗位：财务部人员。

管理权限：全面负责公司财务管理工作，行使公司财务会计工作的指挥、指导、协调、监督和管理的权力，并承担执行公司规程及工作指令的义务。

管理责任：对所承担的财务部门工作全面负责。

岗位要求：具有会计专业技术职称；熟悉国家财经法律、法规、章程和方针、政策，掌握本行业业务知识；有较强的综合协调能力和组织管理能力；虚心好学，积极进取，有较强的工作责任感和事业心；坚持原则，廉洁奉公。

主要职责：

（1）在总经理的领导下负责主持本部的全面工作，组织并督促部门人员全面完成本部职责范围内的各项工作任务。

（2）贯彻落实本部岗位责任制工作标准，密切与生产、营销、计划等部门联系，加强与有关部门的协作配合工作。

（3）负责组织公司财务管理制度、会计成本核算规程、成本管理会计监督及有关的财务专项管理制度的拟定、修改、补充和实施。

（4）组织领导编制公司财务计划、审查财务计划，拟定资金筹措和使用方案，全面平衡资金，开辟财源，加速资金周转，提高资金使用效果。

（5）组织领导本部门按上级规定和要求编制财务决算工作。

（6）负责组织公司的成本管理工作，进行成本预测、控制、核算、分析和考核，降低消耗、节约费用，提高监管水平，确保公司利润指标的完成。

（7）负责建立和完善公司财务稽核、审计内部控制制度，监督其执行情况。

（8）审查公司经营计划及各项经济合同，并认真监督其执行，参与公司技术、经营以及产品开发、技术改造和其他项目的经济效益的提议。

（9）参与审查工资、奖金及财务收支的各种方案。

（10）组织考核、分析公司经验成果，提出可行的建议和措施。

（11）负责财会人员的业务培训，规划会计机构、会计专业职务的设置和会计人员的配备，组织会计人员培训和考核，坚持会计人员依法行使职权。

（12）负责向公司总经理汇报财务状况和经营成果，定期或不定期汇报各项财务收支和盈亏情况，以便领导及时进行决策。

（13）有权向主管领导提议下属人选，并对其工作进行考核评价。

【案例】

海尔自主经营体和员工创客化

张瑞敏近几年来一直在研究海尔作为一个传统工业企业在互联网时代如何实现转型。张瑞敏最早提出“时代组织”的概念。他认为，海尔要实现转型升级就必须砸碎旧组织，要用互联网思维来做产品和服务，用互联网思维做管理。

2013 年，海尔提倡进行企业平台化、员工创客化、用户个性化的“三化”改革。企业平台化就是总部不再是管控机构，而是一个平台化的资源配置与专业服务组织。并且提出管理无边界、去中心化，后端要实现模块化、专业化，前端强调个性化、创客化。

近两年海尔的一系列创新举措大致如下。

第一，平台化企业与分布式管理。海尔企业总部在向着资源运筹与人才整合的平台转型。企业不再强调集中式的中央管控，而是通过分权、授权体系，把权力下放到最了解市场和客户的地方去。

第二，人单合一自主经营体。以用户为中心的人单合一模式在海尔已经推行好几年了，并且在不断完善中。所谓人单合一双赢模式，就是运用会计核算体系去核算每个员工为公司所创造的价值，依据员工所创造的价值来进行企业价值的分享。这种模式使海尔内部形成了无数个小小的自主经营体，员工自我经营、自我驱动。

第三，员工创客化。海尔内部设立了专门的创业基金，并与专业投资公司合作，支持员工进行内部创业。员工只要有好主意、好点子，公司就可以给资金鼓励他组建队伍去创业，而且员工可持股。

海尔认为，在互联网时代，要充分发掘和发挥员工的创造力。小人物也可以创造大价值，只要给资源、给政策、给支持，普通员工或许就能做成功一个项目或者一个企业。这种做法延续下去，将来海尔有可能变成一个创业集合体，一个企业平台。值得注意的是，现在海尔有很多新型的公司就都是员工创业的成果。

第四，“倒逼”理论与去中心化领导。所谓“倒逼”，就是让消费者成为变革的“信号弹”，让消费者倒逼员工转变观念、提升素质。而“去中心化”，就是企业不再强调“以 ×× 为核心”，员工只是任务执行者，现在是强调“人人都是 CEO”，人人都成为自主经营体，员工也可以去做 CEO 做的事情。管理者则要从发号施令者转变为资源的提供者和员工的服务者。

第五，利益共同体与超值分享。海尔提出，企业与员工是利益共同体，共创价值，共享利益。员工只要超越了应为公司创造的价值，就可以分享超值的利益。

第8章

小微企业的财务管理

一、创业期的财务管理

（一）创业期首先要做好财务控制

财务控制是企业内部控制的核心和重要组成部分。离开了财务控制，企业内部控制也就无从谈起。财务控制是指管理者为了保证财务活动的有效进行，保证资产的安全和完整，确保企业财务目标的实现，通过财务法规、财务制度、财务预算等对资金运动进行指导、组织、监督、约束的管理活动。这里的管理者包括董事会或经理阶层和财务人员，而不单纯指财务人员。因为从完整的意义上来说，财务控制的主体首先是董事会或没有设董事会的中小企业的经理，财务控制绝不仅仅是财务部门的事情。

中小企业由于经营规模较小，资本和技术构成较低，发展时间一般不长，受自身体制和外部环境影响大等因素，财务控制方面也存在一些薄弱环节：

（1）财务控制制度不健全。中小企业典型的管理模式是所有权与经营权的高度统一，企业的投资者同时就是经营者，在这种模式下，企业领导者集权现象十分严重，对于财务管理缺乏应有的认识和重视，企业领导者不重视或不愿意建立严格的财务控制制度。财务管理混乱、职责不明、财务控制不严、会计信息失真的现象屡见不鲜。

（2）现金管理不当，没有确定企业的最佳现金持有额度。一些中小企业过于保守，认为现金越多越好，造成现金大量闲置，增加了现金的持有成本，不能给企业创造更多的效益；一些中小企业使用资金缺乏预算安排，无法偿还其债务，陷入财务危机。这些都是缺乏现金流量控制造成的后果。

（3）实物资产控制薄弱。许多中小企业的管理者重视资金的收支，但对固定资产、原材料自制半成品、产成品等的管理不重视，资源浪费的现象十分严重。

（4）管理粗放，成本控制薄弱。许多中小企业由于规模不大，管理者不注重科学管理、凭经验行事，不注重有利于提高企业经济效益的成本预测和控制。

（5）会计人员素质不高。许多中小企业会计核算粗放、会计信息失真、财务控制不严、财务管理混乱，这些都与会计人员素质有很大关系；会计人员素质不高又受制于领导，要搞好财务控制自然就成了一句空话。

（二）创业期财务控制的基本方式

中小企业财务控制中存在的问题是由宏观经济环境和自身因素造成的，针对这些问题，必须结合中小企业的特点，从多方面入手搞好财务控制。

1. 建立严密的财务控制制度

中小企业要搞好财务控制必须健全管理机构，建立严密的财务控制制度。具体包括以下几个方面：

（1）不相容职务的分离制度。不相容职务相互分离控制要求中小企业按照不相容职务相分离的原则，合理设置财务会计及相关工作岗位，明确职责权限，形成相互制衡机制。不相容职务包括：授权批准、业务经办、会计记录、财产保管、稽核检查等职务。如：有权批准采购的人员不能直接从事采购业务，从事采购业务的人员不得从事入库业务。

（2）授权批准控制制度。授权批准控制要求中小企业明确规定涉及财务会计及相关工作的授权批准的范围、权限、程序、责任等内容，单位内部的各级管理层必须在授权范围内行使职权和承担责任，经办人员也必须在授权范围内办理业务。如：采购人员必须在授权批准的金额内办理采购业务，超出此金额必须得到主管的审批。

（3）会计系统控制制度。会计系统控制要求中小企业依据《会计法》和国家统一的会计制度，制定适合本单位的会计制度，明确会计工作流程，建立岗位责任制，充分发挥会计的监督职能。会计系统控制制度包括企业的核算规程，会计工作规程、会计人员岗位责任制、财务会计部门职责、会计档案管理制度等。良好的会计系统控制制度是企业财务控制得以顺利进行的有力保障。

2. 现金流量预算控制

企业财务管理首先应该关注现金流量，而不是会计利润。现金是企业的血液，企业财务经营的改善与恶化都可以从现金流量上得到反映。中小企业由于规模较小，受客观因素的影响，筹资能力也会受到影响。即使企业盈利，若没有足够的现金流量，则无法顺利实施其投资计划，阻碍企业进一步发展壮大；若不能偿还到期债务，小则影响企业声誉，大则可能导致企业破产。所以企业的现金流量控制对于中小企业至关重要，它在很大程度上影响企业的生存和发展。

中小企业应该通过现金流量预算管理来做好现金流量控制。现金流量预算的编制采用“以收定支，与成本费用匹配”的原则，采用零基预算的编制方法，按收付实现制来反映现金流入流出。经过企业上下反复汇总、平衡，最终形成年度现金流量预算。同时，根据年度现金流量预算制定出分时段的动态现金流量预算，据以对日常现金流量进行动态控制。

中小企业可以通过以下方法来改善企业现金流量：加速应收账款的收回；减少不必要的资金占用；合理筹措资金。

3. 应收账款控制

应收账款是指中小企业因销售产品、提供劳务等业务应向客户收取的款项。在市场竞争日趋激烈的今天，中小企业不得不部分甚至全部以信用形式进行业务交易。减少应收款项，制定合理的信用政策，加速资金的回笼，是应收账款控制的主要任务。

应收账款控制主要从以下几个方面来进行：

①财务核算准确翔实，债权债务关系明确。中小企业必须有完整的应收账款核算体系，并且原始单据必须真实完整。

②评价客户资信程度，制定相应的信用政策。中小企业必须根据客户的资信程度来制定给予客户的信用标准。

通常从信用品质（character）、偿还能力（capacity）、资本（capital）、抵押品（collateral）、经济状况（conditions）五个方面来评价客户的资信程度。

中小企业可以对客户资信程度的分析数据对客户进行排队分析，选择资信程度好的客户，拒绝那些资信程度差的客户。

③加强应收账款的账龄分析，确定收款率和应收账款余额百分比。账龄分析是指不同欠款期应收账款金额占全部应收账款的比例，如某个企业应收账款欠款期在三个月内占 50%，3~6 个月的占 20%，6~12 个月的占 10%，一年以上的占 10%。中小企业可以依据账龄分析，结合销售合同，确立收款率和应收账款余额百分比，保证应收账款的安全性。上海东建企业 1997 年在应收账款的管理上规定建筑施工业务的应收账款额度不得超过其产值的 5%，房地产业务的应收账款额度不得超过其产值的 1%。同时，每月定期对已发生的应收账款进行账龄分析，组织力

量加强催讨，并对业务部门进行考核。当年该企业应收账款占产值的比例得到较大压缩，其平均周转天数缩短了 13 天，加速了资金周转，减少了坏账损失。

4. 实物资产控制

实物资产控制是为保证企业实物资产安全完整而采取的财务控制措施。主要有以下几点：

①限制接近。严格控制对实物资产及实物资产相关的文件的接触，如现金、银行存款、有价证券和存货等，除出纳人员和仓库保管员外，其他人员限制接触，以保证资产的安全。

②及时入账。经济业务发生以后，必须立即入账，特别是现金、银行存款，要做到日清月结，防止挪用，保证资金的安全并得到合理使用。

③永续盘存制。对于财产物资都必须采用永续盘存的方法，随时反映其收、发、存情况。

④建立会计档案保管制度，便于业务复查。

5. 成本控制

成本费用是指企业在一定时期内为生产和销售一定的产品而发生的全部费用的总和，也称生产经营费用。按照与产品生产的关系，企业生产经营中发生的全部费用可分为制造成本和期间费用两大类。如图 8-1 所示。

- 企业成本费用构成
  - 制造成本
    - 直接费用
      - 直接材料
      - 直接工资
    - 间接费用—制造费用
  - 期间费用
    - 管理费用
    - 财务费用
    - 销售费用

图 8-1　企业成本费用构成

产品制造成本是与产品生产有直接联系的生产费用，包括企业生产过程中实际消耗的直接材料、直接工资、其他直接支出和制造费用。

（1）直接材料，即企业生产经营过程中实际消耗的原材料、辅助材料、备品配件、外购半成品、燃料、动力、包装物以及其他直接材料等。

（2）直接工资，即企业直接从事产品生产人员的工资、奖金、津贴和补贴。

（3）其他直接支出，即直接从事产品生产人员的职工福利费……

（4）制造费用，即企业各个生产单位为组织和管理生产而发生的各项间接费用，如车间管理人员工资和福利、折旧费、修理费、办公费、水电费、物质消耗、劳动保护费、季节性及修理期间的停工损失等。直接费用直接计入制造成本，间接费用则需要按一定的标准分配计入制造成本。

期间费用是企业为组织生产经营活动发生的、不能直接归属于某种产品的费用。包括管理费用、财务费用和销售费用。

（1）管理费用，即企业行政管理部门为组织和管理生产经营活动而发生的各项费用，包括工资和福利费、工会经费、职工教育经费、劳动保险费、待业保险费、研究开发费、业务招待费、房产税、土地使用税、技术转让费、技术开发费、无形资产摊销、坏账损失等。

（2）财务费用，是指企业为筹集资金而发生的各项费用，包括利息支出、汇兑损失、金融机构手续费等。

（3）销售费用，指企业在销售产品、自制半成品和提供劳务等过程中发生的各项费用以及专设销售机构的各项经费，包括应由企业负担的运输费、装卸费、包装费、保险费、展览费、广告费、销售服务费用、销售部门人员工资和其他经费等。期间费用直接计入当期损益，从当期收入中抵消。

成本管理就是对企业的成本费用进行预测、计划、控制、核算、分析与考核，并采取降低成本费用措施等一系列管理活动的总称。

成本预测是成本管理的起点，它就是通过对企业成本的形成进行事先的估计和预测，并与国内外、行业内外、企业内外进行对比分析，从而确定出企业的成本目标、成本降低目标以及相关的保证条件。成本预测既是成本控制的目标，又是成本分析与考核的依据。

成本控制是从技术、生产、经营各个角度对产品成本的形成过程，采用一定的标准进行经常的监督，发现问题，及时采取措施，对产品成本进行全面管理，以达到降低成本、求得最佳经济效益的目的。控制内容有：

①材料成本控制，应严格执行材料消耗定额，实行限额领料制度，降低采购成本，并做好修旧利废工作。

②工资成本控制，应充分利用工时，控制工作时间，提高劳动生产。

③制造费用控制，应编制弹性预算，采取费用包干，归口负责。

④期间费用控制，企业应根据《企业财务通则》和行业财务制度的要求，正确确定费用开支范围以及各项目的开支标准，对实际支出和耗费的各项费用进行计量、监督和限制，使其数额与预定的经营目标一致。

成本分析是根据成本核算资料及其他有关资料，全面分析了解成本费用变动情况，系统研究影响成本费用升降的各种因素及其形成原则原因，挖掘企业内部潜力，寻找降低成本费用的途径。

中小企业从原材料的采购到产品的最终售出，都要采取有效的成本控制方法。同时通过改善生产产品工艺来降低成本。更进一步，中小企业应对比“产出”看“投入”，研究成本增减与收益增减的关系，以确定最有利于提高效益的成本控制方案。

我国企业经过这样的探索形成不少成本控制的先进经验，其中比较具有典型意义的有四种：

①邯钢模式。邯钢模式名噪一时，其突出的特点是企业内部实行“模拟市场，成本否决”，具体是以市场价格为主要参照系，核定内部核算价，层层分解，实行成本管理责任制，并与奖惩挂钩，实行成本否决。

②美菱模式。合肥美菱集团的全员目标成本管理的主要内容是通过现代化的科学技术方法和手段，对所有成本项目进行控制和改进。其核心是把个人岗位目标与合同目标结合起来，能用价值衡量的用价值衡量，做到人人参与成本，个个追求效益，推行内部核算，实现成本目标。

③武钢模式。武汉钢铁集团企业的质量效益型成本管理模式的主要特点是以市场为导向，以技术、产品、管理体制创新为依据，以全面、全过程、全方位成本管理为内容的管理方式，并通过责权有效地结合在一起的管理方式来达到控制的目的。

④亚星模式。潍坊亚星的购销比价管理就是在满足本企业质量需求的前提下实现低成本采购，在满足用户质量需求的前提下争取较高价销售。通俗地讲，就是“买得贱，卖得贵，中间环节不浪费”。亚星模式堵住了购销环节的漏洞，节约了资金支出，提高了企业的经济效益，也使得企业树立了良好的经营作风，管理得到了加强。

6. 财务风险控制

财务风险是指由于举债给企业收益带来不确定性。企业举债经营会对企业自有资金的盈利能力造成影响，由于负债要支付利息，债务人对企业的资产有优先的权利，万一企业经营不善，或有其他不利因素，则企业资不抵债，破产倒闭的危险就会加大。爱多企业在其内部股东矛盾被媒体报道后，银行马上停止了其4000万元的贷款，供货商也纷纷上门讨债，使爱多陷入资金短缺的旋涡，最终走向了衰败。另一方面，有效地利用债务，可以大大提高企业的收益，当企业经营好利润高时，高负债会带来企业的高速增长。许多民营企业正是取得了债务人的支持，抓住了好的投资机会，占领了有利市场，一步步地发展壮大起来。

对财务风险的控制，关键是要确立一个合理的资金结构，维持适当的负债水平，既要充分利用举债经营提高企业的盈利能力，又要特别注意防止过度举债加大财务风险。这是中小企业财务控制的重要环节，必须采取措施防范财务风险的发生。

7. 关注职工素质

企业财务控制制度必须依靠执行者来实施，为了使财务控制能得到很好的实施，必须配备与承担的职务相适应的高素质人才，必须大力提高职工素质，否则，再完善的财务控制制度也难以实施。

关注员工素质从以下三个方面来进行：

（1）关注员工的职业道德和价值观。良好的职业道德和价值观表现为为人正直、有敬业精神、对企业忠诚等。员工的职业道德和价值观决定着企业的财务控制制度能否发挥作用。即使财务控制制度本身是完善的，也可能因为执行者的粗心大意、判断失误或相互勾结、内外串通而失败。力帆集团在发展过程中曾发生了采购员、供货方、库管员三方勾结，相互串联，多报数量，冒领货款的“诈骗流水线”，使企业蒙受损失。

（2）关注员工的职业经历。一个有良好的职业经历的人才会使企业的财务控制不断得以完善，有力地保障企业目标的实现。亚信企业重金引进韩颖担任 CFO（首席财务官）后，大力推行财务预算管理，使亚信企业的经营业绩大幅度改观，融资成本由 20% 降为 1%。韩颖还因此获得了英国《财务长》杂志选出的“亚洲最佳财务长”“小型企业最佳CFO”两个奖项。

（3）关注员工的专业素质。专业素质指专业知识和职业素养。一个员工如果没有良好的职业素养，再好的内部控制制度也难以被理解、执行。旧制度的惯性也会阻碍新制度的推行。要挑选那些专业素质好的员工，以利于内部控制制度真正发挥作用。

8.新企业在发展初期不应该过多追求利润

利润是企业在一定时期内生产经营活动的最终财务成果，是企业生产经营活动的效率和效益的最终体现。企业的利润主要是指利润总额和净利润。

一方面，账面上的利润成为计税依据，会加大税务支出，影响企业资金和效益；另一方面，企业的快速发展需要大量的资金，存货、应收账款也占用了大量的资金，而此时企业的应变能力比较弱，企业任何一方面出现问题都会带来财务风险。

二、成长期的财务管理

（一）改善和加强全面预算管理

预算管理是企业对未来整体经营规划的总体安排，是一项重要的管理工具，能帮助管理者进行计划、协调、控制和业绩评价。推行全面预算管理是发达国家成功企业多年积累的经验之一，对企业建立现代企业制度，提高管理水平，增强竞争力有着十分重要的意义。

预算编制宜采用自上而下、自下而上、上下结合的编制方法。预算内容要以营业收入、成本费用、现金流量为重点。预算管理工作要建立部门主要负责人责任制。推行全面预算管理必须要与实行现金收支管理相结合，要同深化目标成本管理相结合，同落实管理制度、提高预算的控制和约束力相结合，要同企业经营者和职工的经济利益相结合。

1. 加强销售预算

步入成长期的企业尽管产品逐渐为市场所接受，对产品生产流程的把握程度也大大提高，但企业仍然面临较高的风险：一方面，它来自于产品能否被市场完全接受，价格能否被消费者接受；另一方面，来自于现金净流量的负值及由此而产生的财务风险，即由大量的市场营销费用投入，各种有利于客户的信用条件和信用政策的制定而需要补充大量的流动资产。因此，现金净流量仍然维持在入不敷出的状态。这些特征是由于企业的战略定位而固有的，增长期的战略重点不在财务而在营销，即通过市场营销来开发市场潜力和提高市场占有率。所以，企业在这一阶段的预算应侧重于销售方面的预算，并且借助预算机制与管理形式来促进营销战略的全面落实，以取得企业可持续的竞争优势。

在这一阶段，企业战略管理的重点是扩大市场占有率，并在此基础上理顺内部组织的管理关系。以销售为重点的预算机制，应该能够为企业营销战略的实施、持续提高其竞争力提供全方位的管理支持。

从预算机制角度来看，该种预算形式以营销管理为中心。具体地说，销售预测需要营销等职能部门的全面参与，在市场预测的基础上确定各营销网络的销售预算，上报企业预算管理中心，由预算中心结合企业发展战略及区域定位来调整各网络的销售预算。在预算中心与各销售网络就销售预算进行商议并最终达成一致后，预算中心将指令下达到各销售网络，从而形成各网络的硬预算约束。至于非销售的其他辅助管理部门，它们在本质上都属于销售预算管理的支持与辅助部门。预算中心要通过测定调整上述部门职能预算，确定并下达给各职能部门预算责任，使预算责任成为各部门工作的标准和管理依据，成为自我控制与自我管理行为的指挥棒。

2. 加强成本预算

企业成熟期的生产环境与企业应变能力都有不同程度的改善，一方面，生产增长减慢但企业却占有较高、较稳定的市场份额，产品价格也趋于稳定；另一方面，从企业角度来说，由于大量销售和较低的资本支出，现金净流量为正数，且保持较高的稳定性。企业经营风险相对较低，但潜在的压力则非常大，这种压力体现在两个方面：成熟期长短变化所导致的持续经营压力与风险；成本下降导致的经营压力与风险。前者是不可控风险，后者是可控风险。也就是说，在既定产品价格的前提下，企业收益能力大小完全取决于成本这一相对可控因素。成本下降风险是指其他企业的竞争优势如果全部来自于总成本领先战略时对企业收益构成的威胁。因此，财务主管在做预算时，应把成本方面的预算作为其预算的重点。

以成本控制为侧重点的预算的内在逻辑是：既然市场价格基本稳定，企业欲达到期望收益必须在成本上进行挖潜，用公式表示即：成本预期＝现实售价－期望利润。对于成熟期产品而言，利润实现不完全取决于定价策略，而是取决于成本管理策略。可见，以市场为导向、以企业成本预算为基础的预算管理模式，对于大多数处于成熟期的企业具有重要的指导意义。以成本为侧重点的预算机制强调成本管理是企业管理的核心与主线，它以企业期望收益为依据、以市场价格为已知变量来规划企业总预算成本，它以预算总成本为基础，分解到涉及成本发生的所有管理部门或单位，形成约束各预算单位管理行为的分预算成本。

（二）改善制约财务管理的环境

在企业发展到一定规模时，企业决策层对财务管理部门功能的认识和定位决定了财务管理在企业经营管理中所扮演的角色。

思路决定出路。要从资金来源、资金成本、资金结构、偿还能力、周转能力、获利能力、成长能力等方面来改善制约财务管理的环境。

（三）资金结构的优化

资金结构是指各种资金的构成及其比例关系。它有广义与狭义之分，广义的资金结构又称财务结构，是指全部资金的来源构成，包括长期资金和短期资金之间构成的比例。狭义资金结构是指长期资金中长期负债与所有者权益之间构成的比例。这里所讲的主要是狭义的资金结构。

财务杠杆作用的方向取决于资金成本的高低，最后的结果是形成一定的资金结构。企业在进行筹资决策时，应根据一定的理财目标确定最优资金结构，并在以后的筹资活动中有意识地保持这种最佳结构。如果企业过去形成的资金结构不尽合理，则可以通过筹资活动加以调整，力图使其趋于合理。

最优资金结构是指企业在一定时期内，使加权平均资金成本最低、企业价值最大时的资金结构；衡量企业资金结构是否优化的标准主要有：

（1）综合资金成本最低。

（2）有利于最大限度地增加投资者财富，能使企业价值最大化。

（3）资产保持适宜的流动，并使资本结构具有弹性。

其中，综合资金成本最低是其主要标准。

从资金成本和财务杠杆的分析中可以看出，负债筹资具有资金成本低的优点，但是负债资金比例过大，企业的财务风险就会很大。因此，应确定最佳的资金结构，既要使负债筹资的优点得以充分体现，同时又要避免风险。选择最优资金结构的过程，称为资金结构决策。

选择最优资金结构主要采用比较法。比较法是通过计算不同资金结构的综合资金成本，并以此为标准，选择其中综合资金成本最低的资金结构。它是以综合资金成本的高低作为确定最优资金结构的唯一标准，简便实用。

（四）进一步熟悉创业企业的财务状况

创业者要对创业企业的财务状况十分熟悉，这样才能更好地进行管理。

三、怎样规避财务风险

目前正是我国创业企业蓬勃发展的时期。有关专家的统计数据也表明，改革开放以来中国企业的平均寿命只有6年，许多中小企业在度过早期的快速增长期以后，陷入了增长停滞的泥潭甚至破产。英国贸工部对企业寿命的统计显示，7%的新建企业在开业6个月内关闭，40%的新建企业在开业6个月后到3年之间关闭；企业成立3年后，关闭率逐渐下降，但超过6年的只有35%。在台湾新设的企业中，有70%在5年内结束营业。美国小企业管理局的资料也反映了类似情况，小企业在开业6年内的存活率为40%。这些数据都表明创业企业承受着很高的风险。

对于创业企业来说，应该密切注视来自外部的风险，审时度势，及时调整经营策略，规避风险，将可能的经济利益损失降至最低限度。据德国一家研究所的调查，中小企业的主要问题是对企业内部风险不能及时发现，等到发现时往往来不及采取应变措施。伦敦商学院两位学者在调查中也得出了相似的结论，他们认为：中小企业成长的关键不是经济环境，也不是市场条件，而是企业自身的管理工作。英国贸工部指出：小企业面对的风险虽然很多，尤其在创业初期，关闭率很高，但是如果善于根据市场变化调整自己的工作，则 2/3 的破产可以避免的。

企业因财务风险而陷入经营困境，甚至宣告破产的例子一直屡见不鲜。企业产生财务风险的原因是多方面的，既可能是企业经营者决策的失误，也可能是管理失控，还可能是外部环境恶化等。任何财务风险都有一个逐步呈现、不断恶化的过程。因此，应对创业企业的生产过程进行跟踪、监控，及时发现财务风险信号，及时规避财务风险，使企业走上良性发展的轨道。

（一）财务风险的内涵

关于财务风险，目前有两种观点：一种狭义的观点，认为财务风险即筹资风险，是由于企业资本结构变动而带来的不能偿还到期债务，面临破产或普通股收益发生大幅度变动的可能性。这种观点立足于风险因企业筹资过多或举债不当引起的，认为如果企业有充分的自有资金，不需对外举债，就不会产生财务风险。另一种广义的观点认为财务风险是指企业在筹资、投资、企业重组、跨国经营以及对外贸易等各项活动中，因外部、内部环境因素作用，使实际财务收益与目标财务收益发生背离，因而蒙受经济损失的可能性。这种观点立足于企业生产经营的全局、全方面、全过程。避免了只重视筹资过程的风险，而忽视其他方面，最终仍然难以达到企业经营目标的问题。本书基于广义的财务风险的概念展开论述。

（二）创业企业财务风险类型与成因

财务风险是与企业整个财务活动，包括筹资活动、投资活动、经营活动相联系的。中小创业企业由于没有生产力发展水平和经营规模上的优势，产出规模较小，资本和技术构成较低，受管理体制和外部宏观经济环境影响较大，发展时间一般不长，财务控制方面存在薄弱环节，管理人员素质有待提高等因素的影响，会从多方面、多层次产生财务风险。从一般意义上来看，财务风险既有来自于外部宏观经济环境，也有来自于企业内部。财务风险存在于企业生产经营的全过程，据此可将财务风险划分为：

1. 筹资风险

筹资风险是指由于企业负债经营所带来的不能偿还到期债务、面临破产或普通股收益发生变动的可能性。筹资风险的主要表现是：①由于负债期限结构不合格，负债过多，无力清偿到期债务；②由于筹资费用过大，资金成本过高而带来利润大幅度下降或出现亏损，普通股每股盈余大幅度下降或出现负数；③由于无力清偿债务导致企业面临破产。中小企业由于受经济环境的影响，筹资渠道相对窄，而且现有的筹资渠道资金成本也过高，所以中小企业的筹资风险较大型企业要高出许多。

2. 投资风险

投资风险是指企业投资活动取得的实际收益偏离期望收益所带来的风险。投资风险的大小与偏离程度成正比。投资风险主要表现在以下几个方面：①盲目的扩张，投资规模过大，急于扩大规模，而自身的管理水平和资金实力难以适应发展需要；②涉足过多的行业，投资后无力进行有效的控制和管理；③投资前缺乏科学的论证，投资后产品未被市场认可，销路不畅，经济效益不佳；④投资项目规模小，技术落后，难以取得成本优势，以至于在市场上没有竞争优势。

3. 现金流量风险

现金流量风险是指企业在生产经营过程中现金流出与现金流入在时

间上不相协调，入不敷出带来的风险。中小企业由于受经济环境影响较大，自身的筹资能力较弱，资金使用缺乏现金预算和有效管理等因素的影响，很容易形成现金流量风险。

4. 外汇风险

外汇风险是指企业在进出口贸易或其他外汇业务活动中由于汇率变动的原因而可能给预期收益带来的风险。中小企业的外汇风险表现在以下几个方面：①由于业务成交日与实际收付外汇结算日汇率变动使企业蒙受的损失；②由于对外汇应收账款缺乏有效的控制，急于交易造成事后部分或全部外汇应收账款不能收回的风险；这其中有政治原因，如对方所在国外汇管制，战争因素等，也有客户发生的经营危机，恶意拖欠等原因。在加入 WTO 后，中小企业纷纷走出国门，汇率风险这一因素也越来越多地呈现在企业面前。

5. 政策风险

政策风险是指由于国家经济政策、产业政策、财政税收政策、货币金融政策等大政方针的变化，对中小企业产品的生产、销售、获利能力、筹集资金的能力产生了某些不利影响，从而有使企业蒙受经济损失的可能性。如产业政策、环保政策困难导致企业产品生产受限；财政税收政策可能导致企业利润下降；货币金融政策可能使企业筹措资金渠道受到限制，或使资金成本上升从而降低利润。

6. 担保风险

担保风险是指企业为其他单位或个人担保所带来的风险。为他人担保需负连带责任，也就会产生担保风险。如企业为关联方（供应商、销售商、管理人员）提供担保；中小企业之间为获取银行贷款或开具银行承兑汇票而相互担保等。如果被担保单位或个人到期无力偿付债务，担保企业就必须以其自身的资产负还本付息的责任。

7. 道德风险

道德风险是指企业在生产经营过程中遭遇缺乏诚信行为造成经济利益损害带来的风险。道德风险既可能来自于供应商、购买方的不诚实行为，也可能来自于内部员工的不诚实行为，如盗窃、泄露企业商业机密、贪污等行为。

（三）中小创业企业财务风险的规避

创业企业应该在充分认识面临的财务风险的基础上，未雨绸缪，采用各种手段和措施，对财务风险加以预警、规避、控制和处理，尽可能以最小的代价确保企业的生产经营正常运转，使企业不断壮大，做大、做强。相对于大企业来说，中小企业相对来说抗击财务风险的能力较弱，财务风险的实际发生对中小企业的打击可能是致命的。所以，中小企业对财务风险的规避显得尤为重要。

1. 建立财务风险的预警机制

创业企业一般受规模、人员素质等因素的影响，都没有设立专门的财务风险管理人员，但建立财务风险的预警机制是势在必行的，可以防患于未然。建立财务风险的预警系统，及早诊断出财务风险的信号，并采取相应措施，将财务风险降低到最低限度是中小企业财务管理的一项重要内容。建立财务风险的预警机制首先要确定一些预警指标，如主营业务资产销售率、经营性资产收益率、已获利息倍数、资产负债率、流动比率、速动比率、销售现金比率、资金安全率和安全边际率等，确定这些指标是要考虑同行业、历史同期和企业生产经营实际。若发现财务指标趋于恶化，要及时提出报告。

财务风险的预警系统为企业规避财务风险、改进经营决策、纠正经营决策、合理配置资源提供了可靠依据。建立财务风险预警系统有助于企业了解财务风险产生的原因、规模及其状况；有利于企业及早诊断和预防财务风险，将财务风险降低到最小限度；有利于通过财务风险预警系统加强企业财务管理，完善各种内部控制制度，因为有许多财务风险是因管理不善造成的，如因雇员道德风险造成的财务风险，一部分现金流量风险都可以通过加强管理来规避。

2. 树立风险意识，提高管理水平

对财务风险的估计和规避主要靠经营者和财务管理人员的职业判断，他们的风险意识对及时发现和规避财务风险影响巨大。因此，在规避财务风险的全部过程中应始终贯彻“以人为本”的思想，加强经营者和财务人员的风险意识。财务风险存在于财务管理工作各个环节，任何一个环节的工作失误都会给企业带来财务风险，财务管理人员应该将风险防范贯穿于财务管理工作的始终。

加强企业的风险教育，可以增强企业经营管理者和员工的防范意识，从根本上防范与化解道德风险，使企业经营处于健康发展状态。如很多雇员舞弊、内部欺诈行为的个案中，员工做出违规行为或内外勾结的违规行为，皆因企业管理不善，缺乏有效的内部控制制度，才使一些人有机可乘。树立风险意识，加强企业的财务管理，建立完善的内部控制制度，是控制道德风险的最有效的办法。

3. 根据企业的经营战略确定合理的债务结构

创业企业应当根据企业的经营战略安排企业的资产结构和负债结构。最优的资本结构是指企业综合资金成本率最低，股东投资利润率最高的资本结构，同时也是财务风险最小的资本结构。企业要根据自身生产经营发展状况来合理设计资本结构中各种比例关系，如负债和总资产的比例关系，负债中短期负债和长期负债的比例关系，通过对不同来源、不同时期、不同层次的各种资本要素的有机协调，达到降低财务风险，有利企业发展的目的。设计时应考虑债务到期时间较均匀分布，并与现金流入相吻合，以免出现现金流量风险。企业还应谨慎选择筹资渠道和筹资方法。要在法律的框架下进行筹资活动。

在决策过程中，要充分考虑影响项目效益的各种因素，尽量采用定量计量的分析方法，并运用科学的决策模型进行决策，切忌主观臆断。各种分析方法要综合运用，重视货币的时间价值，重点考虑现金流量风险。

4. 科学决策，避免盲目投资

投资决策是企业的重大经营决策，直接影响着企业的资金结构。创业企业决策者必须通过投资项目的可行性分析，进行周密的市场调查，做好商业计划书以减少决策失误。从分散风险的角度来看，可通过横向多元化战略和纵向多元化战略来控制财务风险的发生，但中小企业的人力、物力、财力资源有限，不宜采用多向多元化战略；还可通过转包、转售的方式来转移投资风险。

5. 做好现金预算，加强财务预算控制

创业企业在借款时就应注意安排未来还本付息的资金，否则需要借新债还旧债，但中小企业举债能力较弱，容易发生不能支付到期债务的现金流量风险。企业可以通过编制现金预算，合理调度资金，加快资金周转，加强收支管理，加强财务预算控制。针对盲目发展、盲目扩张带来的现金流量风险，企业可通过编制现金预算以控制未来的现金支出，也就控制了未来的发展规模，在现金预算和其他财务预算的监督下，便可避免发生由于盲目发展而陷入资金不足的困境。

现金预算的作用表现为：①规划企业的现金来源和专项；②规划企业未来现金使用时间，并相应地规划筹资渠道；③通过现金预算限制不合理、没有来源的支出，抑制盲目扩张。

6. 加强外汇和对外贸易的管理

加强外汇管理的措施有：①预测外汇汇率的变化趋势，及时采取相应的规避措施，如根据外汇的走向决定交易的币种；②利用衍生金融工具如远期外汇套期保值、外汇期货交易、货币互换等来有效规避外汇汇率风险；③运用利率互换、远期利率合约、利率期货交易、利率期权交易等金融工具来规避外汇利率风险。

外汇应收账款是指企业出口商品应收外汇，出口外汇应收账款除应规避汇率风险外，还应规避发生坏账的风险。企业可以采取的措施有：①加强对客户的信用评价，在授信额度内发货；②投保出口信用险，将风险转移给出口信用保险企业；③开展出口保理业务，将风险转移给保理银行。

7. 规范企业的担保行为

在市场经济条件下，创业企业不可避免地要面临为他人担保和请他人为自己担保的问题。然而担保是要负连带责任的，一旦发生债务人不能按期偿债的情形，担保人要负责清偿，这样就会给企业带来经济损失。因此，企业必须规范担保行为，在对外担保时，应严格把关，谨慎抉择。首先要建立一套具有可操作性的制度，以制度规定来约束担保行为，克服盲目性；建立严格的客户担保条件的限制及审批制度，防止不当担保给企业带来财务风险。其次，要对被担保的企业进行细致、深入地了解并进行跟踪分析，了解其偿债能力和盈利能力，发现问题及时采取有效措施；最后，可要求被担保方为担保方提供反担保。通过以上措施来有效地规避担保风险。

8. 积极应用和探索规避风险的技术方法

企业可以运用下列方法来规避财务风险：

①回避风险法。回避风险法是指企业在进行风险决策时，尽可能选

择无风险或风险较小的投资方案；在实施方案过程中，发现不利的情况时及时中止或调整方案。回避风险法严格地讲并不是对风险进行调节的方法，而是一种选择方法、避免损失的方法。

②降低风险法。降低风险法是指企业通过花费一定的费用、采取一定的措施和加强管理等办法来降低风险。降低风险法的策略是：通过支付一定的费用或付出一定的代价来减少损失出现的可能性，降低损失程度。例如在销售环节，通过给予客户现金折扣加速应收账款的收回就是这种策略的运用；还有一种策略是采取措施增强企业抵御风险损失的能力，例如编制现金预算量入为出，就有利于降低现金流量风险；还可以通过制定有关的管理制度和办法来减少损失出现的可能性，如制订审核制度、现金盘点制度、内部牵制制度有利于防范道德风险。

③分散风险法。分散风险法是指企业通过联营、纵向多样化战略、横向多样化战略来分散财务风险。对于风险大的投资项目，企业可以通过与其他企业联合经营，收益共享，风险共担，既克服了企业资金短缺的弊端，又分散了财务风险。

当企业经营单一产品时，企业的兴衰成败就系于该产品一身，销路好就繁荣兴旺，销路差就会陷入困境。但若经营多种产品，企业的经营效益就比较稳定，不会因一种产品销路不畅而导致企业破产。纵向多样化战略是指企业以现有的产品、市场为基础，向垂直方向扩大经营业务领域的战略，横向多样化战略是指以企业现有的产品市场为中心，向水平方向经营业务领域的战略，企业可以采用这两种战略来规避财务风险。

④转移风险法。转移风险法是指企业通过某种手法，将风险转移他人的方法。常见的方法有：购买保险，将一部分风险转移给保险公司，将财务风险转化为固定的少量的保险费用；利用期货交易将未来收益不

确定的风险转嫁给期货企业；开具商业汇票付款，将当期现金流量风险转移到以后；签订转包合同，将生产经营风险转移给承包人或租赁人。

总之，创业企业自身的特点决定了其财务风险的特点，企业应根据具体情况选择适合的规避财务风险的方法，将财务风险降低到最低水平，使企业不断健康发展，真正做大做强。

四、创业企业纳税须知

税金按其征税对象不同，分为流转税、所得税和其他税种。流转税是对从事商品生产、销售以及提供劳务的企业，按营业收入计算征收的税金，它包括增值税、消费税、营业税；所得税是对企业按税法计算的所得额征收的税金，包括个人所得税和企业所得税；其他税种是除流转税、所得税以外的税种，包括城市维护建设税、土地增值税、房产税、车船使用税、资源税、印花税等。

（一）税收概述

依法纳税是每个创业者都应该认真履行的义务，因此学习一定的纳税知识也是创业者的责任，我国的税收制度的基本要素有纳税人、纳税对象、税目、税率、纳税环节等。

1. 纳税人

纳税人是纳税义务人的简称，是税法规定的直接纳税义务的法人和自然人，也叫纳税主体。纳税人是税收制度构成的最基本的要素之一，每个创业者都应该是纳税人。

2. 纳税对象

纳税对象又称征税对象，是税法规定的征税的目的物，也叫作纳税客体。纳税对象是一个税种区别于另一个税种的主要标志，是税收制度的基本要素之一。每一种税都必须明确规定对什么征税，体现着税收范围的广度。一般来说，不同的税种有着不同的纳税对象，不同的纳税对象决定着税种所应有的不同性质。

3. 税目

税目是纳税对象的具体项目。设置税目的目的：一是为了体现公平原则，根据不同项目的利润水平和国家经济政策，通过设置不同的税率进行税收调控；二是为了体现简便原则，对性质相同，利润水平相同且国家经济政策调控方向也相同的项目进行分类，以便按照项目类别设置税率。有些税种不分纳税对象的性质，一律按照纳税对象的应税数额采用同一税率计征税款，因此没有必要设置税目，如企业所得税。但有些税种的具体纳税对象复杂，需要对子税目，如消费税、营业税等，一般都规定有不同的税目。

4. 税率

税率是应纳税额对象之间的比率，是计算应纳税额的尺度，它体现了征税的深度。税率的设计直接反映国家的有关经济政策，直接关系着国家的财政收入的多少和纳税人税收负担的高低，是税收制度的中心环节。

我国现行税率大致可以分为以下 3 种：

（1）比率税率。实行比率税率，对同一征税对象不论数额大小，都按同一比率征税。

（2）定额税率。定额税率是税率的一种特殊形式，它不是按照纳税对象规定征收比例，而是按照征税对象的计量单位规定固定税额，所以又成为固定税额，一般适用于从量计征的税种。

（3）累进税率。累进税率即按照征税对象数额的大小，划分为若干等级，每个等级由低到高规定相应的税率，征税对象数额越大，则税率越高；数额越小，则税率越低。累进税率因计算方法和依据的不同，又分为全额累进税率、全率累进税率、超额累进税率、超率累进税率。

5. 纳税环节

纳税环节是商品从生产到消费的过程中应当缴纳税的环节。任何税种都要确定纳税环节，有的比较明确、固定，有的则需要在许多流转环节中选择确定。确定纳税环节，是流转纳税的一个重要问题，它关系到税制结构和税种的布局，关系到税款能否及时足额入库，关系到地区间税收收入的分配，同时关系到企业的经济核算和是否便利、纳税人缴纳税款等问题。

6. 纳税期限

纳税期限是负有纳税义务的纳税人向国家缴纳税款的最后时间限制，它是税收强制性、固定性在时间上的体现。确定纳税期限，要根据纳税对象的不同特点来决定。如流转纳税，当纳税人取得货款后就应纳税，但为了简化手续，便于纳税人经营管理和缴纳税款（降低税收征收成本和税收成本），可以根据情况将纳税期限确定为 1 天、3 天、5 天、10 天、15 天或一个月。

7. 减税、免税

减税是对应纳税额少征一部分税款；免税是对应纳税额全部免征。减免税是对某些纳税人和征税对象给予鼓励和照顾的一种措施。减免税的类型有一次性减免税、一定期限的减免税、困难照顾型减免税、扶持发展型减免税等。

8. 违章处理

违章处理是对有违反税收行为的纳税人采取的惩罚措施。包括加收滞纳金、处理罚款、送交人民法院依法处理等。违章处理是税收强制性在税收制度中的体现，纳税人必须按期足额地缴纳税款，凡有拖欠税款、逾期不纳税、偷税逃税等违反税法行为的，都应受到制裁（包括法律制裁和行政处罚制裁等）。

（二）增值税

1. 增值税的含义

增值税是对在我国境内销售货物或者提供加工、修理修配劳务，以及进口货物的单位和个人，就其取得的货物或应税劳务的销售额，以及进口货物的金额计算税款，并实行税款抵扣的一种流转税。

实质上，增值税是以法定增值额为征税对象征收的一种流转税。

2. 增值税的优点

（1）增值税克服了对成本部分重复征税的弊端，而且保留了流转税普遍缴纳、各环节缴纳所带来的稳定收入的好处。

（2）增值税只就增值额纳税，使税负趋于合理。

如果相同税率的商品的最终售价相同，其总税负就必然相同，而与其多少个流转环节无关。

3. 增值税的计税方法

（1）直接计税法：先计算增值额，再计算应纳税额。

加法：将各项目增值金额相加，得出全部增值额。

减法：计算出计划期内实现的销售额，减去法定扣除额，即扣额法。

扣额法又分为购进扣额法和实耗扣额法。

（2）间接计税法。

先计算出全部应纳税额，扣除外购项目已纳税额，得出应纳税额，即扣税法。扣税法分为购进扣税法和实耗扣税法（投入法、产出法、销售法）。

4. 增值税的特点

（1）税赋的公平性；

（2）征管的严密性；

（3）税赋具有转嫁性；

（4）征税项目具有普遍性；

（5）实行价外计征和多环节纳税；

（6）实行税款抵扣制度。

增值税采用专用凭证、专用明细账、专用报表。

5. 增值税征税的范围

（1）销售或者进口货物。

（2）提供加工、修理修配劳务。

（3）视同销售行为。

①将货物交付他人代销或销售代销货物。

②货物从一个机构移送至异地另一机构用于销售。

③产品或外购商品对外用于投资、捐赠、分配股利。

④产品对内用于在建工程、职工福利。

注：外购商品用于内部在建工程、职工福利，不属于视同销售，属于非应税项目，不得抵扣其进项税额。如果已经抵扣，则进项税应转出。

（4）混合销售行为：销售货物与营业税劳务混合；看主营。

（5）兼营非应税劳务。

销售货物与营业税劳务兼营；增值税劳务与营业税劳务兼营。

分别核算，分别纳税，未分别核算的，一并交纳增值税。

（6）特殊项目。

①货物期货，在期货的实物交割环节征收增值税。

②银行销售金银业务，应当征收增值税。

③典当业的典当物品销售业务和寄售业代委托人销售寄售物品的业务，均应征收增值税。

④集邮商品的生产，以及邮政部门以外的其他单位和个人销售的，均征收增值税。

⑤转让企业全部产权涉及的应税货物的转让，不属于增值税的征税范围，不征收增值税。

⑥销售旧货。

6. 增值税纳税人

增值税纳税人是有增值税应税行为的单位和个人，即销售或进口货物，提供加工、修理修配劳务的单位和个人。按规模大小和会计核算健全与否，分为一般纳税人和小规模纳税人。两者适用税率、计税方法、账务处理均不同。

（1）小规模纳税人：年销售额在规定标准以下，会计核算不健全，不能按规定报送有关税务资料纳税人。

（2）一般纳税人。指年应税销售额超过小规模纳税人标准的企业和企业性单位。即企业规模大、会计核算较为健全，能够提供完整的核算资料。

（三）营业税

营业税是对我国境内提供应税劳务、转让无形资产或者销售不动产的单位或个人，就其取得的营业额征收的一种流转税。应税劳务是指交通运输、建筑、金融保险、邮电通信、文化体育、娱乐、服务等劳务。

营业税按营业额和规定的税率计算应纳税额。

应纳营业税＝营业额 × 营业税税率

营业额：向对方收取的全部价款和价外费用。价外费用包括向对方收取的手续费、代收款项、代垫款项、集资费及其他各种性质的价外费用。营业税税率按税法规定来确定。

营业税节税的关键在于营业额。一般说来，各行业的营业税税率比较单纯，节税余地不大，而营业额却极富弹性，因而节税余地较大。因此，营业税的节税关键在于合法、正确地计算营业额，并使之缩小。

（四）消费税

消费税是对在我国境内生产、委托加工和进口应税消费品的单位和个人征收的一种流转税。国家对某些消费品除征收增值税外，还征收消费税。目的是通过税收调节消费品的利润水平。征收消费税的消费品包括：烟、酒及酒精、化妆品、护发护肤品、贵重首饰及珠宝玉器、鞭炮和烟火、汽油、柴油、汽车轮胎、摩托车、小汽车等。

消费税的计算采取从价定率和从量定额两种方法。

（1）实行从价定率征收的应税消费品：

应纳税额＝销售额 × 适用税率

销售额为不含增值税的销售额。含增值税的销售额应换算为不含增值税的销售额，其计算公式为：

不含增值税的销售额＝含增值税的销售额 ÷（1 ＋增值税率或征收率）

销售额的确定：对外销售的应税消费品，其销售额为不含增值税的销售额；自产自用的应税消费品，以纳税人生产的同类消费品的销售价格作为销售额；委托加工的应税消费品，以受托方的同类消费品的销售价格作为销售额，没有同类消费品销售价格的，以组成计税价格作为销售额。组成计税价格＝（材料成本＋加工费）÷（1－ 消费税税率）；进

口的应税消费品，以组成计税价格作为销售额。组成计税价格＝（关税完税价格＋关税）÷（1－消费税税率）

不同的应税消费品适用不同的税率（3%~45%）。

（2）实行从价定率征收的应税消费品：

应纳税额＝单位税额 × 销售量

应税消费品销售量的确定：对外销售的应税消费品为销售的数量；自产自用的应税消费品为移送使用数量；委托加工的应税消费品为纳税人收回的应税消费品数量；进口的应税消费品为海关核定的应税消费品进口征税数量。

不同的应税消费品其税法规定的单位税额也不同。

（五）企业所得税

所得税是国家对企业的生产经营所得和其他所得征收的一种税。所得税的应纳税额是根据应纳税所得额和税率计算的。

应纳所得税额＝应纳税所得额 × 所得税税率

所得税是对企业的应纳税所得额征税，但是应纳税所得额（即应税利润）不等于会计利润。因为会计利润是按会计政策计算的，而应纳税所得额是按税法规定计算的，两者存在一定的差异，通常把差异分为以下两种。

1. 永久性差异

永久性差异是指这种差异不能随着时间的推移而消除。因为这种差异的产生源于会计利润和应纳税所得额的计算口径不一致，例如，企业购买的国库券利息收入，从会计核算上来讲，是计入会计利润的，而税法规定对国库券利息收入不征税，即不计入应纳税所得额，两者的差异额为国库券利息收入额。

2. 时间性差异

时间性差异是指这种差异能随着时间的推移而消除。因为这种差异的产生只是在某一会计期间两者存在差异，但是在多个会计期间里两者则没有差异。例如，固定资产折旧，会计上确定的折旧年限和税法上规定的折旧年限不一致，所以每个会计期间两者计算的折旧额不同，导致会计利润和应纳税所得额的不同；但是，在出现差异时，往往是前一段时间，应纳税所得额大于会计利润，后一段时间应纳税所得额小于会计利润，当固定资产在使用年限内全部提足折旧时，两者所提折旧额完全相同，即两者没有差异。

应纳税所得额的计算通常用会计利润的资料，对会计利润按税法的规定进行调整。

应纳税所得额＝会计利润 ± 应调整项目的金额

（六）个人所得税

个人所得税是以个人（自然人）取得的各项应税所得为征税对象所征收的一种税。凡在中国境内有住所，或者无住所而在境内居住满一年的个人，应就其从中国境内和境外取得的所得，依法缴纳个人所得税。

个人所得税的征税对象是个人取得的应税所得。个人所得税法列举征税的个人所得共 11 项，具体包括：

（1）工资薪金所得；

（2）个体工商户的生产，经营所得；

（3）对企事业单位的承包经营 . 承租经营所得；

（4）劳务报酬所得；

（5）稿酬所得；

（6）特许权使用费所得；

（7）利息、股息、红利所得；

（8）财产租赁所得；

（9）财产转让所得；

（10）偶然所得；

（11）其他所得。

【案例】

奥克斯的低成本战略

奥克斯敢打价格战的信心来源于企业的低成本战略。

第一，自2000年以来，奥克斯投资数千万元建设零部件分厂。到2002年，奥克斯空调除了压缩机和包装物之外的90%以上的零配件实现了自给自足。在确保质量的前提下，这些关键元器件的成本降至原来外购的五分之三。“在竞争白热化的时候，哪怕是5元钱、10元钱都是非常重要的。假如一年卖300万台（空调），一台成本降低10元钱，那就是3000万元的利润。”奥克斯集团市场部负责人张峰说。

第二，奥克斯不断引进世界级先进制造设备提高生产率，降低生产成本。例如，从日本引进日高精机“两器”生产线，从芬兰引进多功能数控及“机器人智能化技术”的冲床和折弯机，从瑞士引进EMC性能试验仪，从丹麦引进高保真噪声检测仪等先进设备。从日本引进的日高全自动生产线与国内制造商的流水线的效率相差3倍，也就是说日本全自动流水生产线每1分钟出一台空调机，而国产的流水线则是3分钟出一台空调机。

第三，在企业内部实施承包制度和精细化管理。在奥克斯，每个人都知道“省一个人省10万元，省一个环节省1万元，集成一个零件省10万元，通用一个零件省5万元”的口号。奥克斯的每一个员工都被看作一个经济实体，企业的成本核算被分解到每个员工。例如，奥克斯商务中心实行承包制单独核算。市场部打印文档的业务量大，就成为商务中心的大客户，得到优先或优惠政策，即使是总裁的演讲稿想要优先打印，也需要多出几倍的费用。在企业内部，大到各子公司、分厂，小到车间、食堂、招待所、保卫科等所有提供生产、服务的单元，凡能实行承包的都必须承包，凡能计量定额的均要实行定额核算，凡能够责任到人的就定位到人。例如，保卫科对违反规定的员工罚款的 30% 可以作为保卫科的提成。

此外，奥克斯坚决打破内部垄断。在采购上，奥克斯同时采用自制和外购两条路线，哪种方式有质量和价格优势就采用哪种方式。而内部实行承包的部门也必须引入竞争。比如，商务中心就有两组承包人，生意的好坏由员工们根据服务自然选择。三层食堂里，每一层都由不同的人承包，哪一层的人多就自然说明谁有竞争优势。

通过种种措施，奥克斯空调零售价格在保证质量的情况下不断下降。2001 年 3 月，奥克斯率先将其 40 多款机型全线降价，降价幅度高达 30%；2002 年，又将 16 款产品降价，平均降幅达到 20%；2003 年 4 月，奥克斯 60 余款主力机型又全线降价 30%。

零售价格的降低使奥克斯每台空调的利润仅在 52 元左右，在同行中算得上是“低收益者”。不过，奥克斯算了另外一笔账：虽然单台机获利甚少，但通过规模效应可使利润得以放大。如果以奥克斯 450 万套的年生产规模、每台 52 元的利润计，假如销售 250 万套，其利润就接近 1 个亿。

第9章 小微企业的战略管理

一、战略与战略管理

（一）战略与战略管理的概念

自 20 世纪初以来，随着科学技术的发展和经济全球化的进展，围绕企业管理工作的中心，企业管理经历了几次管理主题的演变，由 19 世纪末 20 世纪初开始的以生产管理为中心，转变到 20 世纪 30 年代开始的以营销管理为中心，再转变为 20 世纪 50 年代开始的以战略管理为中心。随着中国加入 WTO，企业战略管理成为企业管理的重要内容。在管理理论中，由于对战略解释的侧重点不同，企业战略理论可以归纳为竞争战略学派、资源配置战略学派和目标战略学派。

在企业的经营管理中，“战略”一词用来描述一个组织计划如何实现其目标和使命。企业战略是企业面对激烈变化、严峻挑战的环境，为求得长期生存和不断发展而进行的总体性谋划。

战略学家波特曾经提出过一个“10 年以上周期”的时间概念，认为只有持续时间超过 10 年的战略，才是真正的战略。中国古话有云：人无远虑，必有近忧。这对于战略来说一样适用，企业的发展不能是就现在而发展，应该是为未来而发展，必须有一个长期的目标，不管这个目标能否实现，但它必须是至少 10 年，在中国目前的市场至少要 5 年。而目标不仅只是利润、销售额等数字层面的目标，而必须是大胆而且成熟的战略性目标，甚至是可望而不可即的。

企业战略管理是企业为实现战略目标、制定战略决策、实施战略方案、控制战略绩效的一个动态管理过程。战略渗透并指引着现代市场经济条件下企业经营管理的全过程。目前企业战略问题已经成为决定企业竞争成败的关键与核心。

（二）企业战略的特点

企业战略具有以下特点：

（1）全局性。指经营战略具有全局性的特征。它指以企业全局为研究对象，来确定企业的总体目标，规定企业的总体行动，追求企业的总体效果。

（2）长远性。指企业战略的着眼点是企业的未来而不是现在，是为了谋求企业的长远利益而不是眼前利益。

（3）纲领性。指经营战略所确定的战略目标和发展方向是一种原则性和总体性的规定，是对企业未来的一种粗线条设计，是对企业未来成败的总体谋划，而不是纠缠于现实的细枝末节。

（4）竞争性。指企业在竞争中为战胜竞争对手、迎接环境的挑战而制订的一整套行动方案。

（5）风险性。指战略考虑企业的未来而未来具有不确定性，因而战略必然具有风险性。

（三）战略管理要素

安索夫把企业战略管理要素概括为 4 方面，即产品与市场领域、成长方向、竞争优势。协同效应。他认为这 4 种要素可以在企业中产生一种合力，形成企业的共同经营主线。所谓共同经营主线是指企业目前的产品与市场组合和未来的产品与市场组合之间的关联。企业在制定战略时应当从产品、技术以及市场营销等方面的类似性，为企业确定出一条共同经营主线。

1. 产品与市场领域

企业战略管理的第一步是确定企业的产品与市场领域。这里产品与市场领域不仅包括企业现在所从事的事业活动（即企业“正在做什么”），而且还包括企业将来的事业活动范围（即企业“应该做什么”），以便于企业具有十足的成长空间。

2. 成长方向

成长方向是指在上述产品与市场领域，企业的经营活动应该向什么方向发展。安索夫根据的是企业现有的产品、市场和将来发展的新产品、新市场的组合。

3. 竞争优势

竞争优势是指在特定的产品与市场领域中，企业具有比竞争企业优势的特征和条件。它常常表现为企业所拥有的资源与竞争企业相比，在数量上或质量上形成的有利差别。

4. 协同效应

这是指若干因素的有效组合可以比各个因素单独作用产生更大的效果，也就是可以取得“1 + 1 > 2”的效果。企业中的这种协同效应可以表现在多个方面：销售协同效应、生产协同效应、投资协同效应、管理协同效应等。

（四）企业战略管理的流程任务

（1）提出公司的战略展望，指明公司的未来业务和公司前进的目的地，从而为公司提出一个长期的发展方向，清晰地描绘公司将竭尽全力所要进入的事业，使整个组织对一切行动有一种目标感。

（2）建立目标体系，将公司的战略展望转换成公司要达到的具体业绩标准。

（3）制定战略、达到期望的效果。

（4）高效、有效地实施和执行选择的公司战略。

（5）评价公司的经营业绩，采取完整性措施，参照实际的经营事实、变化的经营环境、新的思维和新的机会，调整公司的战略展望、公司的长期发展方向、公司的目标体系、公司的战略以及公司战略的执行。如图 9-1 所示。

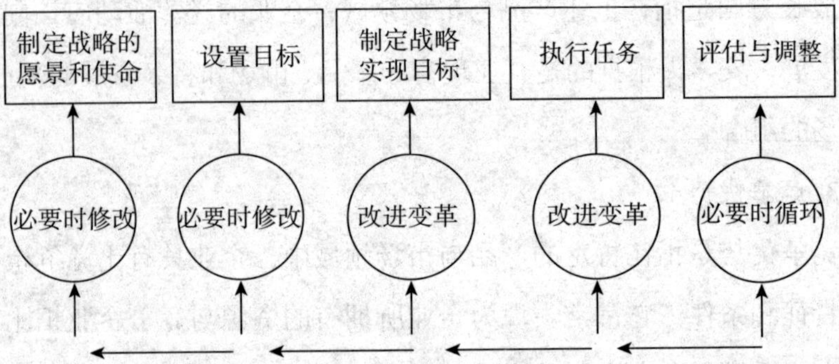

图 9-1 企业战略管理的任务

（五）战略管理过程

战略管理过程包括战略分析、战略制定与战略实施 3 个环节。在一般教科书中，这 3 个环节是按直线列示的，即战略分析之后是战略制定，战略制定之后是战略实施。但实际上，很可能各环节之间是互相联系的，评价战略时就开始实施战略了，因此战略选择和战略分析就会重叠，战略分析也可能是一个持续的过程，这样战略分析就与战略实施也会重叠。所以，战略管理过程的 3 个环节是相互联系、循环反复、不断完善的一个过程。

1. 战略分析

战略分析是指对影响企业现在和未来生存和发展的一些关键因素进行分析，这是战略管理的第一步。战略分析主要包括外部环境分析、内部环境分析和战略目标的设定三方面。

2. 战略制定

战略分析为战略制定提供了坚实的基础。战略制定主要包括四部分内容：公司战略、竞争战略、职能战略以及战略方案的选择。

3. 战略实施

企业战略方案一经选定，管理者的工作重心就要转到战略实施上来。战略实施是贯彻执行既定战略规划所必需的各项活动的总称，也是战略管理过程的一个重要部分。显而易见，如果精心选择的战略而不付诸实施，或不认真地组织实施，以前的努力则付诸东流；反之，不但可以保证好的战略取得成功，而且还可以克服原定战略的某些不足，使之趋于完善，同样获得成功。战略实施主要包括战略实施以及战略控制两部分内容。

（六）初创企业战略的意义与价值

明智的战略选择是以企业实际经营状况为核心的企业战略，帮助企业形成稳定、持久的竞争优势，战略对初创企业有下述意义。

（1）平稳渡过困难的起步期。初创企业在起步期的利润较少，增长缓慢，为了使企业能够面对生存考验，安全渡过起步期，创业者必须选择好企业发展生存的战略。

（2）对现有业务进行调整和巩固。现代企业经营的实质就是在复杂多变的内外部环境条件下，解决企业外部环境、内部条件与经营目标之间的平衡问题。在创业之初，只有确立了合理的事业内容，企业才能得到进一步的发展，在企业发展的过程中，还必须对企业的事业内容有正确的理解，对原先的业务进行调整，减少一些业务，将重点放在长期发展的业务上，形成企业的持续发展。

（3）提炼出企业的核心竞争力。核心竞争力是某一组织内部一系列互补的技能和知识的组合体，当这些资源被组合到业务中时，其复杂性使竞争对手难以模仿，因而使企业产生了竞争力，核心竞争力的选择、形成都要建立在合理选择、确立企业事业内容的战略基础上。

（4）确保或取得市场领导地位。在某些产业或利基市场上销量名列前茅的企业就是市场领导，许多企业以实现生产的规模经济，努力达到市场领导地位，成为领袖品牌，作为市场领袖，还能帮助企业获得消费者、优秀员工、商业伙伴。

（5）增强企业影响力和生存能力。大型企业比小企业拥有更大的影响力，它拥有大量的主要客户和生产资源渠道，拥有行业权威，这是小企业无法与之相比的。

（6）满足关键客户的需求增加。关键客户的增加能够增加企业的知名度和稳定的销售关系。

（7）吸引和留住优秀员工。一个优秀的员工能够帮助企业发生战略性的改变，留不住关键员工会妨碍企业的发展。初创企业战略能够给企业带来价值，使企业在起步期的发展更加顺利，减少经营风险。

二、企业的战略分析

（一）战略环境分析的层次

企业在制定战略方案之前，也必须进行严密的战略环境分析。战略分析主要包括外部环境分析与内部环境分析两部分。通过外部环境分析，企业可以很好地明确自身面临的机会与威胁，从而决定企业能够选择做什么；通过内部环境分析，企业可以很好地认识自身的优势与劣势，从而决定企业能够做什么。一般而言，企业的战略分析遵循以外部再内部，以宏观再微观的分析逻辑。假定企业位于一个圆圈的中心，按照由外向内的顺序，企业的外部环境主要包括宏观环境、产业环境、竞争环境等。如图 9-2 所示。

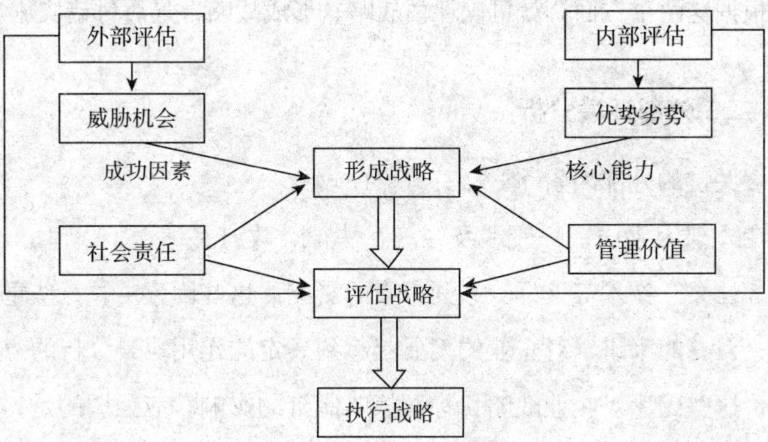

图 9-2　战略环境分析的层次

由图可以看出，外部评估是考虑、评估、分析机会和威胁；内部评估是分析优势和劣势。二者相结合便是优势、劣势、威胁、机会。这就是“SWOT 分析方法”。“SWOT”就是优势(strength)、劣势(weakness)、机会（ opportunity)、威胁（ threat ）英文字头的缩写。

SWOT 分析法是一种经典的、比较简单的分析方法。哈佛商学院从 20 世纪 60 年代起开始使用，现在仍然在分析中扮演很重要的角色，它希望通过找到机会和威胁，找到企业在行业中获得成功的关键因素，自己分析内部的优势和劣势，最终找到自己的核心能力。根据分析形成的战略，在形成的战略方案和评估中间有一方面是社会责任，一方面是管理价值。

（1）社会责任是考虑到利益相关群体，对社会的一种回报。目前讲环境，讲环境管理，不仅是考虑公司内部，更多的是考虑对社会、对一般大众的一种保护。

（2）价值方案可能有若干个，其中的哪一个受到高层管理人员的价值理念的影响？管理价值对战略作用的影响是非常大的。

根据这两个方面，就可以评估战略、形成战略，最后付诸实施。

（二）外部环境分析

1. 关键的外部因素

在外部因素中，一般涉及经济、法律、政府、环境、人口、政治、文化、社会、技术等这样一系列因素的影响。这些因素中，一些重，一些轻，但总的来讲，对企业的发展都起到一定的作用。其分析的意义在于评价这些因素对企业战略目标和战略制订的影响。应强调的是，企业宏观环境虽然比较大，但对企业战略的影响却是实实在在的，所以，在思想上绝不能对此有所忽视。为了更好地从总体上把握宏观环境分析的概貌，一个常用的工具就是 PEST 分析模型。

（1）政治法律环境。政治法律环境是指对企业经营活动具有实际与潜在影响的政治力量和有关的法律法规等因素。具体来说，政治环境主要包括国家的政治制度与体制，政局的稳定性以及政府对企业的态度等因素；法律环境主要包括政府制定的对企业经营具有刚性约束力的法律、法规，如反不正当竞争法、税法、环境保护法以及外贸法规等因素。

（2）经济环境。经济环境是指一个国家的经济制度、经济结构、产业布局、资源状况、经济发展水平以及未来的经济走势等。

（3）社会文化环境。社会文化环境是指企业所在的社会中的成员的民族特征、文化传统、价值观念、宗教信仰、教育水平以及风俗习惯等因素。人口环境是社会文化环境的重要组成部分之一，也是对企业经营有较大影响的因素之一。这些因素影响到市场的构成、大小以及消费行为等。

（4）技术环境。技术环境不仅包括那些引起时代革命性变化的发明，而且还包括与企业生产有关的新技术、新工艺、新材料的出现和发展趋势以及应用前景。

2. 行业竞争结构分析

除了宏观以外，企业所从事的那个行业是最直接的环境。这个环境是企业成长于此、竞争于此的一个环境，所以对它的分析更为重要。从竞争的角度进行分析，有以下几个思路。

（1）寻找行业中最主要的经济特性：哪些是它的特性？怎样抓住这些特性为企业服务？

①市场规模：市场整体规模有多大，这个规模是受人口、顾客、顾客群影响的。例如做时装，严格地讲，时装的意义只是用于展出的服装，

而不是大批量的生产线生产的服装。

②竞争的范围：是在当地，还是在某一地区？是在全国，还是国际性、全球性的？这个企业必须明确，否则判断失误，就找不着你的竞争对手在什么地方。

③市场增长的速度：是每年以1%的递增速度，还是10%的递增速度？它们带来的吸引力是不一样的。这个行业处于什么样的生命周期？是初期发展阶段、快速成长阶段、成熟的早期阶段，还是饱和阶段？每个行业是不同的，例如火柴，这个行业在衰退，至少处于饱和衰退，没人愿意去投资再进行生产。

④在行业中竞争的厂商、产业的数量，以及它们相对的规模：也就是说这个行业是被众多的小公司细分，还是被几家大公司垄断，这就是市场结构问题，就是垄断和竞争的问题。

⑤供应者和购买者各自的数量和相对的规模：例如购买者数量很多，企业知道最终消费者就是那些直接消费者，那么可能选择的余地就比较大。否则企业就比较难做，因为大家都不买你的。

⑥行业里前向整合和后向整合的程度：前向整合和后向整合，或者纵向整合中的向前整合和向后整合，实际内容是一样的。无非是供应、生产、销售，在这3个环节中，哪个环节向哪个环节进行整合，以达到规模效益的问题。

⑦企业中分销渠道的类型：生产经营中所遇到的基本上是市场、渠道、竞争力、垄断和竞争等这样一些问题。企业可以按其所在的行业，看一下它到底表现出什么样子。例如，市场规模比较小，只局限于当地某一县城，像有些香烟、化肥，由于某种保护只能用本地的产品。化肥很典型，外来的进不去，但一旦离开本地的环境，它也不能生存。

（2）找到行业发挥重要作用的竞争力量：在行业中，有不同的竞争力量，哈佛商学院的波特教授把它归结为 5 种竞争力量，每一种竞争力量在行业中的表现是不一样的（见图 9-3 所示）。

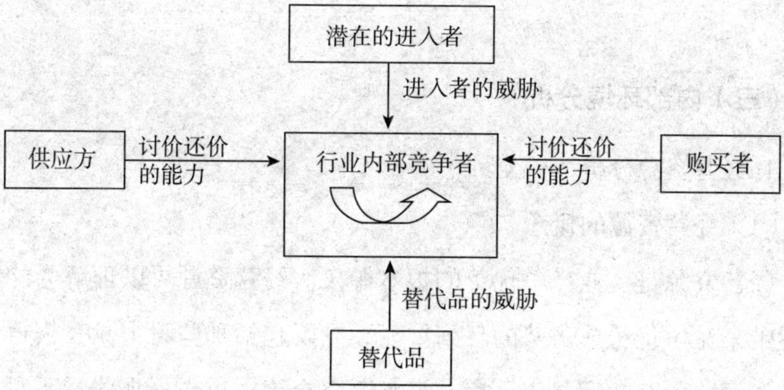

图 9-3　波特的五力模型

（3）要考虑到行业中变革的驱动因素：行业是不断发展变化的，市场的价值会发生变化，这个变化受到行业的影响，是什么因素驱动它变化，这也是值得考虑的方面。

（4）要考虑你的位置：在行业中，存在竞争力最强的企业和竞争力最弱的企业，你介乎两者之间还是在别的什么位置，这要有一个准确判断。

（5）要考虑行业下一步的竞争行动是什么，会带来什么影响。

（6）决定竞争成败的关键因素是哪些。

（7）最后一个就是行业吸引力：也就是行业的增长力，这个行业在不断增长，这对于行业内部从事经营活动的企业来讲，就有吸引力，对外部来讲，它也有吸引力。一看这个行业搞得火爆，有人就要进入，也想分一杯羹，但能不能进来则是另外一回事。当一个行业经营得非常成功，行业的吸引力很高，即它的增长力非常高的时候，就会有很多企业想进入到里面，或者已经开始进入。前者叫作潜在的进入者，后者叫新进入者，这对于行业中现有的企业来讲就构成了进入威胁。企业在考虑进入的时候，同时也要考虑退出。所以，要考虑竞争的进入障碍和退出障碍。

（三）内部环境分析

1. 经营资源分析

（1）经营资源的概念。

经营资源是企业竞争优势的根本源泉。经营资源可以理解为能够给企业带来竞争优势或劣势的任何要素，它既包括那些看得见、摸得着的有形资源，如企业雇员、厂房、设备、资金等，也包括那些看不见、摸不着的无形资源，如专利权、品牌、企业文化等。

对波特理论进一步分析可以发现，高效益的产业结构与竞争优势都源于企业本身的经营资源。首先，专利权、品牌、报复能力形成的进入障碍，高市场占有率形成的垄断，以及因企业规模、资金实力与运用能力形成的强有力的讨价还价能力都有助于形成对企业竞争有利的产业结构；其次，低成本优势和差异化优势也都源于企业的经营资源：低成本优势源于企业所具有的工程技术、工厂规模、廉价投入要素等经营资源；差异化优势源于企业所具有的品牌、生产技术、市场能力、流通能力以及服务能力等经营资源。总之，企业要想获得竞争优势，就必须正确分析企业的经营资源。

（2）价值链分析。

对企业经营资源进行分析的一个常用工具是迈克尔·波特教授提出的价值链。所谓价值链，是一个公司为顾客创造价值的主要活动和相关的支持活动的总和。通过价值链分析，可以揭示公司内部开展的各项活动和功能的优劣，及各环节的成本。在此基础上进行标杆学习和绩效分析，可以找出与竞争对手的差距，降低公司各环节经营成本，提高绩效，优化价值链，提高公司运营管理水平，形成并增强公司的核心竞争能力（见图 9-4）。

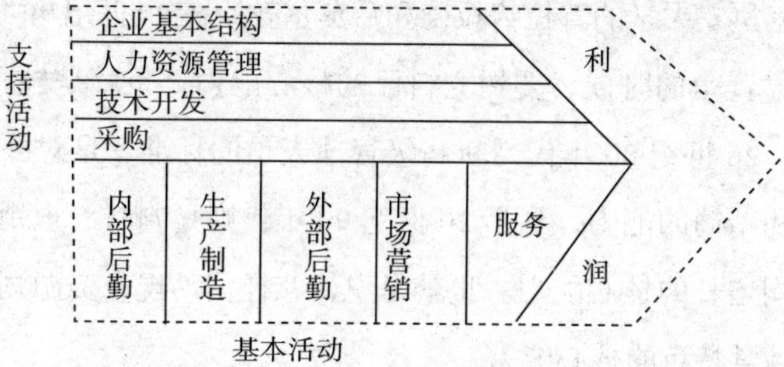

图 9-4　价值链示意图

价值链概念的提出基于如下基本逻辑关系：经营资源—价值活动—竞争优势。在市场经济条件下，一个企业的竞争优势最终是由其产品或服务的价值体现，并由消费者接受与否以及接受程度决定，而消费者是否接受的关键则在于他们对企业提供产品或服务与其他竞争者的价值判断，也可以说，他们对公司设计、生产、销售、供货及支持活动完成方式的价值评价。当他们寻找到真正渴望得到的价值并愿意为此支付金钱时，企业便在市场上实现了产品或服务的价值，从而在产品或服务的竞争中建立起自己的竞争优势，反之亦然。所以，企业要想在竞争中获得优势，就必须把自己的经营资源通过各种活动创造为顾客价值。也就是说，企业内部的各种活动都应该是创造价值的活动，由于这些活动在企业内部犹如一条链条，因而称为“价值链”。

价值链分析的重点在于价值活动分析。价值活动可以分为两大类：基本活动和辅助活动。基本活动是涉及产品的物质创造及其销售、转移给买方和售后服务的各种活动；辅助活动是辅助基本活动并通过提供外购投入、技术、人力资源以及各种公司范围的职能以相互支持。价值链图中的虚线反映了基本活动与辅助活动之间的相互联系以及共同支持整个价值链。

（3）核心能力分析。

美国密执安大学的普拉哈拉德和哈莫尔教授在20世纪90年代提出，企业在考虑竞争的时候，要树立自己的核心能力，也就是核心竞争力。他们认为，20世纪80年代判断高级管理人员的标准，是对公司进行重组、集合和精简的能力，到了20世纪90年代则是判断、识别、培养和探索使公司增长的核心能力。也就是说，怎样调动现有资源创造新的资源，形成独具特色的核心能力。

在众多的能力中，企业如在关键环节建立了自己独特的竞争优势，则能形成企业的核心竞争力。持久性核心竞争力是企业参与竞争并取得胜利的重要法宝。判断持久性核心竞争力的四种标准有：有价值、稀有、难于模仿、不可替代。主要包括下述几方面。

①财务能力分析。评估判断一个企业的现实经营能力，首先必须对企业的财务状况进行客观公正地分析。把纵向和横向的分析比较方法结合起来，计算综合企业的收益性、成长性、安全性、流动性及生产性这五类指标，并画出雷达图，就能够清楚地、直观地、形象地提示出企业财务及经营状况的优势和劣势。

②营销能力分析。企业营销能力可以分解为产品竞争能力、销售活动能力、新产品开发能力和市场决策能力等。这4种能力虽然自成系统，但相互联系，相互影响，在一定的市场环境下共同决定着企业经营成果的优劣，影响着企业存亡兴衰。因此，营销能力分析通常都离不开对这4种能力的分析评估。

a. 产品竞争能力：反映一个企业产品竞争能力的指标、包括产品的市场地位、收益性、成长性、竞争性与结构性。

b. 销售活动能力：经过产品竞争能力的分析，我们已经了解了企业产品的市场竞争能力，发现了优势产品和销路不畅产品。接着，我们还要对优势产品和劣势产品进行销售能力分析，即通过分析其销售组织、渠道、业绩和促销等方面，找到销售活动中的问题和原因、优势和劣势。

c. 新产品开发能力：新产品开发能力分析是在现有产品的市场竞争力分析的基础之上，着重从新产品开发组织、开发效果、开发过程和开发计划等四个方面进行分析。其目的在于提高新产品开发的效果，改进企业的产品组合，增强企业的应变能力。

d. 市场决策能力：市场决策能力分析是以前述产品的市场竞争力分析、销售活动能力分析以及新产品开发能力分析的结果为依据，对照企业的经营方针和经营计划，指出企业在市场决策中的不当之处，探讨企业的中长期市场营销课题和应采取的市场战略，以提高企业经营领导层的决策能力和决策水平，使企业获得持续的发展。

③组织效能分析。一个良好组织至少要体现以下 4 项原则：有效性原则、统一指挥原则、合理管理层次和幅度原则、责权对等原则。

组织效能分析的主要问题：有了良好组织的 4 项原则作为基准以后，我们就可以对管理组织所涉及的多方面问题进行分析。可以从分析职务体系入手，看看管理岗位设置、人员配备及其素质是否对完成职能管理有保证；可以从分析岗位责任制入手，看看职权与职责对等性如何；也可从分析管理层次和管理幅度入手，看看管理职能的分工是否有效合理；还可以从人员素质、管理体制等其他角度入手进行分析。当然，最重要的是对组织内管理的层次和幅度状况以及职权对等匹配情况进行分析。

④企业文化、业绩与问题分析。

a. 企业文化分析：企业文化是一种客观存在的文化现象。自 20 世纪80年代初西方组织文化理论出现以来，企业文化已受到广泛的重视。企业文化是指一个企业的全体成员共同拥有的信念、期望值和价值观体系。在企业内部环境分析中，必须对企业文化进行分析，尤其是以下几点内容尤应注意：文化特征，文化建设——文化与目标、战略的一致性，文化的环境适应性等。

b. 企业业绩分析：从企业过去一段时期的经营业绩中，可以总结成功的经验和失败的教训，发现企业的优势和劣势。这方面的分析主要包括如下内容：目标的完成情况、战略的执行情况、成绩与经验、失败与教训等。

c. 企业现存问题分析：任何企业在任何时候都存在着一定的问题，这是前进中的困难，是在制定未来目标和战略时必须认真研究和解决的。分析的主要内容包括：现存问题的内容、现存问题的重要程度、解决问题的可能性等。

核心能力不可能永久不变，不可能永远不被别人模仿。企业对核心能力要有分析，正确对待。核心能力相对稳定，但也要有不断的发展。企业不见得只有一个核心能力，可能有几个核心能力。在实践中，多项的核心能力能够使企业获得更好的优势，但一些企业往往过分地追求多元化，或多种化经营，而忽略了自己的核心能力、核心业务，盲目地追求多元化。这可能不仅是盲目的问题了，而是对企业的市场环境没有充分地认识。

一个企业不可能只分析外部环境而不考虑自己的内部资源，同样，也不可能只分析内部资源而忽略了外部环境。战略管理的思路是从资源到能力，从能力到核心，然后形成竞争优势。在充分分析产业环境的情况下，企业一定要认识自己的资源（见图9-5）。

（四）目标设定

1. 愿景

企业愿景是企业的战略家对企业的前景和发展方向的一个高度概括的描述，这种描述在情感上应能激起员工的热情。愿景由核心理念和对未来的展望两部分组成。核心理念由核心价值观和核心目的构成，核心价值观是企业最根本的价值观和原则。核心目的是企业存在的根本原因。愿景必须考虑的问题：市场和顾客，是企业战略中必须考虑的问题，没有一个很好的市场，没有顾客的需求，再好的愿景也是没有用处的。未来展望由未来 10 年到 30 年的远大目标和对目标的生动描述构成。远大目标必须用生动形象的语言加以描述，才能激起员工的热情和激情，才能得到员工的认同，才能使员工完全地投入。

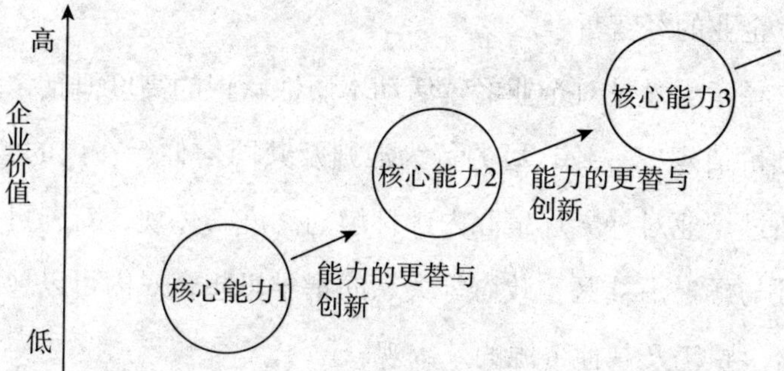

图 9-5　核心能力的管理

2. 使命

企业使命是对企业的经营范围、市场目标等的概括描述，它比企业的愿景更具体地表明了企业的性质和发展方向。企业使命为企业发展指明方向，是企业战略制订的前提，是企业战略行动的基础。它回答这样的问题：我们到底是什么样的企业？我们想成为什么样的企业？谁是我们的客户？我们应该经营什么？企业只有非常明白自己的经营领域和客户群才能把握住发展的大方向，才不至于误入自己不熟悉的领域，才能避免脱离自己的客户群。战略目标是企业使命的具体化，是企业追求的较大的目标。比如，市场份额、利润率、客户服务、创新、生产率等。企业使命表述的原则有：市场导向原则、可行性原则、鼓动性原则等。

企业使命表述的三方面内容。

（1）企业的生存目的。

决定企业经营什么的应该是顾客，是顾客愿意购买产品或服务才能使资源变为财富。虽然顾客所购买的是实实在在的产品，但顾客认为有价值的却从来不是产品，而是一种效用，是一种产品或服务给他带来的满足程度。因此，我们必须把企业经营看作一个顾客满足的过程，而不是一个产品生产过程。

（2）企业的经营哲学。

企业经营哲学是对企业经营活动本质性认识的高度概括，是包括企业的基础价值观、一致认可的行为准则及共同信仰等在内的管理哲学。它主要通过企业对外界环境和内部环境的态度来体现，对外可以包括企业在处理与顾客、社区、政府等关系的指导思想，对内可以包括企业对其投资者、员工及其他资源的基本观念。

（3）企业形象。

企业形象是指企业以其产品和服务、经济效益和社会效益给社会公众和企业员工所留下的印象，或者说是社会公众和企业员工对企业整体的看法和评价。对公众形象的重视反映了企业对环境影响及社会责任的认识。

3. 战略目标

战略目标是企业为完成其使命所要达到的预期结果，它的时限通常为 5 年以上。战略目标是企业战略的核心，它反映了企业的经营思想，表达了企业的期望，指明了企业今后较长时期内的努力方向。

（1）目标的特征。

①可接受性：是指战略目标必须易于被企业的利益相关者所理解和接受；

②可检验性：是指战略目标应该是具体的，是可以给予准确衡量的，是可以在事后予以检验的；

③可分解性：是指战略目标必须是可分解的，能够按层次或时间进度进行分解，构造成一个战略目标体系，使企业的每个战略单位甚至每个员工都能明白自己的任务和责任；

④可实现性：是指战略目标必须适中、可行，既不能脱离实际定得过高，也不可妄自菲薄定得过低。

（2）战略目标的制定过程。

①制定战略目标的基本要求：

a. 目标的制定必须有科学的依据。

b. 目标必须明确和具体，并规定出完成期限。

c. 目标必须具有挑战性，并切实可行。

d. 目标应突出重点。

e. 目标应形成一个完整的体系。

②战略目标的制定过程

a. 企业最高管理层宣布开始。

b. 确定企业使命的长期战略目标。

c. 把长期战略目标分解。

d. 各战略单位建立长期或短期目标。

e. 职能部门制定长期和短期目标。

f. 自上而下从企业整体直至个人。

③战略目标的内容：

战略目标的内容应包括利润、产品、市场、竞争、发展、福利、社会责任等。

④公司层战略目标

a. 赢利水平：通常以资金利润率和销售利润率来表示。

b. 产品开发：包括产品品种、产量、质量及更新换代规划等。

c. 竞争地位：通常以市场占有率和总销售收入、设备更新率等表示。

d. 技术水平：如机械化、自动化程度、新技术、新工艺、新材料的采用和推广，重大科研项目的安排、专利申报规划等。

e. 人力资源开发：包括对企业领导干部、技术人员、管理人员和技术工人的培训，以及他们的政治、技术、文化素质提高的水平和程度。

f. 职工福利水平：包括职工福利设施的建设、生活条件的改善、平均工资的增长率等。

三、企业战略的制订

（一）战略的制订

1. 战略的制订程序

战略的制订程序一般有以下几个步骤。

（1）识别与鉴定现行战略是否完善。价值发生转移以后，企业的现有战略不适合市场的需求了，需要考虑改变现行战略；如果现行战略适合要求，就可以继续执行现行战略。

（2）分析企业外部的竞争环境，由于战略需要变化，企业的环境也需要重新界定和分析。

（3）测定与评估企业自身的素质。这个素质就是企业所具有的条件和拥有的资源。

（4）积极准备战略方案，评价和比较战略方案。

（5）最后确定新战略。

2. 战略的制订方法

战略制订的方法基本上有四方面。

（1）自上而下的方法。这是相对集权式的组织所采取的方法，这个方法对企业员工的积极性调动不高，往往是上面考虑好了以后由下面推行。

（2）从下而上的方法。能够调动积极性，但可能对上面的精神领会不足。

（3）上下结合的方法。上面的思想、理念和下面的理念能够达到一种吻合，双方有一种共识，有一种沟通。比较容易执行，也容易取得比较好的效果。

（4）战略小组的方法。很多公司成立了战略研究中心、战略发展中心，或战略研究室，都是通过专门部门来研究公司的总体发展战略，帮助领导做出决策，或提供决策的依据。

企业可以根据内部的不同条件分别采取适用自己的方法。

3. 怎样选择适合的战略

怎样选择适合自己企业的战略，有以下几方面的因素需要考虑。

（1）过去战略的影响：过去的战略对现在的战略，以及未来的战略都会有巨大的影响，这是个一贯性的问题。

（2）外界对企业的影响：特别对外部环境的依赖程度。

（3）企业对风险态度的影响：特别是高层管理人员对风险的态度。是规避，还是积极进取？企业的各种管理人员的类型是不同的，所采取的对风险的态度也是不同的。

（4）时间因素的影响：战略的时机是否成熟？企业制订一个战略，如果没有组织保证、不符合企业原有文化就很难推进，需要等待一段时间，达成共识。

（5）竞争反应的影响：主要是同行内竞争的反应、潜在进入者的反应、替代品的反应以及供应者和购买者的反应，同行的反应可能更重要。

4. 企业要制订发展战略要考虑的因素

（1）公司的业务：多元化还是单一化？

（2）服务的顾客：宽泛还是专一？

（3）产品线：宽还是窄？

（4）追求的竞争优势：低成本还是差别化的产品和服务，还是追求特殊的能力？出发点不一样，制订战略时考虑的角度也不一样。

（5）制订战略时要考虑的几个如何：

如何对消费者偏好的变化做出反应？

如何面对同行业的竞争？

如何对新的市场环境或者市场条件做出反应？

如何在一个长期或相对长的时间内，在业务上获得发展？

如何实现绩效目标？

如何让企业的利润增长，或者如何增加你的业务？

如何取悦顾客？

如何面对竞争对手？

如何对变化的市场做出反应？

如何确定业务的定位，获得能力？

5. 战略的变化

在分析这些因素后，企业还要分析战略的变化。战略的变化包括：原有的战略是什么样子？是常规变化还是非常规变化？战略不仅仅是计划，有时也是一种适应，这种适应就是战略的变化。一般讲常规的变化，指修修补补，在整个战略管理过程中进行适当地改进，它是一种有限的变化。有时需要彻底的变化，战略已经不能适应市场的需要，价值已经被转移到别人那里去了，这时就需要做出一种彻底的变化，甚至企业需要做出一种转向，完全离开所经营的业务。从原有战略到企业彻底转向是两个极端，企业可以在这两个极端间做出各种各样的选择。

（二）公司战略

战略选择就是要明确“企业向何处发展”，包括四个组成部分：制定战略选择方案、评估战略备选方案、选择战略和战略政策和计划。战略评价要考虑 3 个问题：适用性、可行性、可接受性。在此仅介绍总体战略和竞争战略，其他不再论述。

1. 总体战略

企业战略类型多样，形式各异，各个企业都有自己的一套适合企业自身条件与所处环境及发展要求的独特的战略体系。企业总体战略可以划分为下述 3 种。

（1）稳定型战略（防御型战略或维持型战略）。

稳定型战略是指企业不改变其生产性质、主要产品和为社会提供的服务，在一定时期内企业也并不准备扩大生产规模的一种战略。其核心主要以提高企业现有生产条件下的经济效益为目的。

它的优点是风险小，失败的可能性也小，企业的内部经营机制得到完善，企业的产品结构、组织结构及其他各项工作合理化，可以提高企业对外界环境变化的应变能力及抗干扰能力；缺点主要是长期采用此战略，企业发展缓慢，在稳定战略实施中，企业领导者往往把眼光放在企业内部结构调整上，而对于企业外部环境的变化及提供的机遇容易忽略，在当今行业竞争激烈的市场中也容易被竞争者击败。

稳定型战略一般适用于外部环境和内部条件暂时处于劣势或市场不稳定，经营中既无突出优势，又无明显有利因素的企业（或者在资金、技术、原料供应或销售渠道存在较大困难的企业）。

（2）增长型战略（扩张型战略或发展型战略）。

增长型战略是企业在现有基础水平上向更高一级的方向发展。它是指企业扩大生产规模，并在保持原有主要产品的同时，增加新的产品的生产，挖掘企业的潜力，提高销售量，扩大市场占有率，降低成本，提高赢利能力，超过竞争对手，使经济技术指标超过或达到同行业的先进水平，在提高产品质量、降低物耗、增加经济效益上有大幅度提高的一种战略。其核心是发展壮大。企业为了发展，就必须采取扩张型战略。扩张型战略面临的风险较大，管理者也缺乏对扩大后的企业进行良好管理的经验。因此，采用扩张型战略的企业家一般都是开拓型的，敢于承担风险。而且研究战略发展的可行性是制定战略扩张的重要环节，要对企业现有的实力与应付扩张战略可能带来的风险做出正确估计。分为赶超型发展战略和开拓型发展战略。

增长型战略一般适用未来阶段宏观环境和行业微观环境较好，企业比较容易获得这些资源。另一方面，需求幅度将会有相应的增长，同时公司必须有能力获得充分的资源来满足增长型战略的要求。

（3）紧缩型战略（或退却型战略）。

紧缩型战略是指企业缩小生产规模，或取消某些产品的生产，减少企业的投入，封存或出卖部分设备的一种战略。其核心是通过紧缩战略来摆脱企业生存所面临的困境，使财务状况好转，否则企业可能面临倒闭破产的境地。

这种战略一般适用于经济不景气、需求紧缩、资源有限、产品滞销、内部矛盾重重、财务状况恶化以及在原经营领域中处于严重不利竞争地位的情况。分为整顿战略（以退为进），先暂时从现有的水平往后退，等到条件成熟后再前进；削减战略（抽资战略），减少对某一经营领域的投入，只投入最低限度的经营资源；放弃战略，就是将经营资源从某一经营领域中抽出；清理战略（清算战略），就是企业由于无力偿还债务，通过出售或转让企业的全部资产，以偿还债务或停止全部经营业务（只有当其他战略全部失灵时才采用此战略）。

2. 企业的竞争战略

公司的竞争战略主要有下述 3 种。

（1）低成本战略。

低成本战略要求企业必须建立起高效、规模化的生产设施，全力以赴地降低成本，严格控制成本、管理费用及研发、服务、推销、广告等方面的成本费用。为了达到这些目标，企业需要在管理方面对成本给予高度的重视，确保总成本低于竞争对手。

企业选择低成本战略的好处有：可以定出比经营对手更低的价格，面对价格比较敏感的顾客时，会获得竞争优势；在竞争中，企业不必通过降价来竞争。

①如何实现低成本？

靠低成本提高企业的利润率，从而提高企业总的利润和总的投资回报率，这样的优势在于比竞争对手能更有效地开展内部价值链的活动。要做低成本，企业需要：注重价值链各个环节的活动，加强对各个环节的管理，改造公司的价值链，省略或跨越一些高成本的价值活动。

②如何控制成本？

控制成本可以从 9 个方面，即 9 种成本控制驱动因素入手。

a. 规模经济：价值链上某项具体活动，例如营销或服务，会受到规模经济的约束。如果企业的规模较大，成本就较低，这样就会盈利。否则，就会出现亏损。所以企业要考虑如何简化产品线降低成本、提高标准化、缩短产品生产周期、把销售队伍组建得更合理，等等。

b. 学习曲线或经验曲线的效益：所谓学习曲线或经验曲线是指，随着企业对产品加工的累计数量的增加，加工的熟练程度提高，单位成本下降。

c. 关键资源投入的成本：关键是人工投入的资本、与供应商谈判能力等。例如沃尔玛，通过利用它们采购方面谈判的能力，从供应商那里获得比较低价格的物品，形成自己低成本的一个优势。

d. 企业中或行业价值链中其他的活动因素：企业自己的价值链中，有些活动是受到另外一些活动的影响，这样要降低一项活动成本就需要相关活动也降低成本。例如计算机的主机提高了质量，那么配件也要相应地提高质量，这是相辅相成的，否则会使得成本加大。所以包装、材料的处理等些方面都会影响到整体的活动。企业在一个方面的活动，需要另外一个方面相互支持，这里有一个协同作用的问题。

e. 协同作用：企业内其他业务单位如何分享知识，也涉及协同作用。

f. 加强垂直一体化或纵向整合：纵向整合是对外部资源的整合，实现纵向整合也是降低成本的重要资源。

g. 机会优势：当一个市场还没有被开发，首先进入这个市场的人，就是机会领先者，他会享受到机会优势。企业最先进入这个市场，还是跟进这个市场，都会有一个成本问题，这就需要考虑市场进入的时机问题。

最先进入市场能够树立形象和声誉；能够较好地接触原材料的供应者、新技术和分销渠道，产生成本优势；能够形成很高的顾客忠实度。这时进入市场，企业就会形成机会优势。在很多市场进入方面，率先会带来很多的优势。但率先也有率先的劣势：最新进入的，由于对当地的文化和政策不熟悉，往往会使进入当地的成本过高，由此导致企业败退。

h. 生产能力的利用率：这是价值链中的一个很大的成本驱动因素，因为生产能力本身就带来了巨大的固定成本，生产利用率的提高可以使承担的折旧成本和其他的固定费用生产量扩大，从而降低单位的固定成本。

i. 战略选择和经营运作的决策：企业内部各种管理决策，也可以使公司的成本降低，或者上升。例如如何提高或减少产品或品种的数量；如何增加或减少为顾客服务；如何使产品的性能和质量特色有所增加或减少；如何支付更高或更低的工资和附加福利；如何增加或减少产品分销渠道的数量，缩短或延长供货时间等。这些方面都是降低成本的驱动因素。企业需要在降低成本的时候，改造价值链的原有结构，使之更加符合价值链的需要。

③如何保持低成本优势？

保持低成本优势的方法主要有以下几方面。

a. 比竞争对手更有效地执行价值链活动：就是找到价值链中，哪些方面、哪些活动可以降低成本。

b. 修补价值链：修补价值链，增加或减少一些能使成本和生产相适应的活动。如果企业的价值链过高，那么要对它修补，或者分离出去。

c. 产品低程度的差别化：产品不是绝对没有差别，需要有一个不是增加企业成本的差别化。

d. 进行有限的市场细分：这里需要第一考虑的仍然是竞争对手的价

格问题。要做好成本优势，就要有效地开展内部价值链的活动，使相互有关的不同业务部门的战略达成一种默契。

（2）差异化的战略。

差异化的战略是将公司提供的产品或服务差异化，树立起一些全产业范围中具有独特性的东西。实现差异化战略可以有许多方式，如设计名牌形象，保持技术、性能特点、顾客服务、商业网络及其他方面的独特性等。最理想的状况是公司在几个方面都具有差异化的特点。但这一战略与提高市场份额的目标不可兼顾，在建立公司的差异化战略的活动中总是伴随着很高的成本代价，有时即便全产业范围的顾客都了解公司的独特优点，也并不是所有顾客都将愿意或有能力支付公司要求的高价格。

①差别化的战略选择。

产品差别化的实行：通过质量、创新、顾客的回应以及顾客心理需求来实行高程度的产品差别化。无论时装、电子产品、家电产品以及轿车，在这方面都有所体现。

通过众多的利己市场形成特殊的差别化：像高档时装，只做很小一块市场；高档汽车也只做很小的一块市场。

通过研发、市场营销上的特殊能力获得竞争优势，就是寻求与众不同。每个企业都希望与众不同，希望能够在市场上得到认可。而不是只价格与众不同，但产品的性能或顾客的偏好程度却一般。

②差别化战略的优势和劣势。

差别化战略的优势是易于实现品牌忠实。人们都有一个基本的品牌忠实，照相机是用什么样的牌子，很多人心里有一个固定的品牌，这就是一个品牌忠实度。

差别化战略劣势是成本高、价格高，消费者不能承受。竞争对手推出类似产品，企业或考虑推出更有差别的产品，或考虑退出。

（3）重点集中的战略。

还有一种战略就是重点集中战略，也叫聚焦战略。就是把经营战略的重点放在一个特定的目标市场上，即前面细分的利己市场上，为特定地区或特定购买群体提供特殊的产品和服务。低成本与差异化战略都是要在全产业范围内实现其目标，重点集中战略的前提思想是：公司业务的专一化能够以较高的效率、更好的效果为某一狭窄的战略对象服务，从而超过在较广阔范围内竞争的对手。公司或者通过满足特殊对象的需要而实现了差异化，或者在为这一对象服务时实现了低成本，或者二者兼得。这样的公司可以使其赢利的潜力超过产业的平均水平。

竞争优势是所有战略的核心，企业要获得竞争优势就必须做出选择，必须决定希望在哪个范畴取得优势。全面出击的想法既无战略特色，也会导致低于水准的表现，它意味着企业毫无竞争优势可言。

四、企业战略的实施

（一）战略实施的 5 个模型

战略制订完了就要考虑实施。实施有以下 5 个模型。

（1）指挥型：指在简单组织里一种家长式的管理。一个人说了算，当然有的体制条件下，例如军事组织中必须存在集权，战争中必须服从命令。但在企业管理中，要看在什么样的情况下实施。

（2）变革型：就是实施中不断追求变革。实施的理念是追求变革，希望战略的实施能够更好地适应变革的需求。

（3）合作型：指在战略实施中，改变过去单纯命令指挥型的做法，希望上下进行合作，使战略得到圆满的实施。

（4）文化型：比较好的一种类型就是文化型。它先构筑企业内部的文化，或者在原有企业文化的基础上形成新的增长点，使大家达成共识来积极贯彻战略。

（5）增长型：它的目的是追求企业的增长，战略实施的一切方面都围绕企业的增长服务，在这样一个类型中，企业调动资源也好，改变组织结构也好，改变权力分配结构也好，都要考虑到企业的增长。

（二）战略实施

1. 战略实施的步骤

（1）战略认同为战略实施提供群众基础和根本动力。要确保战略目标，加强力度固然重要。在战略制定及实施过程中，应尽可能地让实施战略的领导者和全体员工深入参与，确保公司上下对战略目标及措施的高度认同和充分拥护，从而为推进战略实施奠定良好的群众基础和思想基础。

（2）实施计划为战略实施提供行动依据。发展战略的本质揭示了企业现在及未来存在的根本意义，要具体落实战略方案，还要具体制定实施计划，包括对企业总目标、总任务在时间上的分解，在各事业部和职能部门等空间上分战略及其措施的落实，关键的战略成功要素和重点指标的取舍，以及资源配置的优先顺序等。此时要深入考虑影响战略实施的领导风格、组织结构调整、企业文化、资源满足程度、管理变革支持等因素，以确保战略实施效果。比如华润、中粮、中化三家企业的战略目标和发展路径各不相同，但它们都能根据发展战略进行战略实施的制度设计，进行快速而有效的业务重组、组织结构及人员调整、完善和强化管理体系等。只有翔实周密的实施计划才能使战略目标的实现更为坚实可靠。

（3）战略评价机制为确保战略实施效果及战略调整创造条件。战略实施的效果如何，企业还需要建立跟踪和评价、考核机制。目前，在国内很多大型企业集团内部，也都采取了战略咨询会议等方式定期检验战略实施情况，为发展战略调整和实现动态的战略管理创造了积极条件。当前，围绕核心业务制定出一个清晰明确的发展战略，对国内企业的成长和发展非常重要，但要真正在与战略目标明确、战略措施具体、战略优势明显的跨国公司的竞争中立于不败之地，保持企业的可持续竞争优势和持久发展动力，战略实施能力的提高就成为增强企业竞争力的关键要素。

2. 战略的控制

实施和控制是不可分割的，实施的过程中要不断地进行监控。战略的控制是企业对发生或即将发生战略问题的部门，以及重要的战略项目或活动所进行的控制。

（1）战略控制系统。

一个有效的战略控制系统，它包括以下四方面。

①设定标准和目标。企业目标定了，战略也是根据目标制订的，但具体的标准是什么，还要根据战略控制的需要制定相关的标准。

②建立一个衡量与监控系统。这个衡量是根据企业的标准来进行的，有的是计时监控，有的是在一定过程中进行监控，需要不断地设计和完善。

③比较实际的效益和目标。这在全面质量管理中体现得比较充分，企业实际做的结果、所形成的效益和预定目标是不是一致？如果不一致，

就需要重新进行调整，使其吻合、达到或实现原定的目标。

④评估实现的结果，必要的时候采取行动。

（2）全面质量管理。

全面质量管理是美国著名的管理学家戴明提出来的，是一个有效的控制系统。他提出了PDCA循环，这里P——计划，D——执，C——检查，A——运行。在这样一个不断循环的过程中，企业可以很好地运行，得到很好的控制。放在战略控制系统，也是这样一个思路，只不过把当初企业的战略目标包括财务目标，作为一个基准，在运行的过程中不断地进行监控。基准，不仅是和企业预定的目标进行比较，同时要把竞争对手所出现的比自己更好的方面作为一个标准来进行比较。比较以后，再调整运行系统，以保持一个动态的状态。

（3）战略管理中的监控。

战略管理过程是一个动态的过程，一方面是企业在实施过程中保持一个运作的状态，另一方面是进行一个动态的监控。控制的因素有以下三方面。

①对人员进行控制。主要是对人员的行为所产生的效应进行监控。

②对组织进行监控。组织是保证战略实施的最基本的要素，这里的组织是指组织结构。

③对企业的文化进行监控。企业文化是战略实施的基础。

从人员、组织、文化这三个层面加强控制，能够使战略得到更好的实施。控制的层级：公司的管理者、业务部门的管理者、职能部门的管理者、基层单位的管理者。这四个方面到底控制到什么程度，彼此之间如何控制、如何协调？讲控制的时候也要讲到协调，从管理者到运行人员，也就是员工，这些方面都需要考虑。当然，控制的重点，公司战略控制要公司管理层面来考虑，而业务方面的战略，也就是竞争战略可以让业务部门考虑，包括企业分厂的管理人员、市场营销人员。

（4）战略的监督、评估和纠正。

战略管理实际上是一个动态过程管理，战略的监督、评估和纠正是一个系统工程。如何保证复杂系统的正常运转？这需要一个监督评估和纠正的过程。这是一个无终点的循环，在循环的过程中不断地进行适当的调整，使战略过程是一个正常的过程。

（三）组织建立

一个新的战略需要一个新的组织结构，这里的组织实际上是组织结构，用来推进新的战略实施。

（1）制订预算，将公司的资源分配给起关键作用的部门。

（2）建立对公司战略起着支付作用的政策和运作程序。

（3）鼓励公司的员工，引导他们努力为公司所建立的目标而奋斗，同时，如有必要，对他们的职责和工作行为进行修订，使其能更好地满足战略的成功实施所要求的必要条件。

（4）对组织进行调整。在很多情况下，当一个领导人提出新的战略的时候，由于组织上得不到保证，所以他需要对组织进行调整，希望能够在新的战略、新的基础上，得到圆满的实施。另外在战略实施中还需要考虑资源配置问题，怎么样能通过合理预算，将资源更好地分配给关键部门，实现战略目标。

（5）制订与战略相配套的政策、程序和体系。

虽然有了一个很好的理念，但是如果相关政策不改变，也是难以实现的。例如我们国家加入 WTO，但我们现在很多政策跟它不接轨，这就需要对某些政策予以调整。

（四）管理的效能与效率

美国管理大师德鲁克20世纪50年代在《有效的管理者》中就提到的，一个是效能（Effectiveness），一个是效率（Efficiency）。

效能——做正确的事情，这是很不容易的，怎么能选择一种正确的事情呢？在市场经济的条件下，哪些事情、哪些决策是正确的呢？你今天正确，在相当一段长的时间，能不能保证它仍然正确？这就需要我们考虑。如果做正确了，就是一个效能问题。

效率——正确地做事，很多部门只是一个执行部门，它考虑的是一个效率问题。提高效率的途径在于资源的有序分配。通过设立标准流程、操作规程、分工协作等规范化体系，以实现管理系统的良性运作。

管理就是正确地做事和做正确的事，效能需要你做正确的事情，而效率是要你正确地做事——就是领导说什么，你就做什么，而且很快做完。就像电影《拯救大兵瑞恩》中描述的，派8个人去抢救一个人，值不值得的问题不需要去讨论，这是价值观念的问题，只要你去执行命令，有效地把他救过来。至于说，他所蕴含的价值问题、对于母亲的一个回报的问题，则是一个效能问题，对个人影响的问题，也就是说向导问题，这两个方面是不同的。

在公司层面的战略中，它要考虑的是效能的问题——怎样做出正确的决策。而在经营单位层面上，或者在竞争战略层面上，很多考虑的是效率问题，特别是如果我们还有一个层面——职能战略。什么情况下要考虑效率，什么情况下考虑效能？有一些企业过多地考虑效率也会带来负面影响，例如整天加班加点，看起来是一个效率问题，很快实现了目标，但是员工的疲劳程度过度，或者中层管理人员的疲劳程度过度，他没有精力去思考创新的问题，没有精力去考虑相关工作的问题，这对整个企业的发展，或者整个公司的发展，可能会在一定时间内是不利的，所以我们不能仅仅追求效率而忽略效能问题。

在考虑效率、效能和战略的关系时，还要考虑不同的管理风格，这个风格又是由它的文化所形成的。不同的管理风格，即便考虑到效率和效能的问题，也还是会影响管理层次的。

【案例】

格兰仕集团的战略管理

在世纪之交，美的和格兰仕先后进入对方经营领域，面对面地进行厮杀。格兰仕通过实施专业化和规模化战略，将微波炉的价格降低了一半，大大提升了微波炉在我国的普及率，同时也迫使许多微波炉生产厂家退出微波炉行业的竞争。格兰仕已成为我国微波炉市场上的真正霸主，连续 5 年获得市场占有率第一的美称。然而在 21 世纪即将来临之际，格兰仕宣布将投资 20 亿进军空调及其他大家电行业，消息一出，业界顿时一片哗然，讨伐之声不绝于耳。在当前空调需求过剩的情况，格兰仕进入空调行业将意味着什么？格兰仕为什么要在这个时候进入空调业？格兰仕还能在空调业创造微波炉神话吗？

广东格兰仕（集团）公司以生产羽绒制品起家，1993 年进入微波炉行业，从家电、轻纺等产业多元化走向微波炉小家电生产的专业化，迅速成为微波炉世界的“巨无霸”。依托规模经济、实施低成本战略大幅度降低销售价格，1995 年在微波炉市场占有率跃居第一，并一直保持，成为全球最大的家电生产企业之一，总公司面积 60 万平方米，现有员工一万余人，2000 年销售收入达到 50 亿元。产品畅销全球 80 多个国家和地区，2000 年出口创汇 2.5 亿美元，列中国家电行业前列。

格兰仕集团拥有 1500 万台微波炉的年产生能力，是目前全球最大的微波炉生产基地。占有全球市场近35%，中国市场近70%的市场份额。格兰仕集团还拥有全球最大的豪华电饭煲生产基地之一，具备1200万个豪华电饭煲年生产能力，市场占有率已经位列国内三甲。

经国家权威部门评估，格兰仕的无形资产已经高达101亿元，成为中国最具影响力、最有价值的品牌之一。格兰仕成功的发展模式得到上级部门的认可，已被列为“广东省83家大企业集团”和“国家轻工局68家争创国际名牌优势企业”等，格兰仕将作为国家重点企业来扶持。该集团以国际领先的技术开发能力和日臻完美的产品服务体系，为社会提供数以千万计的高科技、高品质、高附加值的产品。格兰仕拥有人才、品牌、技术、质量、服务、市场、营销、网络等诸多优势，这些优势将为格兰仕创造多个“全球第一”的产品，成为国际家电领域的“星际航母”。格兰仕产品以卓越不凡的产品质量赢得了世界消费者的青睐，因而被世界消费者联盟这一权威组织评为“世界消费者满意企业”，也被《财富》杂志推选为“最受赞赏的企业”。

格兰仕有上百种微波炉品种，有全世界最先进的多系统遥控遥感高智能化微波炉、豪华型“金刚”系列以及“迷你”型微波炉等系列产品。科技含量、性能质量价格比占绝对的竞争优势，为格兰仕强行推进货真价实、质优价廉奠定基础。

在稳固国内市场的同时，格兰仕加快了迈向国际市场的步伐。1999年被推举为全国33个重点支持和发展的名牌出口商品生产企业。一些微波炉生产专家在访问格兰仕后，将格兰仕的成功归纳为：规模优势产生采购成本优势；规模优势支持技术进步，又极大地刺激形成成本优势；规模优势衍生专业化优势，进而形成强大的品质优势；规模优势使生产力水平得到提升。

第10章

小微创业的资源管理

一、什么是创业资源

（一）创业资源的内涵

资源是企业作为一个经济主体，在向社会提供产品或服务的过程中，所拥有或者所能够支配的能够实现企业战略目标的各种要素以及要素组合。

巴尼（Barney）认为创业资源是指企业在创业的整个过程中先后投入和使用的企业内外各种有形的和无形的资源总和。林强认为创业资源是企业创立以及成长过程中所需要的各种生产要素和支撑条件。阿尔瓦兹（Alvarez）和布森尼兹（Busenitz）认为创业本身也是一种资源的重新整合。简单地说，创业资源就是创业者所需具备的一些创业条件。布里（Birley）认为企业创业过程中收集的财务、人力等物质资源和信息、观点、建议等非物质资源都是创业资源。

综上所述，创业资源是指新创企业在创造价值的过程中所需要的特定资产，包括有形与无形的资产，诸如创业人才、创业资本、创业机会、创业技术和创业管理等。

创业资源对于企业的建立和成长具有重要的作用，在创业过程中，创业者的工作重点应该放在如何有效地吸收更多的创业资源，并且将其进一步整合为企业的竞争优势上。

（二）创业资源的类型

关于创业资源的类型，学者们提出了多种分类方法。维克提姆（Wickham）于 1998 年在其建立的创业模型中，把资源分为三大类，即金融资本、人力资本以及技术。道林葛（Dollinger）提出创业资源分为六类：物质资源、声誉资源、组织资源、财务资源、智力和人力资源、技术资源；林嵩也提出六类创业资源：政策资源、信息资源、资金资源、人才资源、管理资源和科技资源。

1. 按照资源的表现形态分类

（1）实体资源。

实体资源是指可见的、能量化的资产，主要包括创业者的固定资产和金融资产。固定资产主要包括房屋、土地、机器设备、原材料、运输工具等资产。金融资产主要指创业者的存款、筹资和借贷。

（2）虚拟资源。

虚拟资源是指能够创造价值，但不具有独立实物形态的资源。虚拟资源可归为两大类：技术资源和商誉资源。具体包括技巧、知识、信息、关系、文化、品牌、管理、声誉以及能力等。

实体资源与虚拟资源相比，实体资源越用越少，边际效应递减，虚拟资源不会越用越少，且边际效应递增。所以，虚拟资源更具价值创造的潜力，虚拟资源往往是撬动实体资源的重要杠杆，能够为创业者带来无可比拟的竞争优势。

（3）人才资源。

管理学大师彼得·德鲁克（Peter Drucker）在 1954 年出版的《管理的实践》这部经典著作中，首次在管理学领域阐释了人力资源的含义："人力资源——完整的人是所有可用资源中最有生产力、最有用处、最为多产的资源。”

人力资源包括创业者或创业团队及其雇员的知识、能力、经验以及个人社会关系网络，它涵盖了每个个体的判断力、洞察力、创造力以及视野和才智，甚至包括社交技能和社会关系。而人才资源是指在创业过程中对商机识别、价值创造起了重要作用，甚至创造了超额价值的人力资源，是人力资源中的精英。

2. 按照资源的归属情况分类

（1）自有资源。

自有资源来自企业内部积累，是创业者自身所拥有的可用于创业的资源，如创业者拥有的可用于创业的自有资金、自己拥有的技术、自己所获得的创业机会信息、自建的营销网络、控制的物质资源或管理才能等，甚至在有的时候，创业者所发现的创业机会就是其所拥有的唯一创业资源。自有资源的拥有状况在很大程度上会影响甚至决定人们获取外部资源的结果，因此创业者首先需提升自有资源储备。而自有资源的拥有情况又可以帮助创业者获得和运用外部资源。

（2）外部资源。

外部资源包括朋友、亲戚、商务伙伴、投资者给予的帮助，如资金、空间、原材料、设备等。外部资源还包括社会团体或政府提供的帮助。外部资源更多的来自于外部机会发现，而外部机会发现在创业初期起着决定性作用。创业者在开始创业的时期面临的一个重大问题，即创业资源不足，资源供给不足。一方面，企业的创新成长必须消耗大量资源；另一方面，企业自身还很弱小，无法实现自我积累和增值。所以，企业只有识别机会，从外部获取充足的创业资源，才能实现快速成长，这也是创业资源有别于一般商业资源的独特之处。对于创业者来说，运用外部资源是一种非常重要的手段，在企业的创立和早期成长阶段尤其如此。

其中最关键的是创业者具有资源的使用权并能控制或影响资源部署。

3. 按照资源的重要性程度分类

（1）必备资源。

必备资源指创业者必须自己拥有或借助外力能够支配的创业资源，主要包括资金资源、场地资源、人才资源和产品资源等。

（2）支撑资源。

支撑资源指处于创业者直接控制范围之外，但可以通过开发、组织、联合甚至租赁而猎取的资源，包括营销渠道和关系网络。

（3）外围资源。

外围资源指创业者身处其中就能感受或享受到的资源，是一种不受创业者主观控制的、外在的公有性资源。包括创业环境、创业政策、创业文化和市场信息等。

三种资源的具体内容如表 10-1 所示。

表 10-1　创业资源的类型与来源

类型	名称	内容和来源
必备资源	资金资源	亲戚朋友的借款；政策性低息贷款；各类政策资助与扶持的创业基金或科技基金；风险投资资金；天使投资资金等
	场地资源	自有产权的房屋场地；可租借到的房屋场地；科技园区或工业园区提供的低价场地；各类孵化器或创业园提供的廉租房屋场地等
	人才资源	创业者自身；创业团队成员；可以聘请到的管理、营销人才；专家顾问团队；招聘的合格员工等
	产品资源	具有自主知识产权的产品；创新性产品；他人产品的地区总代理；具有市场前景的产品等
支撑资源	营销渠道	自有的营销网络；可以使用或租借的营销渠道；营销渠道的效率与效果是否与产品生产能力匹配等
	关系网络	个人关系网络，如亲朋好友、老师、同学、战友、同事等；社会关系网络，如创业之前的同事、业务伙伴，可以进行利益共享与交换的群体；具有弱连接的间接社会关系等

续表

外围资源	创业环境	地区经济发展水平；是否有创业辅导机构、创业融资机构、创业培训与学习条件；政府对创业的态度；区域自然条件等
	创业政策	税收优惠及减免政策：工商注册支持政策；行业准入政策；创业扶持政策；确保创业者利益的政策等
	创业文化	地区生活习惯，人们对待冒险的态度，对创业行为的看法，地域文化与思维方式；对财富与安逸的追求等
	市场信息	是否具有发达的网络系统；市场的开放性、安全性与公平性；信息共享的程度；行业协会与市场组织等

4. 按照资源的参与程度分类

（1）直接资源。

按照资源要素在企业战略规划过程中的参与程度，创业资源可以划分为直接资源和回接资源。财务资源、经营管理资源、人才资源、市场资源是直接参与新企业战略规划的资源要素，可以将其定义为直接资源。其中，财务资源主要考虑是否有足够的启动资金，是否有资金支持新企业最初几个月的亏损。经营管理资源主要是考虑凭什么找到客户，凭什么应对变化，凭什么确保企业运营所需能够及时满足，凭什么让新企业内部能有效地按照最初设想运转起来。人才资源条件考虑的是企业是否有合适的专业人才来完成所有的任务。市场资源包括营销网络与客户资源、行业经验、人脉关系等。

（2）间接资源。

政策资源、信息资源、科技资源这三类资源要素对于新企业的影响更多的是提供便利和支持，而非直接参与新企业战略的制定和执行，因此其对于新企业战略的规划是一种间接作用，可以将它们定义为间接资源。其中，政策资源主要考虑可不可以有一个“助推器”或“孵化器”推进新企业的发展，比如某些准入政策、鼓励政策、扶植政策或优惠等。

信息资源包括依靠什么来进行决策，从哪里获得决策所需的信息，从哪里获得有关创业资源的信息。科技资源主要考虑新企业凭什么参与市场竞争，为社会提供什么样的产品或服务。根据上述分析，创业资源的概念模型如图 10-1 所示。

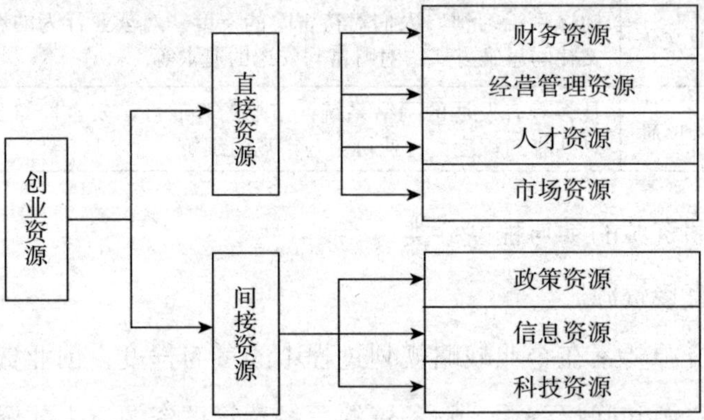

图 10-1　创业资源的概念模型

（三）创业资源与一般商业资源的异同

一般商业资源是指经济学意义上的资源，即具有经济价值或能够产生新的价值和使用价值的客观存在物。从这个意义上说，具有经济价值并能够创造新价值，是创业资源与一般商业资源的共同点。但资源的通用性无法使企业获得高水平绩效和持续的竞争优势，也无法实现企业的快速成长。与一般商业资源相比，创业资源具有以下几个方面的特点：

1. 外部资源占比较大

创业资源包括丰富的内容，如资金资源、人才资源、产品资源、技术资源、关系资源、政策资源、场地资源等。但创业者在创业初期能够筹集到的创业资源比较有限，因此面临着可控内部资源不足的问题。创业者解决这一困境的途径为外部资源的内化，例如，利用战略联盟、专业化协作、信用贸易等手段吸引资金、人才、技术等不同类的外部资源并融合为企业内部资源。创业资源中外部资源的占比相对较大，而且对于企业的创立及平稳发展也具有更重要的作用。

2. 个人因素影响较重

创业者个人的坚持与追求，与其开创企业的战略目标、文化基因、组织结构等因素具有明显的关联关系。而且创业者个人的能力、性格和资源储备对于新企业的存活、成长和获利都具有显著影响，所以创业者是创业过程中最重要的创业资源。当然，雇员的素质也是决定企业整体质量的关键因素。因此，创业资源中创业者和人才资源的作用和贡献更为明显。

3. 资源的异质性明显

资源基础理论认为企业的竞争优势源于企业拥有的异质性资源。所谓异质性资源指的是具有价值性、稀缺性、难以模仿性和难以替代性，从而构成了企业竞争优势的内生来源，包括创业者在创业过程中形成的有特色的创意、创业精神、愿景目标、创业动力、创业初始情景等。由于创业活动带有一定程度的风险性和开创性，因此，创业资源中必须包括某些能够为企业带来竞争优势的异质性资源，否则企业很难在激烈的市场竞争中立足，即使勉强存活了下来也只是在行业中扮演补缺者或追随者的尴尬角色。

二、创业资源的识别

创业资源的识别是指创业者根据自身资源禀赋，对企业创建所需资源进行分析、确认，并最终确定企业所需资源的过程。企业创业资源的识别主要是围绕两个方面展开的，一个是企业内部资源的识别，一个是企业外部资源的识别，如图 10-2 所示。在资源识别的过程中，创业者需要清楚地了解企业执行市场进入性战略时所需的资源，列出一个详细目录，以明确所需资源的基本特性。创业者通过评估企业的初始资源库，决定采用何种资源和能力，并确定哪些资源需要内部开发，哪些资源需要外部获取，并制定下一阶段的资源获取战略。资源识别的目的不仅是识别出当前拥有的资源和所需资源，还要识别出潜在的资源供应商，为资源的获取奠定基础。

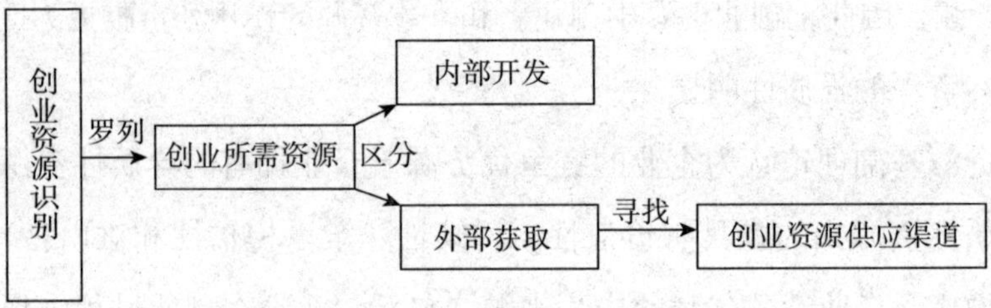

图 10-2　创业资源识别的主要内容

由于新生企业天然的资源稀缺秉性，创业者是否能够从内外部环境中识别有价值的创业资源就成了能否获得资源竞争优势的关键。创业资源识别也是企业成长发展的重要前提，是新生企业资源整合过程的第一个阶段。

（一）创业资源识别的影响因素

1. 初始资源

初始资源的拥有情况对于创业资源的识别具有重要的作用。例如，初始人力资源对创业资源的识别就具有重要的影响，创业者或创业团队的教育背景、经验和行业知识直接影响企业能否准确识别出影响其发展的关键因素。初始财务资源同样影响着新企业识别所需资源的数量、质量、获得的先后顺序以及资源的提供者，而拥有初始网络资源则有利于新企业识别所需资源的来源。

2. 创业者素质

成功的创业者通常都能具备一定的风险承受能力、创新性、市场应对本领、企业管理知识与经验，同时具备合作精神、责任感、胜出动机等素质，这些素质对于新企业的资源识别具有至关重要的作用。面对不断变化的创业环境，创业者必须加强自身对市场变化的敏感性。这是因为在企业创建初期，创业网络还不稳定，资源识别的质量很大程度上依赖于创业者自身的素质。创业初期，创业者应根据创业环境的变化、自身的特质性素质不断地调整理念、思想、行为，不断地获取稀缺的、有价值的以及不可替代的资源，以保持企业的竞争优势。

3. 创业环境动态性

企业赖以生存和发展的环境是不断变化的，而不断变化的环境暗示着创业的不确定性和风险，它们都会导致创业者决策难度的增加。创业环境动态性表现为环境随时间不断变动的程度，以及在创业环境中创业资源的稀缺或充裕程度，具体包括顾客、增长机会、竞争者、创新的不可预测性。创业者要想获得独特的竞争优势，必须及时有效地了解动态环境的变化，在动态环境下提高关键资源的识别准确性。

4. 创业网络

创业网络是新创企业获取信息、资源、社会支持以便识别和利用机会或资源的一种特殊途径，包括正式网络和非正式网络。通过创业网络，创业者可以直接将创业资金、创业所需的社会资源、初始时的组成人员等带进企业。很多成功的创业者愿意花费更多的精力在关系的维护上，比如亲戚、朋友、供应商、顾客、合作伙伴、中介机构、大学机构、政府等。

（二）创业资源识别的方法

根据创业者的不同驱动因素，可将新企业的资源识别方法分为决策驱动型创业资源识别方法和机会驱动型创业资源识别方法。

1. 决策驱动型创业资源识别方法

决策驱动型创业资源识别方法是指创业者已经做出创业决定，然后挖掘创业机会，组织资源，创建企业的过程。这是一个自上而下的过程，具有一定的计划性。由于创业者将建立企业作为其创业目标，因此创业者的初始资源将决定其能够识别的创业机会。并且在这一过程中，创业者通过对自身禀赋资源的反复评价，会对创业愿景进行不断的修改。这一过程确定的创业机会是以创业初始资源为基础的。

2. 机会驱动型创业资源识别方法

机会驱动型创业资源识别方法是创业者首先发现创业机会，然后评价创业资源，创建企业的过程。与决策驱动型创业资源识别方法不同的是，这种创业资源识别方法是将创办企业作为机会实现的手段，目的在于提供一种产品或服务。这是一种自下而上的过程，具有偶然性。在这种资源识别方法中，创业者对创业资源的识别和评价都是围绕创业机会来进行的，相对于决策驱动型创业资源识别方法来说，机会驱动型创业资源识别方法更注重机会开发所依赖的核心资源和独特能力，其他创业资源都是围绕这些基础资源来识别和利用的。

（三）创业资源识别的过程

创业资源识别的过程分为两种情况：第一种是企业还没有形成前，需要识别、获得资源，从而构成企业发展的基础；另一种是企业已经建立了，创业者要识别哪种资源对新企业的发展起重要作用，能形成新企业的核心竞争优势。

新企业的创业资源识别过程一般包括三步：第一步是资源的分类，资源通常可分为六类：人力资源、社会资源、金融资源、物质资源、技术资源、组织资源。第二步是对每项资源进行交叉维度的划分，分为简单资源和复杂资源，实用型资源和工具型资源。简单资源是有形的、离散的、以所有权为基础的资源；复杂的资源是无形的、系统的、以知识为基础的资源。实用型资源是直接用于生产过程的或用于整合其他创业资源的资源；工具型资源是提供获取其他创业资源路径的资源。例如，金融资源既是一种简单资源，也是一种工具型资源，可以用来获取其他创业资源。当然，这种划分对于不同的新企业是不同的，在实际操作过程中需要视具体情况具体分析。第三步是考虑有没有这种创业资源，如果有的话，这种创业资源的数量、质量、结构等基本情况如何；如果没有这种创业资源，通过哪些方式可以获得，需要付出怎样的代价，并通过创业内外环境的分析，评估这种创业资源的占用程度及获取方式。

三、创业资源的获取

创业资源的获取是指在确认并识别资源的基础上，利用其他创业资源或途径得到所需资源并使之为新企业服务的过程。创业资源的获取是创业资源整合不可或缺的重要环节，获取创业资源是任何新企业在发展中都不可忽视的一个关键环节。创业资源的获取主要是根据创业资源识别的结果，来获取新企业所需的资源。不同的创业资源需要选择不同的获取途径，同一资源获取方式可能获得多种资源。新企业在此阶段要根据实际情况将需要获取的创业资源与获取途径进行合适的匹配。

（一）创业资源获取的影响因素

1. 创业者的资源禀赋

创业者的资源禀赋是指创业者所具有的与创业相关的自身素质和外在关系的总和，主要包括创业者的经济资本、社会资本、人力资本，它们能够为创业行为和新创企业的生存提供保障。创业者身上所具备的综合素质直接决定了其相关创业资源的获取模式。创业者的个性特质、信息搜集能力、资源整合能力、企业管理能力、学习能力、团队领导能力、人际关系开拓能力等都影响创业资源的获取。

2. 集聚经济效应

集聚经济效应对新企业的作用在于能够使创业者更容易地获取资源。在现有企业集聚区域创业，是因为已经存在的领先企业对新企业具有孵化作用。一方面，从要素市场看，集聚经济能够提供更丰富的创业资源；另一方面，许多创业者曾经是集群中企业里的员工，这些员工的行业经验及与集群中的企业和机构之间的网络关系，使其更容易接近资源所有者并说服其提供创业资源。

3. 社会网络

社会网络对于创业资源的获取具有重要意义。这是因为社会网络是隐性知识传播的重要渠道，它可通过促进信息，包括技能、特定的方法或生产工艺等的快速传播来协助组织学习，同时还可以大大降低新企业的交易成本，帮助获取与新企业需求相匹配的资源。由于新企业的实力和声望等方面都较为薄弱，很难通过传统的市场关系获取自身所需要的资源，因此，新企业通常会利用创业者的社会关系网络来获取所需资源，用以弥补通过市场关系获取资源的缺口。

4. 信息环境

信息是指新企业所获取的有关资源所有者的显性和隐性信息，显性信息包括资源所有者的基本信息和资源的基本信息，隐性信息通常以经验和技能的形式存在，对新企业的资源积累和资源整合具有重要作用。信息资源作为一种特殊的战略性资源在新企业资源获取的过程中常常会遇到信息不对称的尴尬。这是因为虽然创业者掌握较多的企业层面、产品技术层面和团队管理层面的信息，但出于市场竞争的考虑，往往不愿向资源所有者公开全部信息，因此用以评估的信息很有可能是不完全的，这种信息不对称也可能导致资源所有者不愿投资新企业。

（二）创业资源获取的途径

创业资源获取的途径按创业资源的来源方向划分，分为外部获取和内部积累。

资源外部获取主要包括资源购买、资源租赁、资本运营三种方式。资源购买即利用财务资源杠杆获取外部资源，主要包括购买专利和技术、聘请有经验的员工、通过外部融资获取资金等。资源租赁是通过租赁的方式获取需要的创业资源，但是获取的是资源的使用权而不是所有权。资本运营指通过兼并、收购、联盟的方式获取需要的资源。

资源内部积累是利用现有资源在新企业内部培育新生资源，主要包括新企业的厂房、装置、设备，在新企业内部开发新技术，通过培训来增加员工的技能和知识，通过新企业获得市场订单、扩大销量、提高利润等自我积累获取资金，通过建设创业文化、培养全员的创业精神来积累创业资源。

（三）创业资源获取的技能

1. 合作技能

要获取创业资源，首先要找到可以提供资源的对象。对此，一种方法是找到少数拥有丰富资源的提供者，如政府、银行、大公司等；另一种方法是尽量多找到一些潜在的资源提供者。商业活动强调利益，要获得资源就需要认真分析潜在资源提供者关心的重点所在。一旦不同诉求的组织或个人之间存在共同利益，或能够建立起紧密的利益联系，就成了利益相关者。利益相关者可以合作，并最终达到共赢。而这一系列动作的达成需要创业者展现出强大的合作能力。

2. 识人与用人技能

人是资源的载体，创业者要善于识人，敢于用人，这样才能打通获取资源的渠道。例如，善于启用理财高手，必然带来更丰富的融资渠道和资金；给营销新秀更多展示的空间，自然会换来更大的产品或服务的市场；重用专业技术人才，不但能提升产品质量，更能开创出具有更大创新性的技术格局。所以，识人、用人的能力也属于创业资源获取技能之一。

3. 沟通技能

较强的沟通能力是创业者获取创业资源的关键因素。创业过程中的所有工作都是由人来完成的，都是基于人与人之间的合作的，而合作的桥梁就是沟通。所以沟通技能不仅对于创业资源的获取具有重要意义，对于创业活动整体而言也是具有决定性作用的。

4. “撬动”资源的能力

无形资源往往是撬动有形资源的重要杠杆。发挥资源的杠杆效应是指创业者通过无形资源的杠杆作用，以尽可能少的投入换取尽可能大的产出。创业者不应该被当前的资源所控制，应该善于利用关键资源“撬动”更多资源。例如，充分地利用别人没有意识到的资源，利用他人的资源完成自己的创业目标，将有形和无形两种资源搭配产生更高的复合价值等。

四、创业资源的开发

在创业者识别和获取创业资源之后，创业者还需要对创业资源进行开发，挖掘潜在价值。对于新企业来说，创业资源在未开发之前大多是零碎的、未经系统化的。要发挥这些资源的最大使用价值，产生最佳商业效益，为新企业带来利润，就必须运用科学方法对各类创业资源进行综合、集成和激活，并将有价值的资源有机地融合起来，使之具有较强的柔性、条理性、系统性和价值性。

（一）创业资源开发的影响因素

创业资源开发是指企业在获取了必要的创业资源之后，对创业资源进行调整，使其互相匹配、相互补充并获得独特竞争力的过程，为新企业制定战略决策提供依据。这是创业资源管理的中心环节。获取的创业资源是否有价值，关键在于如何开发使用，如何为新企业带来价值。

1. 创业者个人

新企业的拥有者或创业者在企业运行过程中起着关键性作用。创业者的经验、行业知识、社会关系网络和受教育程度对于资源的整合过程有重要意义。创业者自身的素质能反映出其看问题的角度、深度和广度，以及分析问题的综合程度，这对创业资源的开发起指挥和协调作用。创业者要善于通过个人的能力来建立新企业学习系统，从而开发、管理和维持创业资源的开发系统。创业者引导着新企业发展的方向，在资源开发的过程中扮演着关键的角色。创业者应根据不同的创业理念将资源的价值和潜能加以开发从而转化为新企业所特有的资源。

2. 利益关系网络

企业的利益相关者在企业的建立和运营的过程中也承担着一定的风险，而利益相关者面临的风险也是影响新企业资源开发的重要因素。创建一个新企业，众多参与者都要冒一定的风险，原因在于他们的投入和投资是不可逆的。也就意味着，如果创业失败，那么利益相关者都要在不同程度上遭受损失。如果将机会成本考虑在内，投资者的投入则更大。所以，利益关系网络的复杂性使得新企业在开发创业资源时，不得不考虑其他主体的利益。虽然新企业的发展过程充满不确定性和风险，但是创业者可以通过利益关系网络的资源开发建立战略联盟，进而降低创业的不确定性和风险。

3. 社会关系网络

社会关系网络是新企业资源开发的重要的影响因素之一。新企业的发展处在复杂的社会网络之中，网络规模反映了新企业与其他网络成员联系的范围。网络强度反映的是新企业与其他网络成员来往的频率。网络强度越大，表明企业与其他网络成员之间来往越密切，企业越容易获得和整合创业资源，开发创业资源在不同领域的价值。网络成员间的关系越紧密，行动就越默契，越有利于网络成员之间的学习和交流，提高相互间的信任程度，提高资源开发深度和广度，促进资源的流动性。

4. 员工的非正式交流

员工的非正式交流和频繁流动使新企业可以从企业联盟中获得新的管理技能和新的产品研发、生产运作、营销传播技能，新企业可利用这些技能对创业资源进行有效的开发和利用。

（二）创业资源开发的策略

创业者识别、获得有价值的创业资源之后，如何开发这些创业资源，使资源发挥更大的作用和价值，是创业者在创业过程中重点要考虑的问题。创业资源的开发策略主要可以分为三大类，具体如下：

1. 小心谨慎，步步为营

新企业成立初期拥有的创业资源比较有限，在这种情况之下，创业者要充分开发自有资源。创业者可以分多个阶段投入创业资源，每个阶段只投入最低限度的资源，仔细观察资源的投放效果，如果较为理想则继续投放，并适度扩大投入。相反，则立即停止投放。总之，力求企业的创建过程能够做到稳扎稳打，尽可能地降低创业风险。

2. 巧用杠杆，借势发展

新企业要想成功，仅仅依靠自身的资源是远远不够的，必须利用自身资源“吸引”和“撬动”更多资源，这就是杠杆效应。创业资源的这种开发方式属于“四两拨千斤”的做法，杠杆效应的发挥是一个创造性的过程。但是，这也要求创业者具有较强大的个人魅力。

3. 资源拼凑，变废为宝

新企业获取的创业资源往往是不充分的，在资源约束的条件下，创业者往往苦于在正常情况下被普遍接受的惯例、定义和标准的限制。此时，创业者可以深入开发已经获得的创业资源，或者开发别人看来无用的、废弃的创业资源，通过巧妙的整合，实现自己的目的。

（三）创业资源开发的过程

创业者识别和获取资源之后，还应该对资源进行合并和转化，进而挖掘出资源真正的价值，保证资源的新颖性和柔性。

1. 资源的合并

对大多数新企业来说，创业资源不是立即形成的，而是通过逐渐演进，经过了一定时间的沉淀之后形成的。创业者将各种离散的产权型资源和知识型资源进行整合，形成系统的创业资源，这一开发过程依赖于对创业资源的整合过程。这一过程建立在现有的资源和能力的基础之上，如对现有能力进行提升、吸收新的创业资源、开发新的能力等。

2. 资源的转化

创业者在对离散型创业资源进行组织和整合时，还必须将个人的优势资源投入到新企业之中，或者将个人的能力与新企业的优势相结合，产生企业的竞争优势。创业者的知识和能力是实现新企业资源规模积累与价值提升的基础。这种转化多是通过创业资源开发过程完成的，这就要求创业者在进行创业资源开发的过程中将个人的初始创业资源用于建立企业的竞争优势。

五、创业资源的利用

新企业拥有了一定的资源，并不意味着它就可以将创业机会转化为商业财富，这其中还有一个重要的工作就是创业资源的利用。创业资源的利用是指新企业配置创业资源形成企业特有能力，以提升竞争优势，最终创造价值与财富的过程。通常情况下，创业资源的利用是一个动态的循环过程。

（一）创业资源利用的影响因素

1. 资源配置能力

新企业如果不能有效配置拥有的创业资源，就不可能实现价值的创造。企业的资源转化后形成的能力只有满足了市场需求才能实现利润的回报。对新企业来说，资源必然是稀缺的，企业若要生存、发展下去，只有拥有匹配当前竞争优势的能力，才能利用创业机会创造财富。

2. 风险偏好

创业者的风险偏好也是影响创业资源使用的一个重要因素。资源和能力的转换过程会受到外部环境的强烈影响。由于创业者对风险的态度会影响行为，其风险承担能力自然会影响企业实现资源向能力的转化方式的选择。在不确定的情况下，具有较强风险偏好的创业者可能会选择具有较高产出潜力的产品或服务，但需承担较高的风险；而具有较低风险承担能力的创业者的选择自然相反。在能力匹配过程中，风险承担会影响匹配机制的选择。在能力匹配结构实施的过程中，风险承担性强的新企业通常会制定风险较大但收益较高的战略，而风险承担性弱的企业则会做出相反的决定。

3. 超前行动

超前行动是影响新企业资源利用的另一个因素。超前行动主要指新企业通过先动行为对外部环境产生积极影响，从而引导市场变化，创造市场需求。在资源向能力转化的过程中，超前行动会影响新企业进行资源利用的相对时间。有许多新企业是由于发现一个新的市场机会而创立的，其利用创业资源的行动一般在行业中是超前的，会对环境和市场产生一定影响。

（二）创业资源利用的策略

创业资源的识别和利用是创业资源有效整合的开始和结束，识别有价值的创业资源有助于创业者在创业过程中利用资源，正确选择资源利用途径可以使资源使用达到最优。在创业过程中，创业者不但要能识别所需的各种不同效用的创业资源，还需要知道如何对资源进行整合。整合过程包括绑聚、匹配等。资源整合是一个复杂的动态过程，是指企业对不同来源、不同层次、不同结构、不同内容的资源进行选择、汲取、配置、激活及有机融合，使之更具柔性、条理性、系统性和价值性，并对其原有的资源体系进行重构，摒弃无价值的资源，以形成新的核心资源体系。新企业识别、获取、开发资源的最终的目的是更好地利用资源，发挥资源“1 + 1 > 2”的增值效应。

【案例】

“老干妈”的辣椒王国

她没有上过一天学，就连自己的名字，都是儿子成人后手把手教她写的。她乐善好施，尽管自己的生活充满艰辛，但是常接济附近一所学校的一名贫困生，感激之下，学生叫她“干妈”。久而久之，周围的人们也都亲切地叫她“老干妈”。

如今，她是拥有2000多名员工，年产值8亿多元的贵阳南明老干妈风味食品有限责任公司的董事长。她就是陶华碧，人们亲切地叫她“老干妈”，她的产品——豆豉辣椒系列，也叫“老干妈”。走近老干妈，就是走近一段创业传奇。

陶华碧是从卖米豆腐开始自己的“经商”生涯的。那时候的她想法很简单，丈夫临终前嘱咐她“要自带饭碗”。而且，两个孩子要靠她拉扯大。1989 年，陶华碧用省吃俭用积攒下来的一点钱，建起了一个只能摆下两张小桌的“实惠饭店”。虽然简陋，但饭店的生意不错，她免费赠送的豆豉辣椒、香辣菜等小吃和调味品，成了吸引顾客的秘密武器。不过，这时陶华碧并没有意识到辣椒背后的商机，直到有一天，客人吃完饭后，要求买一些调味品带回去。此时，陶华碧突然意识到辣椒酱拥有着巨大的市场潜力。从此以后，陶华碧白天开饭店，晚上在店里用玻璃瓶包装豆豉辣椒，一直忙到早晨 4 点，睡两个小时，6 点又起床开门营业。

豆豉辣椒越卖越好，1996 年 7 月，陶华碧借用南明区云关村委会的两间房子办起了食品加工厂，专门生产辣椒调味品，定名为“老干妈麻辣酱”。成了老板后，陶华碧仍然保持着不怕吃苦的本色。捣辣椒溅起的飞沫让人眼泪直流，工人们害怕，陶华碧就亲自操刀，说“把辣椒当苹果切，就不辣眼睛了”。从此，大家都不怕了。产品生产出来了，陶华碧亲自背着，送到各食品商店和单位食堂进行试销。一周的时间，试销商便纷纷让她加倍送货。

由于“香”，由于“香辣结合”，老干妈的产品已经覆盖除台湾省以外的全国各地，并远销欧盟、美国、澳大利亚、新西兰、日本、南非、韩国等 20 多个国家和地区。一举改变了辣椒产品局限于嗜辣地区的传统。现在，在产品开发方面，陶华碧依然是公司的“技术总监”，她不喝茶，不喝饮料，只为了保持灵敏的味觉和嗅觉。“不管什么产品，只要我一闻一尝，就晓得哪种配料没放对。”现在，依托挖掘富有贵州地方特色的“香辣调味品”资源，牛肉末辣椒酱、辣子鸡辣椒酱、风味腐乳、香辣菜、香辣酱，新产品层出不穷。而且，所有的产品都能做到“一炮而红”。

毫无疑问，陶华碧的坚韧、隐忍、果断、善良是“老干妈”辣椒王国的基石，而一路上不断伸出援手的贵州省各级政府则是这位“老干妈”的贵人。陶华碧和政府的第一次接触非常具有传奇色彩。在她经营小饭店时，有一次，时任南明区区长的蒋星恒得知她在经营中遇到了困难，专程去“微服私访”。在饭店门口，蒋区长对陶华碧说：“老干妈，你放心发展，有什么困难，我们帮助你。”陶华碧不知道来者是谁，还以为对方是个“菜农”，奇怪地反问：“你是帮我抬呢还是帮我扛哦？”事隔多年以后，提起这件事，陶华碧仍然会流泪：“这些年遇到好多好心人。”

在“老干妈”的发展历程中，贵州省各级政府给予了大力的支持。从省领导的关心到贵阳市南明区领导亲自与公司人员奔赴打假第一线。在自身的努力和政府的支持下，如今“老干妈”已经成为继“贵州茅台”“黄果树”“贵州神奇”之后，又一个贵州省在全国叫得响的品牌。

“老干妈”成名了，不断有其他省市邀请陶华碧到外地办厂发展，并可提供了大量的优惠政策。她都拒绝了。她说：“子子孙孙都要留在贵州发展，要在贵州做大做强，为贵州争光。”

回望“老干妈”的一路艰辛，一路辉煌，不难发现，其实是陶华碧骨子里的坚韧，贵州地区独特风味的辣椒、豆豉、菜籽油等地方资源以及政府的一路支撑共同筑起了火辣辣的“老干妈”辣椒王国。

第11章

小微企业的生产管理

一、生产管理概述

（一）什么是生产管理

生产管理是指对企业的生产技术准备、原材料投入、工艺加工、生产过程组织、生产技术准备、生产作业计划的编制、生产控制直至产品完工等具体活动过程的管理。

（二）生产管理的职能

1. 计划职能

通过对市场需求的预测，生产管理根据用户与市场的要求，以按品种、质量、数量、交货期完成生产任务为目的，编制各种生产计划。生产计划，主要是指生产计划工作及生产作业计划工作，具体规定企业在计划期内生产什么、生产多少、怎么生产以及生产进度等问题。

2. 组织职能

制定了详细的生产计划和生产作业计划以后，生产管理的组织功能要求对参与企业生产的原材料、机器、设备、劳动力、信息等各要素，生产过程中的各个工艺阶段、各个方面进行合理的组织和协调，进行生产工作，保证按计划完成生产任务。如原材料采购的组织与协调，生产前技术准备的组织与管理，劳动力的组织与调度等。

3. 分析职能

根据生产计划的组织执行情况，生产管理要经常进行分析工作，一方面，分析工作对生产过程进行诊断和评价，综合反映生产的各个阶段、各个方面完成生产计划的情况；另一方面，分析工作可以给以后的计划工作反馈信息，提高计划的科学性和可执行性。同时，可以根据分析发现的生产中出现的偏差，及时采取各种措施，改进生产组织，实现优质、高效的生产。

4. 控制职能

在企业的生产管理实践中，为了保证计划能够顺利完成，能最经济地按质、按量、按期完成生产任务，必须对分析工作得出的有关生产过程的信息及时反馈，与生产计划相对比，纠正偏差，这就是生产控制工作。生产控制工作的主要内容包括质量控制、库存控制、在制品控制、原材料消耗控制、能源使用控制、工期控制等。

计划、组织、分析和控制是生产管理中不可缺少的四个组成部分。计划工作着眼未来，是对生产工作各个方面、各个阶段的总体安排；组织工作围绕生产过程，保证生产计划的完成；分析工作重视现在，是对生产活动所进行的详细的诊断和评价；控制工作立足现在，参照过去，根据分析得出的生产信息，对未来的生产过程进行纠偏和监督，使各生产环节相互之间紧密结合，保证按品种、按质量、按交货期完成生产任务。

（三）生产管理的指导原则

1. 讲求经济效益

讲求经济效益，是指要用最小的劳动占用和劳动消耗，生产出尽可能多的适销对路的产品。讲求经济效益是企业作为一个独立的经济实体，为了获得生存和发展的机会所必须考虑的首要问题。只有讲求经济效益，使企业生产的总产出大于总投入，才有可能实现积累，为企业的发展提供物质上的保证。讲求经济效益，体现在生产管理目标上，就是要尽量做到数量多、质量好、品种齐、成本低、交货准时。当然，生产管理的如上目标之间存在着相互冲突的因素，这就要求在组织生产时进行综合平衡，求得最佳结合，在企业的生产管理实践中，到底是什么因素处于第一位，因企业性质和企业目标不同而不同，拥有名牌商标的企业可能最注重质量，而普通厂家则可能更重视成本。

2. 坚持以销定产

以销定产，是指企业的管理工作以市场为龙头，生产什么、生产多少、如何生产，全部由市场状况决定。坚持以销定产，是市场经济条件下，企业生产应遵循的基本原则。坚持以销定产的原则，要改变观念，树立市场第一的思想，克服只重生产、不顾市场的经营思想；要正确处理生产同销售的关系，既不能不顾企业的实际条件，如工人的技术水平、装备水平、原材料供应状况，盲目的追逐市场，又不能过分强调生产中的困难，不顾市场需求，盲目组织生产，两种思想都会让企业失去市场；要不断提高生产管理对市场的适应能力，当市场需求发生变化时，企业的生产系统应保持一致，生产出适销对路的产品。

3. 实行科学管理

实行科学管理，是指要求生产管理对生产过程的组织和管理必须符合社会化大生产客观规律的要求。市场经济条件下的社会化大生产，规模大、环节多、分工细、关系复杂，有其内在的客观规律。生产管理必须遵循客观规律实行科学管理。建立统一的生产指挥系统，科学地进行计划、组织、分析和控制工作，保证生产的正常进行。同时，科学的管理要求做好基础工作，如定额工作、定量工作、信息工作、标准化工作等。

（四）生产管理在企业管理中的地位

企业是一个有机的整体，企业管理就是一个完整的大系统。它是由许多子系统组成的，生产管理作为一个子系统，在企业管理中所处的地位是由生产过程在企业全部生产经营活动中所处地位决定的。生产活动是一切社会组织存在的前提，生产管理活动改善了人们的生活质量。

生产功能与财务、人力、信息等功能之间存在密切的关系。生产过程是企业生产经营活动的重心，是企业销售活动的前提，是企业盈利的保证。它也为企业的供应活动反馈信息。

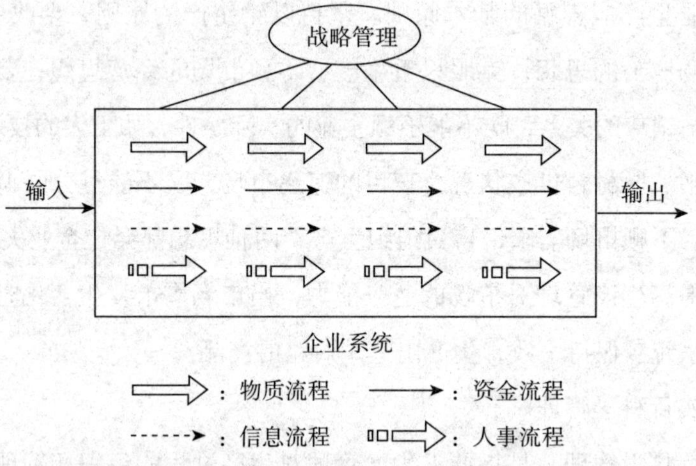

图 11-1　生产功能与财务、人力、信息功能的关系

现代生产管理面临的一系列新的问题，主要包括：①生产管理的外延和内涵明显地呈现出扩大化的趋势，向生产与运作管理的方向转变，二者的区别是：生产（Production）面对的是制造业，产品为实物；运作（Operation）面对的是服务业，产品为服务。②顾客需求多样化、个性化趋势明显，顾客化产品与低成本之间存在着一定的矛盾，企业必须在如何解决这一矛盾方面倾注精力和时间。③新技术不断涌现，企业技

术进步的压力明显加大。

表 11-1　制造业与服务业的区别

制造业	服务业
产品是有形的、耐久的 生产与消费分离 产出可以储存 顾客与生产系统接触少 质量相对易于度量	产品是无形的、不耐久的 生产与消费同步 产出不可储存 顾客与生产系统接触频繁 质量难以度量

1. 生产管理和经营决策的关系

生产是一切组织存在的前提，生产管理是企业管理的一部分。它要根据企业经营决策所确定的一定时期中的经营意图，即经营方针、目标、战略、计划的要求以及下达的具体任务，组织生产活动，并保证实现。从企业管理的分层来看，经营决策处于企业的上层，即领导层，生产管理处于企业的中层，即管理层。所以，它们之间是决策和执行的关系。生产管理对经营决策起保证作用，处于执行性地位。

2. 生产管理和销售管理的关系

生产管理活动改善了人们生活的质量。生产管理是销售管理的前提条件。它为销售部门提供用户满意的、适销对路的产品和服务。搞好生产管理工作对于开展销售管理工作，提高产品的市场占有率有着十分重要的意义。所以，生产管理是销售管理的后盾，对销售管理工作起着保证作用。它们在企业管理系统中，同处于执行性地位，保持十分密切的协作关系。

从以上生产管理与经营决策、销售管理的关系可以看出，在企业管理系统中，经营决策处于核心地位，因为它决定着企业的全局，为企业管理其他各个子系统提供正确的奋斗目标和方向，而其他各个管理子系统则是围绕着保证企业的经营目标实现而活动的。应该指出的是，随着社会主义市场经济体制的建立，应当摒弃生产过程在企业生产经营活动中处于核心地位，生产管理在企业管理系统中处于领导层的旧观念，合理发挥生产管理保证和执行的作用。

当然，强调经营决策的核心地位，并不是否认生产管理的重要作用，在宏观经济体制转变，微观企业管理转型的新形式下，生产管理仍然处于重要的地位。

（1）生产管理在企业管理系统中属于基本部分。因为工业生产活动是工业企业的基本活动。工业企业经营的主要特征是商品生产，而不是商品销售，它销售的是自己生产的产品。因此，生产什么样的产品、生产多少产品、什么时候生产产品满足用户和市场的需求，就成为工业企业经营的重要指标。生产管理就是要把这种处于理想状态的经营目标，通过组织产品制造过程转化为现实。

（2）市场力量对比的变化对生产管理提出更高的要求。在卖方市场条件下，企业是生产型管理。因为产品在市场上处于供不应求的状态，因而，只要产品生产出来，就能够卖出去。生产管理关心的是提高生产效率，增加产量。但是，在市场经济条件下，市场变成了买方市场，竞争加剧，对商品的要求出现多元化趋势，不但要求品种多、质量高，而且要价格便宜、服务周到、交货准时，这种对产品需求的变化，无疑对生产管理提出了新的挑战。

（3）企业领导角色的转化要求强化生产管理。在现代市场经济条件下，企业的上层经理人员应集中精力，做好和企业的长期发展密切相关的经营决策。这需要有一套健全有力的生产管理系统作为保证。否则，如果企业的高层经理人员纠缠于日常生产管理活动，则难以做好企业的宏观决策。从这个意义上讲，生产管理属于基础性管理，它为做好经营决策提供条件。

（五）生产管理的任务

对于生产管理任务的理解，大体经历了三个不同的认识阶段，即组织均衡生产阶段、完成生产计划阶段和满足市场需求阶段。

1. 组织均衡生产阶段

组织均衡生产阶段重视按质、按量、按品种连续、均衡地完成生产任务。这对于充分利用企业资源、降低产品成本、保证产品质量，都有明显的作用。但是，由于市场的需求和资源的供应都不是均衡的，常常是起伏波动的，至今人们还很难认识和控制经济发展的这种波动。工业企业要完全克服这种波动对企业生产的影响，事实上是很困难的。管理者只能通过强化管理降低损失。有时候，为了解决需求和生产之间的矛盾，增加库存是有效的办法，特别是原材料供应和市场需求具有明显季节性和较大不稳定性的产品。在这种情况下，到底是均衡生产还是非均衡生产更为有利，要通过严格的成本收益分析才能得出结论。因而，生产管理者应当根据主客观条件，尽可能做到均衡生产，但不可把它作为生产管理的任务。

2. 完成生产计划阶段

这种认识强调按质、按量、按期完成生产计划。在计划经济条件下，企业单纯是一个生产组织，企业的任务就是按质、按量、按期完成国家下达的生产计划，这种观点是可以理解的。但是，在市场经济条件下，企业是经营组织，为了实现利润最大化，必须使自己的产品符合市场的需求。生产管理的任务如果仍是按质、按量、按期完成生产计划，则可能会出现商品积压或短缺，这对于企业都是一种损失。

3. 满足市场需求阶段

在市场经济条件下，企业作为独立的经营实体，为了实现利润最大化，其生产管理的任务是将社会和市场所需的一定质量的产品，在需求的时间内按需求数量及时而又经济地生产出来。具体来说，生产管理的任务是：

（1）按照合同约定或市场需求的产品品种、质量，完成生产任务。在买方市场条件下，生产什么产品是由市场决定的，而不是由企业决定的。如果企业的产品品种不符合合同规定和市场需求，就要承担相应的赔偿责任或遭受损失。而产品质量则是企业竞争力的核心，提高质量是企业稳定客户、扩大市场、提高市场占有率的有力手段。

（2）按照企业制定的产品成本计划完成生产任务。企业产品的价格是由合同约定或市场决定的，为了获得稳定的利润，企业应该制定产品的计划成本，生产管理的任务之一是保证产品成本不突破计划成本，厉行节约。

（3）按照合同约定或市场需求的产品数量和交货期完成生产任务。数量不足要承担违约责任或丧失销售机会，产量过剩又会因增加库存而增加成本，加大风险。现代经济系统对企业交货不再要求及时，而是要求准时，过早或过迟生产出产品都会使企业招致损失，生产管理要做好数量和交货期的平衡工作。

企业生产产品的质量（Quality）、成本（Cost）和交货期（Delivery），简称QCD，是衡量企业生产管理成败的三要素。保证QCD三个方面的要求是生产管理的最主要任务。在企业的实际管理工作中，这三个方面的要求是互相联系，互相制约的。提高质量可能引起成本增加；为了保证交货期而过分赶工，可能引起成本的增加和质量的降低。为了取得良好的经济效益，生产管理应很好地完成计划、组织、分析、控制职能，做到综合平衡。

二、生产管理战略

（一）生产战略的确定

企业的战略可以分为三层：公司层经营战略、事业部层战略和职能层战略。公司层经营战略的任务是决定企业组织的使命、事业组合和每一种事业在组织中的地位，不断关注动态变化的外界环境，并据此调整自己的长期计划。事业部层战略是企业某一独立核算单位或具有相对独立的经营单位对自己的生存和发展做出谋划，它把公司经营战略中规定的方向和意图具体化，成为更加明确的针对各项经营业务的目标和竞争策略。对于只经营一种事业的小企业或是不从事多元化经营的大型组织，事业部层的战略与公司层的战略是一回事。生产战略则属于职能层战略，为事业部层的战略提供支撑。

1. 生产战略的竞争重点

不同的顾客可能为产品不同的特点或主要特点的组合所吸引，制造企业应根据目标顾客的需要建立自己的竞争优势。能帮助企业获得竞争优势的竞争重点包括成本、产品质量和可靠性、交货速度、交货可靠性、对需求变化的应变能力和灵活性以及新产品开发速度。

（1）成本

①进行成本竞争的意义及要点

所提供产品在质量和功能相同的情况下，能够保持较低成本的企业利润空间更大，承受价格竞争的能力更强。

每个行业中都存在着严格遵循低成本原则的细分市场，市场上购买者对价格很敏感，奋力成为市场上价格最低的供应商是最有效的竞争途径；而对于一些标准化或同质化的产品，能否保持最低的成本从而提供最低的价格，决定着企业能否生存。但是这种细分市场容量往往非常巨大。许多企业被潜在的巨额利润所吸引，大批量地生产产品。结果，这个市场竞争得非常激烈，因此生产企业频频破产就不足为奇了。

低成本是比竞争对手相对低的成本，而非绝对可能低的成本，只有为获取成本优势所需投资（资本投资）小于低成本带来的收益（运营成本的下降）才能保证创造价值。

保证顾客使用所需的基本质量和可靠性，要认真考虑购买者认为是至关重要的特色和服务。

成本优势的价值取决于这种优势的持久性及竞争对手能否复制或匹配。

②降低成本途径

降低成本的途径有两个：比竞争对手更有效地开展价值链活动，更好地管理推动价值链活动成本的各个因素，如采用自动化程度更高的设备；改造公司的价值链，省略或跨越一些高成本的价值链活动，消除各种浪费。

降低成本是获取最大收益的手段，如果企业在现有低成本战略的基础上提高产品质量、增加功能特色，可以带来相对增加成本的溢价（或边际收益），则企业可以考虑采用差异化战略，寻求产业中与众不同的特色。

（2）产品质量和可靠性

产品质量包括产品设计质量和一致性质量。

①设计质量

设计质量体现了产品在市场中的内在价值，包括卓越的使用性能、操作性能、耐久性能等，有时还包括良好的售后服务支持，甚至财务性支持。如 IBM 的便携式计算机以其卓越的使用性能和操作性能著称，同时公司还提供三年免费保修等良好的售后服务，并对其产品实行分期付款、信用付款、租赁等财务性支持方式。

②一致性质量

一致性质量是在生产或服务过程中满足设计规范的程度。产品设计质量是靠工艺的一致性质量实现的。

（3）交货速度

在某些类型的市场上，企业交货的速度是竞争的首要条件。比如某企业为计算机网络设备提供维修服务，那么能够在 1 小时至 2 小时内提供现场维修服务的企业显然要比保证在 24 小时内提供服务的企业更具竞争优势。

（4）交货可靠性

是指企业在承诺交货的协议时段内提供产品或服务的能力。对一个汽车制造商而言，其轮胎供应商每天向汽车总装厂准时提供规定数量和种类的轮胎是非常重要的。假如汽车到达了装配线上安装轮胎的地方，需要的轮胎却没有送达，整个生产线会因此而中断，直到轮胎送来才能继续生产。如果轮胎过早送达，则须安排仓储或占用车间生产空间甚至造成阻塞。

（5）对需求变化的应变能力

在许多类型的市场上，对需求增减变化的承受能力和反应能力是企业竞争力的重要组成部分。显然，在需求增长的时候，企业很少会出问题。当需求强劲并呈上升趋势时，规模经济促使成本递减，这时在新技术上的投资可以很快得到回报。当需求下降、规模缩小时，企业往往难以实现产品价值，甚至需要减员或撤出。预测和高效地响应动态市场的需求是生产战略的基本要求。

（6）灵活性和新产品开发速度

从战略意义上讲，灵活性指的是企业为顾客提供多种类型产品的能力。具备这种能力需要的重要因素是：企业研制新产品所需要的时间以及建立可生产新产品的工艺流程所需要的时间。

2. 战略权衡

对于上述竞争重点，任何企业都不可能保证各个方面都具有竞争优势，管理者必须根据目标市场的要求确定哪些是企业成功的关键参数，然后集中资源去实现它们。例如，如果企业希望提高交货速度，那么就很难维持众多不同种类产品的生产。同样，低成本策略和交货速度或灵活性也不相容。放弃高质量也可看作选择低成本的一种代价。

当企业的战略重点发生矛盾时就需要权衡，侧重一方面也就往往意味着要削弱另一方面。希望两全其美的企业，在生产技术和经营模式没有得到较大改善的情况下，经营成效往往并不理想，企业战略学家迈克尔·波特称之为徘徊其间（stuck in the middle）。这样的组织难以获得长期的成功，它们之所以还能生存，往往是它们处于非常有利的产业中，或是因为竞争对手也像它们一样处于徘徊其间。

但是，一旦生产技术上有重大突破或经营模式实现创新，在多个竞争维度追求完美就有了可能。原来看似矛盾的战略能力可以同时得以改进。如通过计算机辅助制造，企业在提高生产柔性的同时保持了较高的生产效率。

因此，如果企业没有足够能力同时实现多个目标的话，针对一个目标并努力去实现，不失为明智之举；另外，要求企业必须是全能选手的行业毕竟是少数。但相对于同行业的竞争对手而言，总是存在种种权衡，因为战略主要是面向竞争而言的。

对于一些拥有多种产品组合的大型制造企业来说，可能不同的产品类型拥有不同的战略重点，可以运用厂中厂（plant within a plant，PWP）的概念，即在工厂内的不同地方装上不同的生产线，每条生产线拥有自己的生产战略。甚至在同一生产车间也可应用这一概念。在 PWP 的概念下，还可将工人进行相应分组，以避免因战略更换而造成混乱局面。

3. 战略匹配

在企业的竞争重点确定之后，需要一系列的业务组合来支持公司的战略。这些业务组合应该是紧密配合、互相增进的。

例如，某企业将其竞争策略的重点放在低成本上，但却采用相互矛盾的方式来削减成本。它努力地扩大市场份额以获取规模经济的效益，而与此同时又通过型号多元化使规模经济灰飞烟灭。它将工厂设在靠近买方的地方以降低运输费用，但在新产品开发中又过分强调减轻产品重量而使设计和生产成本大幅上升。

美国西南航空公司虽然是一家服务运营商，但它在战略匹配的运用上无疑是非常出色的，这里不妨举为范例。西南航空公司把市场定位于对价格敏感和要求便利的顾客，因此它所有的运用策略都围绕低成本和快捷来进行。在航线的选择上，不做长途飞行，只做中短途的直航（平均飞行时间为 55 分钟），因而可以不提供转机行李检查，不为顾客提供简餐及其他舒适性的服务；在起降机场的选择上，不到大型机场上去抢占市场份额，而选择中等城市和大城市的次要机场，以减少机场滞留时间（通常只需 15 分钟），提高了飞机的利用率；在机种的选择上，统一使用波音 737 客机，使飞机的维护变得高效；在售票上，不通过旅行社预售，节约了佣金，采用自动售票系统，乘客买到票就可登机，也不提供头等舱和经济舱服务，没有座位安排；公司每年花在每个工会工人身上的工资和福利费，低于产业的平均水平，但由于其人性化的管理，雇员的流动率比较低；地面和机场工作人员是高薪的，但目的是获得高效的地面周转工作。因此，它的有效座位每英里的成本仅为6.5美分，而美国航空公司为9美分，US航空公司为15美分。但是或许西南航空公司最突出的成功标志是它的高效率，它因此赢得了11次美国运输部颁发的“三重皇冠”奖——最佳正点率、最佳飞行安全纪录和最少投诉次数，还没有哪家航空公司赢得过这种荣誉。

4. 竞争重点的动态调整

在市场的残酷竞争中，只要能生存下来的企业就有一定的竞争优势。但是今天拥有竞争优势的企业，不一定永远都能够保持其竞争优势，因为外部环境是动态变化的，从而决定了在竞争中取胜的关键因素也不同。在产品生产的开始阶段，拥有新技术可能是制胜的关键；后来，花色品种成为吸引人的地方；再往后，当该产品变得大众化的时候，价格又成为至关重要的因素。所以，企业要密切关注外部环境的变化，及时评估自身的发展前景，对竞争重点及相应的支持战略做出必要的调整。

例如中国的家电市场竞争，一开始只要能生产出彩电就不愁卖，后来是高质量的彩电才卖得好，现在不仅要求质量好、款式新，客户还可以选择网上购物，然后送货上门，免费保修。当然，企业依然可以有不同的竞争侧重点，例如是成本领先还是差异化。但是在不同的市场环境下，成本领先或是差异化的内涵及实现手段都会有所变化，例如戴尔公司基于电子商务的差异化战略和当当网的低成本战略。而且，作为市场的主要竞争者，市场的特性决定了哪种策略更容易成功。

（二）生产战略的新趋势

1. 基于时间的竞争

自20世纪90年代开始，企业将时间竞争放在了更重要的位置。随着世界范围的竞争愈演愈烈，仅靠传统的成本、质量方面的竞争不足以使企业与企业之间拉开距离，于是很多企业开始在时间上争取优势。时间上的竞争包括三方面：

（1）快速交货

指从收到订单到交货的时间要短。对于不同的企业，这一时间长度可能有不同的含义。对于一个制造大型机器的制造业企业来说，其生产周期可能需要半年；而一个提供定制生产的电器企业，可能只需要几天时间。

（2）按时交货

按时交货指在顾客指定的时间交货。制造业通常以按订单交货的百分比来衡量。

（3）新产品的开发速度

新产品的开发速度包括从新产品方案产生至生产出新产品所需要的全部时间。当今，由于各种产品的生命周期越来越短，所以新产品开发速度就变得至关重要，谁的产品能最先投放市场，谁就能在市场上争取主动。但是要注意的是，如果产品开发的成本很高，所需技术难度较大，顾客喜好的不确定性也很大时，就要慎重考虑是否以这一点为竞争重点。

关于时间的竞争，日本企业给了我们很好的启示。以日本汽车工业为例，从 20 世纪 80 年代后半期开始，日本汽车风靡全球，其原因当然有质量好、价格便宜等方面，但更重要的一个方面是日本企业在时间竞争上的优势。以交货速度为例，在丰田公司，一个来自国内的订单四五天就能交货，来自国外的订单两周就能交货；以产品开发速度为例，日本开发新车所需时间只是美国的一半，是欧洲的 1/3，这是日本车的竞争能力越来越强的一个重要原因。

2. 大规模定制

大规模定制（mass customization）指的是公司向不同客户提供高度客户化产品和服务的能力。保证大规模定制高效率的关键在于：在产品的基本构件相同的基础上，为实现客户个性化的要求而对最终产品进行分化的作业，尽可能延迟到生产链条或供应网络的最后环节完成，从而以较小的库存量有效地满足客户的订单。

大规模定制的基本设计原则有三条。

（1）产品的模块化设计

精心设计产品，使其由不同的模块组成，这些模块能方便而便宜地组装成不同式样的产品。如惠普公司决定采用模块产品设计，以使其台式打印机能够方便地依据欧洲和亚洲市场的需要定制。公司还决定在其分销中心完成打印机客户化的工作，而不是在工厂内完成这一步骤。分销中心不仅完成产品的客户化，而且还采购完成客户化所需的部件（电源、包装和使用说明）。这样重新设计的结果是，制造成本比原来由工厂完成打印机的客户化时略有上升，但工厂制造部分的成本和运输成本却下降了25%。

（2）工艺的延迟策略

将供应链中对产品进行分化的工艺步骤尽可能地往后设置，同时生产和服务工艺要设计为相对独立的单元，以便为支持不同的分销网络规划而方便转移和重新布局。例如，油漆工厂不再生产不同颜色的油漆以满足客户的不同需求，而是生产通配漆和多种色素，供五金商店储备。这些商店使用套色板来分析顾客的油漆样本，并决定采用什么比例的通配漆和色素混合物来与之匹配。这一工艺为顾客提供了无穷多的而且连续的颜色选择，同时也大大削减了商店为满足每位顾客对于油漆颜色的要求而持有的油漆库存。延迟的关键在于将油漆的生产、油漆与色素的混合以及低成本的套色板的生产等环节分离开来。

（3）供应网络

供应网络——库存的配置、位置、数量、服务的结构、生产和分销设施——的设计目标应该是能提供两种功能。首先，能以较为经济的成本向那些要完成产品定制任务的工艺环节提供基本产品。其次，有足够的柔性和响应速度来承接个人客户的订单，迅速提供定制产成品。上述油漆生产工艺的案例中，油漆商店不仅执行仓储和分销任务，而且完成最终混合工序。通配漆可以大量运输，而最终产品其实是顾客在店里定制时完成的。利用分销中心来完成简单的制造和装配任务，不仅符合新兴市场非常盛行的产品本地化原则，还能帮助公司及时响应顾客需求，顾客并不愿意等着公司从另一个地区的工厂运来所定制的产品。利用这样的办法，公司就能同时享受两方面的好处：一方面，工厂能够就关键零部件的生产获得规模经济；另一方面，又能保持本土化的存在形式以便及时满足个性化的需求。

3. 准时化生产和精益生产

准时化生产（just-in-time，JIT）是一种在保持最小库存的情况下，进行大规模、多品种、小批量生产并提高经营服务水平的有力工具。它的基本思想可概括为“只在需要的时候，按需要的量，生产所需的产品”。JIT 的工作中心有两条：消除浪费（通过集中化的工厂网络、成组技术、源头质量控制、JIT 生产、均衡生产负荷、看板生产控制系统、最小化准备时间实现）和尊重员工。JIT 生产方式起源于 20 世纪后半叶的日本丰田汽车公司。它的成功被日本其他汽车制造商纷纷效仿，逐渐成为日本企业所共有的“日本式”汽车生产经营方式，而这种生产方式的高效性是日本汽车工业迅速崛起的主要原因之一。

精益生产方式（lean production）是美国在全面研究以 JIT 生产方

式为代表的日本式生产方式在西方发达国家及发展中国家应用情况的基础上，于1990年提出的一种较完整的生产经营管理理论。精益生产是对JIT生产方式的进一步提炼和理论总结，其内容范围不仅是生产系统内部的运营、管理方法，还包括从市场预测、产品开发、生产制造管理（其中包括生产计划与控制、生产组织、质量管理、设备保全、库存管理、成本控制等多项内容）、零部件供应系统直至营销与售后服务等企业的一系列活动。精益生产追求双“零”，即零缺陷和零库存，其基本原理是：不断改进，消除对资源的浪费，协力工作、沟通。

4. 敏捷制造

随着信息化时代的到来，美国期望凭借其信息技术的优势重新夺取制造领域的领先地位。1991年，美国国防部委托里海大学的亚科卡研究所拟订一个较长时期的制造技术规划，并于1994年提出了一份详细、全面的报告——《21世纪制造企业战略》。报告中阐述了“敏捷制造”（agile manufacturing，AM）概念，描绘了一幅在2006年以前实现敏捷制造模式的图画。面对全球化激烈竞争的买方市场，敏捷制造提出采用可以快速重构的生产单元构成扁平的组织结构，以充分自治的、分布式的协同工作代替金字塔式的多层管理结构，注重发挥人的创造性，变企业之间你死我活的竞争关系为既有竞争又有合作的“共赢”（win-win）关系。

5. 供应链管理

供应链管理的核心思想是运用集成系统理论来管理从原料供应商、加工工厂、存储仓库等环节，直到最终用户，这一供应链上的由信息、物流和服务组成的流程。最近出现的外购和大规模定制的趋势迫使企业寻找满足顾客需求的柔性方法，其关键在于优化调整核心活动，尽可能快地响应顾客需求的变化。

三、生产计划与生产控制

生产计划与生产控制，是企业生产管理的重要职能。生产计划与控制系统是全厂的生产指挥枢纽。为使生产有条不紊地进行，必须建立相应的生产数据系统，以此构成一个能反映生产过程真实情况的信息反馈系统。生产计划是对企业的生产任务做出统筹安排，规定了企业在计划期内产品生产的品种、质量、数量、进度指标。生产计划确定以后，为了便于执行，还要编制生产作业计划。它把企业全年的生产任务，在时间和空间上具体展开，详细分配到车间、工段、班组以至工人，规定各自在月、周、日、小时的工作任务。生产控制要求及时监督和检查生产过程，纠正偏差，保证生产计划和生产作业计划顺利完成。

（一）计划与企业计划系统

1. 计划的概念

（1）计划的概念

计划是管理的一项基本功能。孙子兵法第一篇为《始计篇》，说明所有的作战开始于计算与计划；品管大师戴明博士的管理循环 PDCA 也由 Plan（计划）开始；管理的五大功能是计划、组织、指令、控制与协调，计划也排在开头；古语说“凡事预则立，不预则废”，也说明了准备工作的重要性。因此，可以说古今中外的道理都同样说明计划工作的角色与定位。然而具体如何开始一项计划呢？计划应该包含哪些要素？下面就谈谈成功的起点——计划的“秘诀”。

位于江苏的某公司，为了加强公司的竞争力、争取进入 WTO 后的生存与发展空间，聘任顾问进行了战略规划，经过两个多月的分析与研讨，顾问公司建议采用如下战略方针：①投入 1200 万元设立研发中心，加强科研力度。②建立全国的销售网络，建立与客户直接接触的销售模式。③针对销售人员进行严密培训，从被动接单型变成主动顾问型销售组织。④重新设计并统一 CIS（企业形象识别系统），并逐步强化品牌形象。⑤在东北、四川建立供货中心。⑥拓展外销市场，争取三年达到 1 亿元。⑦争取融资 5000 万元。

公司高层主管同意这些战略意见，但接下来该如何呢？派人直接分头进行？不是的。先做计划，没错，就从计划开始。我们来看看，这里需要多少份计划呢？研发中心设立计划、销售网络设置计划、销售人员培训计划、CIS 计划与推行计划、品牌建设计划、供货中心设置计划、外销市场开拓计划、资金筹措计划。还需要推行、执行这些计划所必要的人力资源，需要加上人员招聘与训练计划，各项计划所需的预算需要汇整统计做预算计划，而组织增加许多部门与功能，因此原有组织的结构可能需要改变，所以可能需要进行组织调整计划。随着人员增加办公室可能不够用，需要办公室增设、建筑或搬迁计划……设立好各项组织后，还要加强管理与监督，因此管理制度要增加与完善，许多单位不在同一处办公，计算机远程联网也需要计划。

我们想象一下，以上这些事情如果经理人无法制定翔实、具体可行的计划，那会是什么结果呢？如果计划制定过程考虑不详或估算错误，又会如何呢？计划过程如果协调不周、决策草率又会如何呢？如果只考虑本部门的计划，而忽略相关人员的配合，或意见相左又该如何？因此要有效完成任务，落实公司各项战略构想，便需要有一流的制定计划的能力。

计划是什么呢？计划是设定目标、以及决定如何达成目标的过程。

简单地说，计划就是“设定目标、指明路线的过程”，这个过程包含信息的收集、整理、分析、归纳目标的思考与设定，执行方案的构想、比较与决策，组织内外的沟通协调，必要资源的分析、统计与组合，以及过程中所遇到问题的解决等，计划的过程本身充满挑战，对思维能力是极大的考验。当然，要成为一个优秀的职业经理人，擅长制定计划是第一步。

（2）计划包含的要素

制定一项计划时必须包含以下要素：①清晰的目标；②明确的方法与步骤；③必要的资源；④可能遇到的问题与成功关键。

举例：您是领导助理，明天早上 9 点领导将在北京参加一项重要的研讨会，务必要准时抵达，这是目标；安排领导搭今晚某班飞机走，这是方法；请王师傅送领导到机场，北京分公司吴经理在机场接机，这是资源；如果路上堵车赶不上飞机或飞机延误甚至停飞等，这是计划中可能出现的问题；成功关键则是——事先订位、查询天气、预留路上耽搁时间。

2. 制定有效目标的评估标准（SMART 法则）

在制定计划或评估部属的计划是否完整时，以上四个要素是最基本的。其中第一项是清晰的目标。什么才是符合标准的目标呢？以下是有效目标的 SMART 法则：① S 明确具体的；② M 可衡量的（数字化）；③ A 行动导向的；④ R 合理可行的；⑤ T 有时间限制的。

下面来看看以下这几个目标是否符合以上法则：明年要在质量上加大力度，管理要过硬（不明确也无法衡量）；希望假以时日，英文能说得很溜儿（未确定时间及标准）；大幅度提高员工满意度（未确定时限也没提出方法）；明年底业绩增长 30%（未提出可行的办法）；6 月底前产品合格率提高为 98%（未提出可行的办法）。

每天跑步 30 分钟（做得到吗？天气不好、生病也要跑吗？建议改为每周至少 3 次，或每月不少于 10 次，这样就变得合理可行了）。

今年员工流动率不超过 8%（对照往年记录，看看是否可行）。

所以制定一个好的计划，先要从制定有效的目标开始。

3. 制定目标型计划的七大步骤

（1）描绘结果。设定目标并清晰地描绘最终期望的结果，可用数字、图形、表格等来呈现。

（2）任务展开。将达成目标所需的工作项目逐一列出，直到能够有效掌握具体情况为止，可以使用心理图像法或目标树来进行。

（3）安排进度。将工作项目依照先后顺序安排，以便了解相互关系与总体所需时间，可以使用计划评估图（PERT）与甘特图进行。

（4）统计资源。将完成计划所需资源分类统计，可以分为必要与需要，按照人力资源、设备物品与费用等统计。

（5）规避风险。将当前尚未解决或可能会发生的问题逐一列出，并构想最坏情况发生时，风险是否可以承担，以及预先构想解决方案。

（6）评估修正。重新检视整个计划的重要环节，针对可行性进行评估，并做出必要的调整与修正，以提高计划的成功率，可以使用矩阵图与加权指数法。

（7）管理重点。最后做一份执行时的管理重点，确保执行时能依照计划进行，包含成功关键点、可能出现的问题的避免与解决方案，以及进度上的里程碑，这里常用的工具是检查表、甘特图、备忘录与说明书。

这七个步骤也可以这样简单地说：先决定要达到什么目的？要做哪些事才能达到这个结果？这些事执行的先后程序与进度如何？需要具备哪些条件才能达成？执行时可能会遭遇什么问题？综合以上因素考虑，并做出必要的调整，最后执行应掌握什么重点才能成功。

4. 企业计划系统

计划系统是指由各种计划构成的计划体系以及依据各种信息完成这

些计划工作的各级计划职能的有机结合。

图 11-2　企业计划系统

（1）计划体系（计划系统输出项目）

①战略计划，是指用计划的形式对所做出的关于企业发展方向、长期目标、战略措施等战略性决策进行具体的实施安排。它是企业战略决策具体的实施方案，也是对企业战略的论证与定量描述。其依据为企业的战略决策、企业的资源优势、内在潜力和拓展空间等。战略计划的作用表现在它是对战略决策的具体安排，是对战略决策方案的论证。其核心问题是确定企业的事业范围，即确定企业的发展方向和目标，包括主营和兼营方向，同时在环境不断变化的条件下，调整企业的目标、方向。企业的多元化、跨国经营计划、产品发展计划、市场开发计划、技术开发计划、人才培养计划等。

②经营结构计划（资源配置计划），是指根据战略计划确定的企业所从事的事业范围以及资源要求，对企业进行所需资源配置活动的计划管理，依据为战略计划、事业范围和资源要求，作用表现在可以使企业科学、合理地确定资源数量、结构以及有效地配置策略。内容包括企业各种资源的配置（如组织发展与变革、人才的聘用与培训、资金的筹措等）方面的计划。

③业务计划，是指对企业日常生产、经营活动进行的分类计划管理。它是在战略计划基础上制定的执行计划，同时它又受到经营结构计划所配置的资源的制约，它是有效地落实企业经营目标的重要手段。其内容包括各种生产、经营活动的安排。如生产、销售、采购、财务、设备、

人事、后勤等。

（2）计划体系的形式

按照时间、作用、内容、涉及的领域范围等侧重点不同，通常有以下几种形式：

①长期计划，是指企业发展性问题以及计划期跨度较长（一般在一年以上）的活动的计划管理。

②短期计划，是指对企业过程性活动、计划期在一年或一年以下的短期活动的计划管理。

③综合计划，是指对企业全局或整体活动的计划。如企业整体目标、实施战略、措施等。

④专业计划。是指对企业局部（各项专业职能）工作目标、活动过程的计划。

企业计划体系与流程如图 11-3、图 11-4 所示。

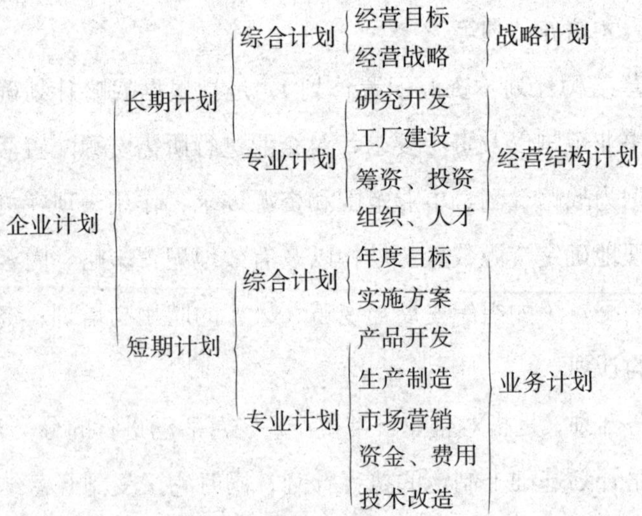

图 11-3　企业计划体系

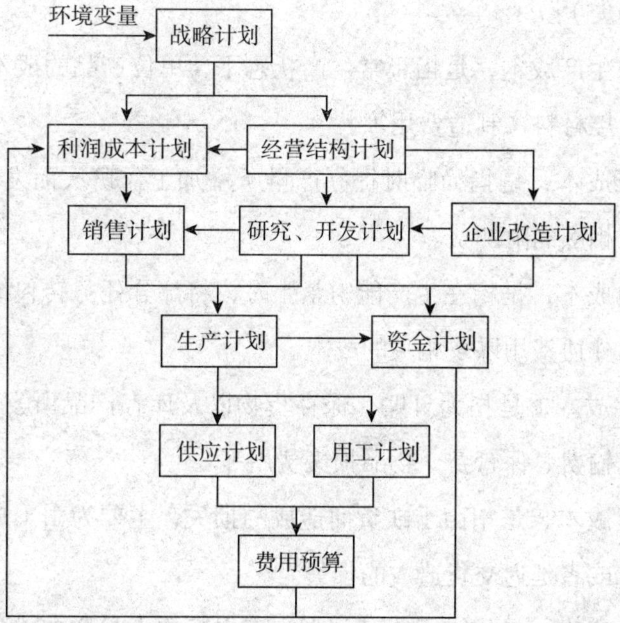

图 11-4　企业计划系统流程

（3）计划方案目标

生产计划方案的确定不仅需要满足需求和生产能力两个方面的要求，而且要考虑收益和成本方面的要求，是一个多目标的优化过程。

①满足需求。品种、数量、时间上满足市场需求的同时，努力增加产品产量，增加收益，保持一定的收入增长率和市场占有率。

②降低成本。充分利用生产能力，降低生产和库存成本，使生产和库存成本之和最小，即费用和损失最小。

③均衡生产。使单位时间（月、日）的产品产量相对稳定，以利于生产过程的组织、人力安排、质量控制等。减少改变生产率造成的损失。如加班费用、闲置生产能力损失等。

（4）计划方案成本

计划方案的确定会引起以下几种成本发生，视为计划期内的期间成本（包括损失）：

①正常生产成本，是指正常生产状态下，单位产品的成本。包括直接人口、直接材料、制造费用等。

②加班成本，是指为临时提高产量所增加工作班次而发生的成本，如加班费及相应的附加费。

③转包成本，是指在生产能力紧张时，将部分任务转包给相关厂商时所增加的外协费用以及相关的成本。

④库存成本，是指为订购、保存货物以及库存产品所发生的成本。如订货及运输费、保管费、物品损失费用等。

⑤缺货成本，是指由于缺货而造成的损失，主要为由于缺货所致的收益减少，或者延迟交货造成的损失。

⑥人工成本，是指由于生产计划方案引起的人员增加或减少所需费用。如解雇工人的费用、雇用工人和培训费用等。

因此，计划方案期间成本：产出成本（正常 + 加班 + 转包）+ 人工成本（招聘 / 解雇）+ 存货成本 + 缺货成本。假设各成本项目均为线性函数，计算如表 11-2。

表 11-2

成本项目	计算方法
产出：	
正常	单位产品正常成本×正常产出量
加班	单位产品加班成本×加班量
转包	单位产品转包成本×转包量
人工：	
招聘	单位聘用成本×聘用数量
解雇	单位解雇成本×解雇数量
存货	单位存货成本×平均存货数量
缺货	单位缺货成本×平均缺货数量

（二）生产计划

1. 生产计划的内容和主要指标

（1）生产计划系统的层次

企业的计划工作贯穿于各个管理层次，涉及企业所有生产经营活动，无论作为企业整体的发展方针、目标的确定，还是某项局部具体工作的安排，都离不开计划工作。由于计划功能主要是处理信息，随着计划功能的运行，企业中会形成一个以计划信息为核心的信息流程，因此，从系统的角度分析，可以将企业各种计划构成的体系称为计划体系。

生产计划也称基本生产计划或年度生产大纲，就是企业为了生产出符合市场需要或顾客要求的产品，所确定在什么时候生产，在哪个车间生产以及如何生产的总体计划，是对企业总体生产任务的确定与进度安——一般为年度计划。企业的生产计划是根据销售计划制定的，它又是企业制定物资供应计划、生产任务平衡、设备管理计划和生产作业计划的主要依据。

生产计划面临的核心问题是生产与需求之间的矛盾，即生产均衡性要求与需求之间的矛盾，解决的主要问题是“生产能力—生产任务—市场需求”三者之间的关系，因此，计划的编制过程是一个在一定条件下方案优化的过程。

生产计划工作的主要内容包括：调查和预测社会对产品的需求、核定企业的生产能力、确定目标、制定策略、选择计划方法、正确制定生产计划、库存计划、生产进度计划和计划工作程序以及计划的实施与控制工作（见图 11–5、图 11–6）。

生产计划方案的确定不仅需要满足需求和生产能力两个方面的要求，而且要考虑收益和成本方面的要求，是一个多目标的优化过程。

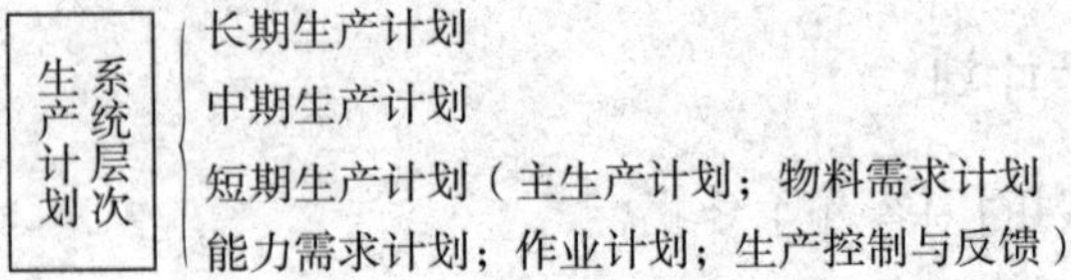

图 11-5　生产计划系统层次图

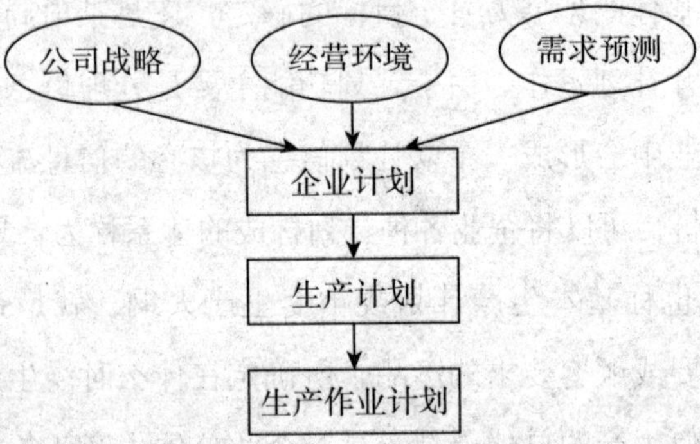

图 11-6　生产系统计划流程

（2）生产计划的主要指标

制定生产计划指标是企业生产计划的重要内容之一。企业生产计划的主要指标有：产品品种、产品质量、产品产量和产值。

企业生产计划的主要指标从不同的侧面反映了企业生产产品的要求。

第一，产品品种指标，包含两方面的内容：①企业在计划期内生产的产品名称、规格等质的规定性；②企业在计划期内生产的不同品种、规格产品的数量。品种指标能够在一定程度上反映企业适应市场的能力，一般来说，品种越多，越能满足不同的需求，但是，过多的品种会分散企业生产能力，难以形成规模优势。因此，企业应综合考虑，合理确定产品品种，加快产品的更新换代，努力开发新产品。

第二，产品质量指标，是指企业在计划期内生产的产品应该达到的质量标准。这包括内在质量和外在质量两个方面。内在质量是指产品的性能、使用寿命、工作精度、安全性、可靠性和可维修性等因素；外在质量是指产品的颜色、式样、包装等因素。在中国，产品的质量标准分为国家标准、行业标准和企业标准三个层次。产品的质量指标是衡量一个企业的产品满足社会需要程度的重要标志，是企业赢得市场竞争的关键因素。

第三，产品产量指标，是指企业在计划期内应当生产的合格的工业品实物数量或应当提供的合格的工业性劳务数量。产品的产量指标常用实物指标或假定实物指标表示。如钢铁用“吨”，发电量用“千瓦·时”表示。产品产量指标是表明企业生产成果的一个重要指标，它直接来源于企业的销售量指标，也是企业制定其他物量指标和消耗量指标的重要依据。

第四，产品产值指标，是指用货币表示的企业生产产品的数量，它解决了企业生产多种产品时，不同产品产量之间不能相加的问题。企业的产品产值指标有商品产值、总产值和净产值三种表现形式。

商品产值，是指企业在计划期内生产的可供销售的产品和工业劳务的价值。其内容包括用自备原材料生产的可供销售的成品和半成品的价值，用订货者来料生产的产品的加工价值，对外完成的工业性劳务价值。总产值，是指用货币表现的企业在计划期内应该完成的产品和劳务总量。它反映企业在计划期内生产的总规模和总水平，其内容包括商品产值、订货者来料的价值、在制品、半成品、自制工具的期末期初差额价值。它是计算企业生产发展速度和劳动生产率的依据。

净产值，是指企业在计划期内新创造的价值。净产值的计算方法有两种：①生产法，即从工业总产值中扣除物质消耗价值的办法。②分配法，这种方法从国民收入初次分配的角度出发，将构成净产值的各要素直接相加求得净产值，这些要素主要包括工资、职工福利基金、税金、利润、利息、差旅费、罚金等。

在实践中，商品产值和净产值一般用现行价格计算，总产值则要求用不变价格计算。

2. 生产能力的核定

生产能力，是指企业生产系统在一定的生产组织和技术水平下，直接参与生产的固定资产在一定时期内（一般为一年）所能生产的产品最大数量或所能加工的最大原材料总量，一般以生产系统的输出量描述其大小。在多品种生产的情况下，生产能力用装备的可用量描述，如企业设备的工作时间、商场的营业面积、医院的床位数量及周转率、运输业的车辆及道路情况等。企业的生产能力是一个动态指标，它随着企业生产组织状况、产品品种结构、原材料质量等因素的变化而变化。它一般用实物量来表示，包括设计能力、查定能力、计划能力三种。

设计能力，是指企业设计任务书和技术设计文件中所规定的生产能力。这是工厂建设时，根据技术文件确定的标准能力，在处于投资过程中，尚未形成的能力，称为潜在能力。由于条件限制，设计能力一般需建厂一段时间后才能达到。

查定能力（修正的设计能力），是指在没有设计能力或虽有设计能力，但由于企业的生产组织、技术水平、品种结构等发生了变化而不能正确反映企业的生产水平的情况下，根据企业新的生产组织情况和技术水平审查核定的生产能力。

计划能力（有效生产能力），是指企业在计划期内，根据现有的技术水平，所能够达到的生产能力。一般根据计划期内条件的变化以及采取的技术组织措施情况确定。

以上三种表现形态的企业生产能力，其适用情况有所不同。查定能力类似于设计能力，是确定企业的生产规模、编制企业的长期计划、决定改扩建方案、安排基本建设项目和采用重大技术举措的依据。计划能力是编制企业年度生产计划的主要根据。

企业生产能力的大小受多种因素的影响，如设备、工具、生产面积、工人人数、工人的技术水平、工艺方法、原材料质量和供应情况、生产组织、劳动组织等。但是，影响企业生产能力的主要因素有以下五个方面：①固定资产的数量是指企业在计划期内用于生产的全部机器设备数量、厂房、生产面积和其他生产性建筑物的面积。②固定资产在计划期的有效工作时间是指企业按现行工作制度计算的机器设备全部有效工作时间和生产面积的有效利用时间，即年内生产面积或设备可以利用工作时间是影响生产能力的重要因素，主要表现为制度工作时间和有效工作时间。③固定资产的生产效率是指单位机器设备或单位生产面积在单位时间内的产量定额，或单位产品的台时占用定额，在固定资产数量和固定资产工作时间一定的情况下，固定资产的生产效率对企业的生产能力起决定性作用。④加工对象的技术工艺特征。生产能力是根据各个生产环节的综合平衡确定的，而对各环节起决定作用的是产品的工艺特征，对应于不同的产品，不同的加工方法，各个生产环节的能力是不同的。⑤生产与劳动组织，包括劳动者的技术及熟练程度，表现为定额时间和生产组织方式的合理性等。

对于企业来说，生产能力主要取决于装备，所以一般用一定时期内，在一定技术组织条件下，经过综合平衡以后，企业的固定资产所能生产的一定种类产品的最大数量来表示生产能力的大小；但在产出品种多而且不确定的情况下，用装备的可用量描述。如工厂的设备工作时间、商场的营业面积、医院的床位数量及周转率、运输业的车辆数量及道路等。

生产能力的核定，是指对企业的实际生产能力进行核算和确定的工作。生产能力的核定一般从基层开始，自下而上进行。企业生产能力的核定工作依企业产品品种的单一还是多样而不同。

（1）单一品种生产能力的核定

对于批量大、品种单一的企业，生产能力常用该种产品的实物量表示；根据企业生产能力的决定因素不同，其计算生产能力的方法也有所不同。

①当生产能力取决于设备组时，其生产能力公式为：

设备组生产能力＝单位设备有效工作时间 × 设备数量 × 单位设备产量定额

或

设备组生产能力＝单位设备有效工作时间 × 设备数量 ÷ 单位产品台时定额

②当生产能力取决于生产面积时，其生产能力的计算公式为：

生产面积生产能力＝生产面积的有效利用时间 × 生产面积数量 ÷ 单位产品占用的生产面积 × 单位产品占用时间

③当采用连续开机的联动生产时，其生产能力的计算公式为：

联动机单位时间生产能力＝原料重量 × 单位原料的产量系数 × 计算能力时间内联动机有效工作时间 ÷ 原料加工周期的延续时间

④当采用流水生产线生产时，原则是以关键设备的能力为标准计算生产线的能力，即选择加工工时最长的一道工序为关键工序。其生产能力的计算公式为：

流水线生产能力＝流水线有效工作时间（分）× 关键工序的机床数 ÷ 关键工序的工时定额

（2）多品种生产能力的核定

在企业中，很少有只生产一种产品的情况，一般都是多品种生产。在多品种生产的条件下，用实物量表示企业的生产能力，就存在不同种类的产品，相互之间不能直接相加的问题。为此，在核算多品种生产企业的生产能力时，常用标准产品、代表产品或假定产品表示企业的生产能力，下面分别作一介绍。

①标准产品法。标准产品是对具有不同品种或规格的同类产品进行综合计算时所用的一种实物量折算单位。用标准产品表示企业生产能力的核定方法就是标准产品法。这种方法先把企业的不同产品折算成标准产品，然后按照单一品种生产能力的核定方法来确定设备组或工作地的生产能力。

②代表产品法。代表产品法核定企业的生产能力，应先按照产品反映企业专业方向、产量和耗费劳动量较大、工艺过程具有代表特点的原则选定代表产品。再按照单一品种生产能力的核定方法计算以代表产品表示的生产能力，然后计算每种产品与代表产品的换算系数，最后计算各具体产品的生产能力。

③假定产品法。用代表产品计算企业生产能力，直观、易懂，但是，有些企业生产的产品在工艺结构制造过程上可能有很大差别，难以确定企业的代表产品，这种情况下，就常用假定产品核定企业的生产能力。假定产品，其实是表示同系列或同类产品产量的一种假定综合产品。

用假定产品法核定企业的生产能力，一般来说，要经过三个步骤：

第一，计算假定产品台时定额，其实质是求全部产品台时定额的加权平均数。

第二，计算设备组假定产品的生产能力，用单一品种生产能力核定办法计算。

第三，计算设备组各具体产品的生产能力。

第 i 种具体产品的生产能力＝设备组假定产品生产能力 × 第 i 种产品占假定产品总量的百分比

(3) 系统生产能力的核定

系统生产能力取决于各环节的能力及组合关系，在设计一个企业时，可以使生产过程中各环节的生产能力相等，即达到能力的平衡。但这只是一个理想状态。因为生产是随时波动的，实现生产能力的平衡在现实中是极其困难的。因此，生产过程中必然会出现有的资源负荷过多，即变为瓶颈，这样，一个企业的制造资源就存在关键环节与非关键环节。关键环节 (或瓶颈资源)，是指实际生产能力小于或等于生产需求的资源。

(4) 生产能力的技术经济分析

生产能力的技术性质：表现为投资大，相对稳定，形成和调整需要一定的时间。

生产能力对市场占有率会产生较大的影响。

$$能力利用率=\frac{实际产出}{有效能力}$$

能力缓冲＝ 1- 能力利用率

根据行业不同，能力缓冲应控制在不同的水平。例如，服务行业由于不能用库存调节需求，所以应设置较大的能力缓冲才能保证产品质量。

生产能力的规划与决策必须考虑需求量和规模经济等因素。

需求量：$M=\frac{R}{H}$

式中：M——表示关键设施的需求量；

R——表示每年对关键设施需求的小时数；

H——表示单位关键设施提供的小时数。

（5）生产能力计划的分类

表 11-3 生产能力计划分类

种类及时间 / 目标及内容	长期生产能力计划（3-5 年）	中期生产能力计划（1-2 年）	短期生产能力计划（1-3 个月）
计划目标	与企业生产发展规划协调	提高生产能力利用率	充分挖掘生产潜力
设备	厂房建设计划、设备购置和改造计划	修改基本建设和技术改造计划	提高厂房设备利用强度，技术组织措施计划
人员	智力开发方针、人才招聘、职工培训的战略安排	职工招聘和培训计划	合理配备临时调动加班计划
物资	取得资源的方针	落实订货计划	原材料和零部件的发送

（6）生产能力计划的决策步骤

①预估未来的能力需求。

②确定需求与现有能力的差距。

③制定候选能力计划方案。

④评价多个方案，选择最优或满意方案。

3. 生产任务的综合平衡

确定企业生产计划的各项指标，做好企业生产任务的综合平衡，是一个复杂的工作过程。如何科学地确定产品产量、合理安排产品生产进度、做好多品种生产的品种搭配，是生产任务综合平衡工作的主要内容。

（1）科学地确定产品的产量

生产怎样的产品是一个企业所面临的首要问题。一般来说，企业产品的方向是在建厂初期就确定了的。在确定生产什么产品以后，科学地决定企业产量就成了企业决策的首要问题。企业的产量又受企业生产能力、市场需求状况、原材料、能源供应状况、企业的技术水平和生产组织方式的制约。同时，企业应考虑增加利润的需要，用产量、成本、利润三者之间的规律性关系，合理确定计划期产量。

损益分歧点分析模型是分析企业产量、成本、利润三者关系的数学方法。该模型把企业的成本分解为两部分：随着产品产量的增加而增加的变动成本和不随产品产量变化的固定成本，在此基础上，比较销售收入和总费用的关系，如图 11-7 所示。

当产量小于 X_0 时，销售收入小于总费用，出现亏损；当产量大于 X_0 时，销售收入大于总费用，出现盈利。把 X_0 点的产量称作损益分歧点。

$$损益分歧点产量=\frac{固定费用}{单位产品销售价格-单位产品变动费用}$$

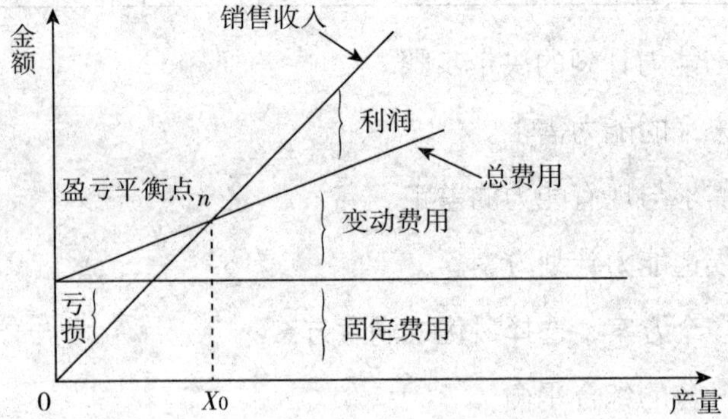

图 11-7　损益分歧点示意图

（2）产品生产进度安排

企业编制生产计划，不仅要科学确定全年生产任务，而且要把全年的生产任务逐期分解，下放到各个季度和各个月份，这就是产品生产进度的安排工作。合理安排企业的产出进度，一方面有利于进一步落实企业的销售计划，满足市场需求，履行经济合同；另一方面有利于企业平衡生产能力，有效利用设备和人力。

产品产出进度的安排，因企业的特点不同而有所不同。

①大量生产产品产出进度的安排：大量生产产品的进度一般采用均衡生产方式，把全年生产任务分配到各季、各月。但是，把全年计划均

衡地分配到各月，并不意味着平均地分配到全年 12 个月，而是考虑产品特点和企业状况，随着工人操作技能的逐渐熟练而逐渐增加产量。具体有四种类型（见图 11-8）。

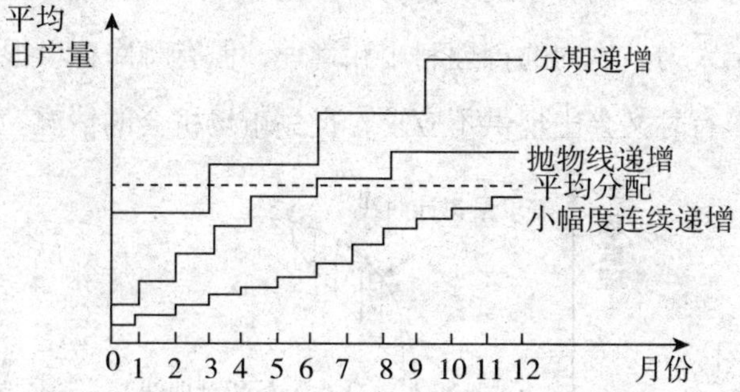

图 11-8　大量生产方式进度安排

一是平均分配。即把全年的计划产量平均地分配到各期中，一般使日产量大体相等。这种方法适用于产品生产能力基本饱和，生产技术和工艺过程比较成熟的情况。

二是分期均匀递增。这种方法把全年产量分配到各期之中，每一期的平均日产量之间成等差递增数列，而在每一阶段内，日产量大体相等，这种方法考虑技术的不断进步。

三是小幅度连续增长。这种方法类似于分期均匀递增法，只是把全年产量分配到各个时期的间隔缩短，短期内的日产量也是大体相等，相邻两期的日产量差额较分期均匀递增较小。

四是抛物线递增。这种方法在投产的初期日产量较小，随着生产的进行，企业的日产量以递减的速度逐渐增加，达到一定日产量后趋于稳定，这种方法多适用于新产品的生产。

②季节性需求商品生产进度的安排。有些商品的市场需求在全年内并不是均匀分布的，而是呈现明显的季节性变化。这类商品生产进度的

安排，涉及劳动力的招聘和辞退、原材料的组织、产品库存量的大小等众多因素，工作比较复杂。

一是均衡安排方式。这种安排方式不管市场需求如何，都把全年的生产任务均匀地分配到各季度、各月份，使全年日产量大体相等：这种安排方式有利于人力、物力的合理利用和管理，但有时库存量很大，占用很多流动资金，有时又会出现供不应求，丧失市场机会的情况。如图 11-9。

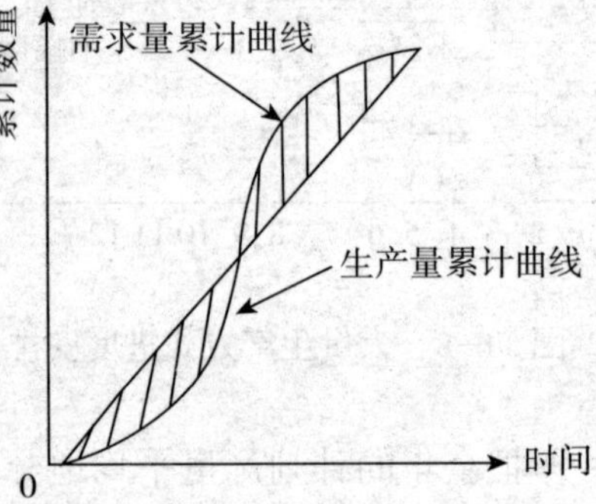

图 11-9　均衡安排方式

二是变动安排方式。这种安排方式是在合理市场调查的基础上按照市场调查得出的市场需求资料，随着市场需求量的变化安排生产量。和均衡安排方式相反，这种方式抓住了市场机会，降低了商品库存，节约了流动资金，但劳动力和原材料的供应工作也要求季节性变动，这给企业的管理提出了更高的要求，也不利于稳定，产品质量。如图 11-10。

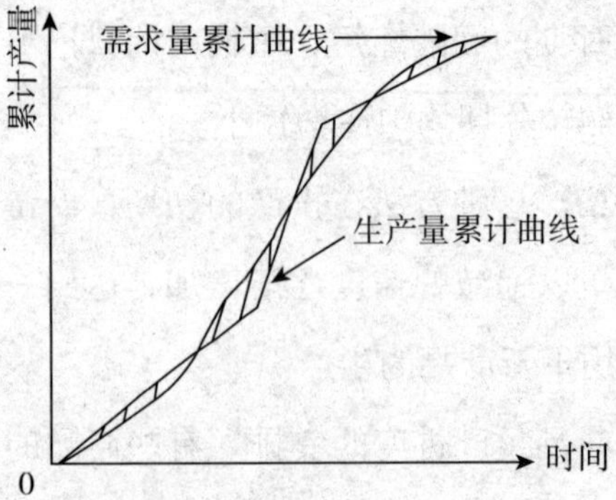

图 11-10　变动安排方式

三是折中方式。这种方式是企业的日产量大小相间，既减少库存，满足了市场需求，又容易组织劳动力和原材料供应。如图 11-11。

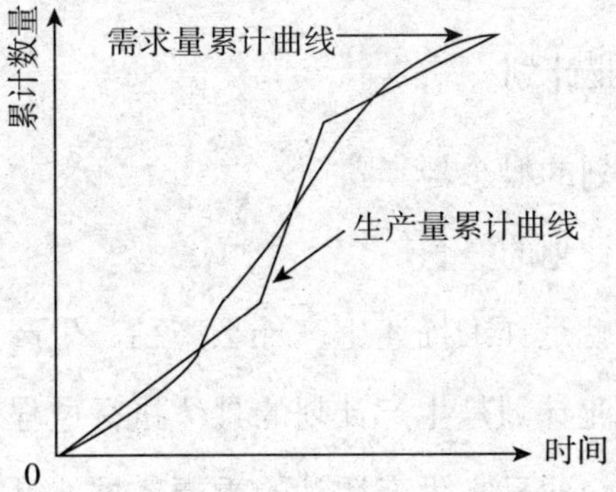

图 11-11　折中安排方式

（3）品种搭配

单品种生产的企业，在确定了产品总产量和各期产品产量以后，就可以着手编制生产作业计划了。但是，对于多品种生产的企业，则需要决定在某一生产时期内，把某些品种的产品安排在一起生产，即进行合理的品种搭配。这主要应该考虑几个方面的问题：

①对经常生产和产量较大的产品，要考虑安排生产，在保证市场供应和满足顾客订货的前提下，尽量在全年各季度、各月份安排均衡生产，以保持企业生产过程的稳定性。

②对于企业生产的非主要品种，组织“集中轮番”生产，加大产品生产的批量，完成一种产品的全年生产任务之后，再安排其他品种的生产，以减少设备调整和生产技术准备的时间和费用。

③复杂产品与简单产品、大型产品与小型产品、尖端产品与一般产品，在生产中应合理搭配，以使各个工种、设备以及生产面积得到充分的利用。

④新老产品的交替要有一定的交叉时间，在交叉时间内，新产品产

量逐渐增加，老产品产量逐渐减少，以避免齐上齐下给企业生产造成大的震动，这也有利于提高工人的技术水平，提高新产品生产的合格率。

（三）生产作业计划

1. 生产作业计划的概念与步骤

（1）生产作业计划的概念

生产作业计划就是详细描述生产什么产品、生产多少产品、何时生产的计划。生产作业计划是生产计划的具体执行过程，是生产计划的延续和补充，是组织企业日常生产活动的重要依据。具有指挥和控制两种功能。其特点是把生产计划规定的季度、月度生产计划具体分配到各车间、工段、班组甚至工人，规定了相关单位在季、月、周、日、小时的生产任务，并按日历顺序安排生产进度。其功能主要表现在生产任务分解、分配和进度安排等方面。

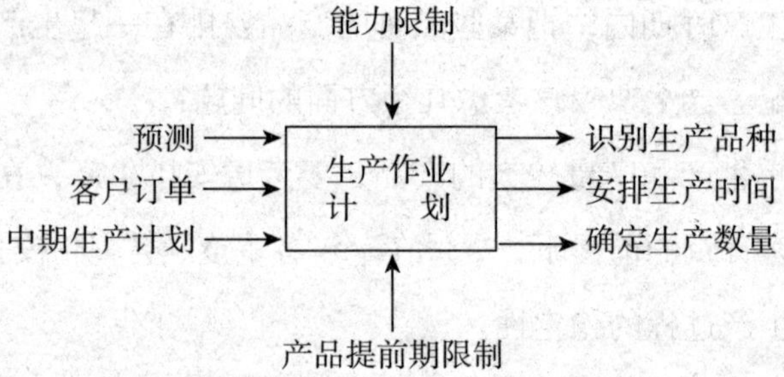

图 11-12　生产作业计划示意图

（2）制定生产作业计划的步骤

①挑选被包括在主生产计划中的产品。

②决定主生产计划的时间长度及单位。

③获得计划中的每个产品的需求信息。

④通过计算获得一个初步的主生产计划。

⑤按此初步的主生产计划进行粗能力平衡，即对生产设备负荷、人员负荷与生产能力进行一次平衡工作，找出瓶颈资源，进行调整。

⑥修改主生产计划，使能力得到平衡。

2. 生产作业计划的特点

生产作业计划具有三个方面的显著特点：

（1）计划期短。生产计划的计划期常常表现为季、月，而生产作业计划详细规定月、周、日、小时的工作任务。

（2）计划内容具体。生产计划是全厂的计划，而生产作业计划则把生产任务落实到车间、工段、班组、工人。

（3）计划单位小。生产计划一般只规定完整产品的生产进度，而生产作业计划则详细规定各零部件甚至工序的进度安排。

3. 期量标准的制定

期量标准，又称作业计划标准，是指为制造对象在生产期限和生产数量方面所规定的标准数据，它是编制生产作业计划的重要依据。制定合理的期量标准，对于准确确定产品的投入和产出时间，做好生产过程各环节的衔接，缩短产品生产周期，节约企业在制品占用，都有重要的意义。

期量标准是有关生产期限和生产数量的标准，因而企业的生产类型和生产组织形式不同时，采用的期量标准也就不同。

大量流水线生产的期量标准有节拍、节奏、流水线工作指示图表、在制品定额等。

成批生产的期量标准有批量、生产间隔期、生产周期、生产提前期、在制品定额、交货期……

单件生产的期量标准有生产周期、生产提前期等。

（1）批量和生产间隔期

批量，是指一次投入或产出的相同产品或零部件的数量，在成批生产条件下，产品是按照批量分批生产的。生产间隔期，是前后两批产品或零部件投入或产出的时间间隔。

批量＝生产间隔期 × 平均日产量

可以看出，批量和生产间隔期之间存在着密切的联系，在平均日产量一定的条件下，批量大了，生产间隔期就会延长；相反，批量小了，生产间隔期就会缩短。在企业的生产管理实践中，增大批量有利于减少设备调整费用，提高设备综合利用率和工人的熟练程度，保证产品质量，简化生产过程组织。同时，大的生产批量又会延长生产周期，推迟交货，扩大在制品储备和占用，增加流动资金占用。所以，要统筹兼顾，合理确定批量的大小。

①经济批量法。是指根据单位产品支付费用最小原则确定批量的方法，又称“最小费用法”。生产批量的大小对成本影响较大。批量大，可以减少设备调整费用，而在制品费用却相应增大；批量小，虽可减小在制品费用，但却要增大设备调整费用。

经济批量法是确定批量和生产间隔期时常用的一种以量定期方法。生产费用与批量之间存在着函数关系，批量主要通过两方面因素影响生产费用：一是生产准备费用，这部分费用随生产批次增减而变化；二是保管费用，即在制品在存储保管期间所发生的费用，如仓库管理费用、资金呆滞损失、存货的损耗费用等。这些费用与批量大小和存储时间长短有关。

②最小批量法，是指以保证设备充分利用为主要目标的一种批量计算方法。这个方法重视设备的充分利用和劳动生产率的提高。通过计算求出最小批量。

最小批量＝（实际产出 / 有效能力）

设备调整系数的大小，根据企业生产规模、设备性能、工艺特点的不同而选择，一般应在 0.02~0.01 之间。如果被加工产品或零部件只有一道工序，则可由如上公式直接得出最小批量，当经过多道工序加工时，选取“设备调整时间 / 单件工艺工序时间定额”最大的工序为关键工序，由其决定最小批量。

③以期定量法，是指先确定生产间隔期，然后再确定批量的一种方法。以期定量法注重简化管理的要求，企业中统一规定为数不多，互为倍数的几个标准生产间隔期。当产量变动时，只需调整批量，不必调整生产间隔期。企业经常使用的生产间隔期有一季、两个月、月、半个月、周、5 天、3 天、1 天。

（2）生产周期和生产提前期

生产周期，是指产品或零部件从原材料投入生产起，到成品制成出产为止所经历的全部时间。产品的生产周期由各个零部件的生产周期组成，零部件的生产周期由该零部件的各个工艺阶段或工序的生产周期组成。缩短产品的生产周期，对于保证按时交货、节约在制品占用、加速流动资金周转、提高劳动生产率都有重要的作用。确定产品的生产周期标准，一般要经过两个阶段：①要根据产品加工的生产流程，经过深入的调查研究，制定各零部件的生产周期标准。②在零部件生产周期的基础上合理考虑停工时间，确定产品的生产周期标准。大型复杂的产品，其生产周期的确定，往往要借助网络计划技术。

生产提前期，是指产品（零件）在各生产环节出产或投入的时间同成品出产相比较所要提前的时间。生产提前期分为投入提前期和出产提前期两种：投入提前期，是指产品或零件在各生产环节投入的时间与成品出产时间相比较所要提前的时间；出产提前期，是指产品或零部件在各环节的出产与成品出产相比较提前的时间。和生产周期一样，正确制定生产提前期标准有利于生产过程的衔接，减少在制品占用，缩短交货期。

制定生产提前期标准，是按工艺过程的反方向进行的，分两种不同的情况：

第一种情况，当前后车间的生产批量相等时，计算生产提前期比较方便，如图 11-13 所示。

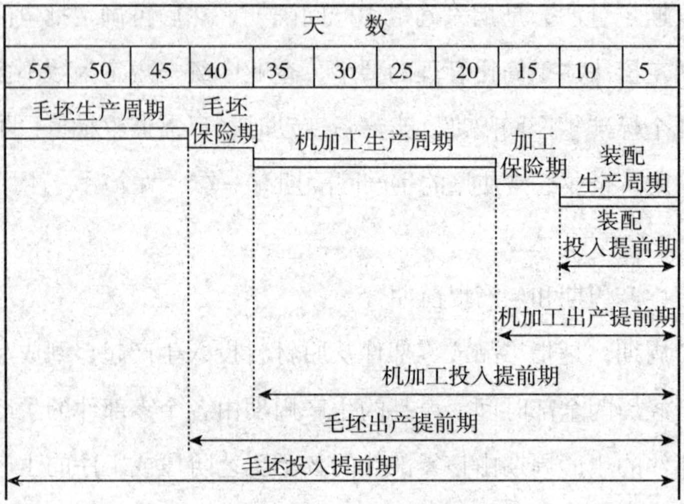

图 11-13 生产提前期示意

车间投入提前期＝本车间出产提前期＋本车间生产周期

车间出产提前期＝后车间投入提前期＋保险期

第二种情况，当前后车间生产批量不等时，车间投入提前期的计算和以上的公式相同。但在车间出产提前的计算上，由于前车间批量大时，出产一批可供后车间几批之用，因此，车间出产提前期的数值要大一些，计算公式为：

车间出产提前期＝后车间投入提前期＋（本车间生产间隔期－后车间生产间隔期）

（3）在制品定额

在制品定额，是指在一定的生产技术组织条件下，各生产环节上为保证生产正常进行所需占用的最低限度的在制品数量。企业生产中，若在制品占用过少，则难以保证生产的正常、连续进行，但若在制品占用过多，又会使生产场地拥挤，延长生产周期，浪费流动资金。因此，做好生产作业计划，应合理制定在制品定额标准。

企业的生产类型不同，在制品定额的制定方法也有所不同：

①在大量流水线生产条件下，企业生产中的在制品分为流水线内部的在制品和流水线之间的在制品两部分，制定在制品定额时也应予以分别考虑。流水线内部的在制品，根据性质和作用的不同，可以分为工艺在制品、运输在制品、周转在制品和保险在制品四种。

工艺在制品，是指在流水线上各个工作地正在进行加工或检验的在制品。

$$\text{工艺在制品定额}=\sum_{1}^{\text{工序数}}\begin{matrix}\text{每道为工序}\\\text{的工作地数}\end{matrix}\times\text{一个工作地上同时加工的零件数}$$

运输在制品，是指流水线内处于运输过程的在制品。一般地，在间断流水线上，只计算周转在制品，不计算运输在制品。

$$\text{运输在制品定额}=（\text{流水线工序数}-1）\times\text{运输批量}$$

周转在制品，是指流水线上相邻的两工序由于生产率不平衡而形成的在制品。当前道工序生产率低而后道工序生产率高时，为了保证后道工序开工后能连续加工，在后道工序开工之前，前道工序之后应有一定的在制品储备。同样，当后道工序在较短时间内完成加工任务而中断加工时，前道工序仍需加工，这又会形成一定的在制品储备，这就是周转在制品，周转在制品一般只在间断流水线上存在。

$$\text{周转在制品定额}=\text{较高效率工序的延续工作时间}\times\left(\frac{\text{前工序工作地数}}{\text{前工序单件时间}}-\frac{\text{后工序工作地数}}{\text{后工序单件时间}}\right)$$

上述公式的计算结果若为正值，则说明在较高效率工序的延续工作时间之终端形成最大的周转在制品占用量，如果是负值，则说明在上述时间之初始形成最大在制品占用量。在这两种情况下，都应按绝对值计入在制品定额量。计算各相邻工序之间的在制品定额量并加总，即得到全流水线的周转在制品定额。

保险在制品，是指为了保证流水线某一环节发生意外时，仍能使流水线正常工作而设置的在制品。保险在制品定额标准的制定通常根据经验和统计资料。

$$\text{保险在制品定额}=\frac{\text{消除工序故障的最低时间}}{\text{工序单件时间}}$$

流水线之间的在制品，也可以分为运输在制品、周转在制品和保险在制品。当供给流水线和需求流水线的节拍或节奏一致时，没有周转在制品；当二者不一致时，没有运输在制品。其中运输在制品和保险在制品的计算和流水线内部相应在制品定额的计算方法相同，而周转在制品则为在制品积存量的最大值。

$$\text{周转在制品}=\frac{\begin{matrix}\text{高效率流水线的}\\\text{延续工作时间}\end{matrix}}{\text{供应流水线节拍}}-\frac{\begin{matrix}\text{高效率流水线的}\\\text{延续工作时间}\end{matrix}}{\text{需求流水线节拍}}$$

②成批生产条件下，生产过程在制品由车间内部的在制品和车间之间的在制品两部分组成。车间内部在制品定额的确定分两种情况，在定期成批轮番生产条件下，是根据生产周期、生产间隔期和批量情况，用图表法确定的（见图 11-14）。

	生产周期T（天）	生产间隔期R（天）	$\frac{T}{R}$	进度 上旬	进度 中旬	进度 下旬	在制品平均占用量	在制品平末占用量
T=R	10	10	1				一批	一批
T>R	20	10	2				二批	二批
T>R	25	10	2.5				三批半	三批
T<R	5	10	0.5				半批	一批

图 11-14 成批生产时在制品占用的各种情况

在不定期成批轮番生产的条件下，在制品定额只能得到大概数值。

$$在制品定额=生产周期\times\frac{批量}{生产间隔期}$$

车间之间的半成品由周转半成品和保险半成品两部分组成，周转半成品依前车间成品入库和后车间领取方式的不同而有不同的计算方法，常用的有图解法、公式法、经验数据法，本书不作详细论述。

保险半成品定额的制定要依据对统计资料的经验分析。

保险半成品定额＝前车间可能误期交库日数 × 后车间平均每日领用量

4. 生产作业计划的编制

编制生产作业计划，一般是先将企业生产任务分配到各车间，编制车间生产作业计划，然后由车间再分配到工段、班组直至工人，编制车间内生产作业计划。

编制厂级生产作业计划的方法主要取决于车间组织形式和生产类型。如果是按对象专业化组织的车间，可以按生产任务直接分配给车间。如果是按工艺专业化组织的车间，应根据不同的生产类型，采取不同方法编制生产作业计划。

（1）在制品定额法

在制品定额法，是指运用在制品定额，结合在制品实际结存量的变化，按产品反工艺顺序，从产品出产的最后一个车间开始，逐个往前推算各车间的投入、产出任务。在制品定额法用在制品定额作为调节生产任务量的标准，以保证车间之间的衔接，这种编制生产作业计划的方法主要适用于大量大批生产企业。

①某车间产出量。

某车间产出量＝后车间的投入量 + 本车间半成品计划外销量 +（中间库半成品定额 – 中间库半成品期初预计存量）

②某车间投入量

某车间投入量＝本车间的产出量＋本车间计划允许废品数量＋（本车间在制品定额－本车间在制品期初预计存量）

（2）累计编号法

累计编号法，是指根据预先制定的提前期标准，规定各车间出产和投入应达到的累计号数的方法。这种方法将预先制定的提前期转化为提前量，确定各车间计划期应达到的投入和产出的累计数，减去计划期前已投入和产出的累计数，以求得各车间应完成的投入和产出数。采用这种方法，生产的产品必须实行累计编号。累计编号是指从年初或从开始生产这种产品起，按照成品产出的先后顺序，为所有产品编上一个累计号码。在同一时间内，产品在某一生产环节上的累计号数同成品产出累计号数相比，相差的号数叫提前量。提前量＝提前期 × 平均日产量。

采用累计编号法编制企业的生产作业计划的方法一般应用于成批生产的企业，并应遵循以下步骤：

①计算各车间在计划期末产品产出和投入应达到的累计号数。

某车间产出累计号数＝成品产出累计号数＋该车间产出提前期定额 × 成品的平均日产量
＝成品产出累计号数＋该车间产出提前量

某车间投入累计号数＝成品产出累计号数＋该车间投入提前期定额 × 成品的平均日产量
＝成品产出累计号数＋该车间投入提前量

②计算各车间在计划期内应完成的投入量和产出量。

计划期车间产出量＝计划期末产出的累计号数－计划期初已生产的累计号数

计划期车间投入量＝计划期末投入的累计号数－计划期初已投入的累计号数

③把根据上式计算出的投入量和产出量，根据零件的批量进行修正，使车间产出或投入的数量与批量相等或成整数倍关系。

（3）生产周期法

单件小批生产的企业，其生产作业计划的编制方法既不同于大量生产的企业，也不同于成批生产企业，由于这种生产方法不重复生产或不经常重复生产，因而不规定在制品占用额，并且，单件小批生产的企业不必规定编号，因而不宜采用在制品定额法或累计编号法编制生产作业计划。这类企业组织生产时，各种产品的任务数量是接受订货的数量，不需进行调整。所以，编制生产作业计划要解决两个方面的问题：①保证交货期。②保证企业在各个生产车间相互衔接。为了实现这一目标，单件小批生产的企业经常使用生产周期法编制生产作业计划。

生产周期法一般包括三个步骤：

①根据接受顾客订货的情况，分别安排生产技术准备工作。

②根据合同规定的交货期，采用网络计划技术及相关技术，为每一项订货编制生产周期进度表。它是单件小批生产企业的主要期量标准。并且，根据合同规定的交货期和生产周期进度表，为每一项产品制定一项生产说明书，详细规定该产品在某一车间投入和产出的时间。

③进一步调整平衡后，编制日度作业计划，正式确定各车间的生产任务。

（四）生产作业控制

生产控制的步骤主要包括确立标准、衡量绩效和纠正偏差三个阶段。生产作业控制是生产控制的主要内容。它是指在生产作业计划的执行过程中，对有关产品或零部件的数量和生产进度进行控制，它是实现生产作业计划的保证，一般包括确立标准、衡量绩效和纠正偏差三个环节。

1. 生产调度

生产调度，是指对执行生产作业计划过程中可能出现的偏差及时了解、掌握、预防和处理，保证整个生产活动协调进行。它是实现生产作业计划的一种手段，是企业生产作业计划的继续。

生产调度工作内容庞杂，一般来说，应包括以下几个方面：检查各个生产环节、零部件、半成品的投入和产出进度，及时发现生产作业计划执行过程中存在的问题，并积极采取措施加以解决，控制生产进度和在制品流转；检查、督促和协助各有关部门做好各项生产作业准备工作，包括生产技术准备和生产服务工作，检查设备运行状况，做好物资供应工作，合理配备劳动力，调整厂内运输；组织厂部和车间生产调度会议，监督有关部门贯彻执行调度决议，对轮班、昼夜、周或日计划的完成情况进行统计分析工作。

（1）提高生产调度工作质量的要求

①生产调度工作要以生产作业计划为依据，保证全面完成生产作业计划规定任务，这是生产调度工作的首要原则。一方面，调度人员要遵循生产作业计划的原则性，并适当地进行灵活处理，围绕生产作业计划开展调度业务；另一方面，调度人员要在调度工作中及时发现问题，向计划人员反映，以提高生产计划工作质量。

②生产调度工作必须高度集中和统一。在市场经济条件下，企业中劳动者成千上万，生产情况千变万化，生产工作的顺利进行必须加强横向和纵向的协调与领导。这就要求各级调度部门作为企业领导的助手，在领导的指挥下开展调度工作，下级生产单位和同级职能部门应坚决服从调度人员指挥，如有不同意见，应在贯彻执行的同时请示领导解决，维护调度部门的权威。

③生产调度工作应坚持预防性原则。调度人员应熟悉本企业生产的

历史资料，善于分析、解决各种突发事故，做好生产前的准备工作、生产中的服务工作和协调工作，并且要了解生产中各环节各因素之间的依存关系，做到预防为主，取得生产调度工作的主动权。

④生产调度工作要坚持群众性的原则。做好生产调度工作，调度人员应深入基层，亲自掌握第一手资料，调动广大职工的积极性、主动性，动员职工自觉克服和防止生产中的脱节现象，出主意，想办法，克服困难，尽力完成生产任务。

（2）加强生产调度工作应采取的措施

①建立健全调度工作制度。一般来说，企业的调度制度主要包括为了组织调度，及时处理生产中出现的问题而在厂部和车间建立的调度值班制度；为了使各级调度机构和企业领导及时了解情况而建立的把每日值班情况报告给上级调度机构和有关领导的调度报告制度；为了发扬民主，集思广益，统一组织生产而建立的调度会议制度；为了使领导人员深入基层、联系群众，调动各方面积极性而建立的现场调度制度；班前班后小组会议制度。

②建立健全生产调度机构。强有力的调度机构是企业做好调度工作的组织保证，也是现代化企业调度工作的必然要求。企业应在厂部、车间、工段、班组中设立相应的调度机构或调度员，由专人负责。同时，应合理配备调度人员，充实调度机构。

③适当配置和充分利用各种生产调度技术设备。调度技术设备是企业做好调度工作的物质保证。良好的技术设备能够大大提高调度工作的准确性、及时性和效率。常用的调度技术设备包括通信设备、远距离文件传送设备、通信系统和收发报机、工业电视和电子自动记录系统。

2. 生产进度控制

生产进度控制，是指对原材料投入生产到成品入库为止的全过程进行控制，是生产作业控制的关键。生产进度控制主要包括投入进度控制、产出进度控制和工序进度控制三个方面。

（1）投入进度控制

投入进度控制，是指控制产品、零部件投入生产的数量、品种、日期，并使之符合生产作业计划的要求。也包括对原材料、零部件投入提前期的控制，以及劳动力、设备、技术等准备工作的控制。做好投入进度控制，有利于保证生产连续进行，降低在制品占用，实现生产投入的均衡性。

（2）产出进度控制

产出进度控制，是指对产品或零部件的出产数量、产出日期、出产品种、产出提前期的控制。它有利于保证均衡、连续、按时、成套地生产产品，完成生产作业计划规定的任务。

（3）工序进度控制

工序进度控制，是指对产品或零部件在加工过程中所经过各道工序的控制。工序进度控制常用于单件小批生产和成批生产，对加工周期长、经过工序多的产品，不但要进行投入进度控制和产出进度控制，而且要做好工序进度控制。

另外，还有现场作业控制的提法，它是计划的执行，并将生产活动进行的状况及时反馈到系统中，以便根据实际情况进行调整与控制，一般包括车间订单的下达、作业排序、投入产出控制和作业信息反馈等环节。

3. 在制品占用量控制

在制品占用量控制，是指对生产过程各个环节的在制品实物和账目进行控制。做好在制品控制工作，有利于减少企业的在制品占用量，节约流动资金，加强生产过程的连续性，提高经济效益，保证生产作业计划的完成。在企业生产管理实践中，在制品占用量的控制包括三个方面的内容：

（1）控制车间各工序之间在制品的流转

在大量生产条件下，在制品占用量的控制方法通常采用轮班任务报告单，结合生产原始凭证或台账进行控制，即以各工作地每一轮班的实际占用量与规定的在制品定额进行比较，使在制品的流转和储备量经常保持正常占用水平。在成批和单件生产条件下，可采用工票和加工路线单控制在制品流转，并通过在制品台账掌握在制品占用量的变化情况，检查是否符合原定控制标准，发现偏差，并及时纠正。

（2）控制跨车间协作工序的在制品流转

跨车间协作工序易于造成在制品控制的混乱状况。为了使主要工序车间和协作工序车间衔接紧密，一般采取由主要工序车间归口管理的办法，防止发生无人负责的状况。

（3）控制检查站的在制品流转

检查站工作对车间在制品管理具有重要的影响，应该加强控制。主要包括以下内容：切实按照加工路线单上开列的项目检验质量，检查数目；及时处理返修品和废品；正确处理加工路线单、工序票、入库单和检查人员值班报告等原始凭证。

4. 生产作业控制的工具

生产作业控制的工具很多，有甘特图、平衡线图、在制品曲线图、生产报表、看板等，限于篇幅，本书不作一一介绍，只重点论述丰田生产方式和看板管理。

（1）丰田生产方式

丰田生产方式的根本出发点和落脚点是杜绝企业产、供、销过程中的一切浪费，降低成本。加入 WTO 后，中国企业在世界产业分工中承担的生产份额将愈益增大，大批量、多工序制造任务的机会将会越来越多，如何进一步降低成本，赢得竞争优势，借鉴和学习“丰田生产方式”

成为许多企业家的重要选择。

①丰田生产方式的精髓。丰田生产方式（Toyota Production System），在不同的场合下还可以称为看板管理、准时制生产、精益生产等，其根本出发点和落脚点是杜绝企业产、供、销过程中的一切浪费，最大限度地降低成本。丰田生产方式以其显著地提高日本企业生产效率的奇效而被全世界的企业家所推崇。20世纪70年代以来，随着总结日本战后经济起飞的成功经验，日本式经营、丰田生产方式、精益生产方式等不仅成为各国企业家所关注的话题，而且也成为各国探询日本奇迹的理论家所研究的一大热点问题。

丰田生产方式是一种以通过消除所有环节上的浪费来缩短产品从生产到客户手中时间的生产理念。它是丰田汽车公司在过去几十年的实践摸索中逐步完善起来的一套理论体系。其目标是降低生产成本，提高生产过程的协调度，杜绝企业中的一切浪费现象，从而提高生产效率，提高质量，降低成本，保证交货，为企业带来较高的收益回报。

"二战"以后，由于资金匮乏，无法生产出更多的汽车零部件，于是，丰田公司在自动化的基础上发明了"看板管理"，即从配件厂、辅件厂到主机厂形成了一条流水线式的生产体系，也就是所谓的"准时化生产"，美国人称它为"精益生产方式"，英文缩写为TPS。一直以来，丰田生产出的汽车以其高品质以及良好的稳定性和可靠性而被世人所喜爱。很多企业对于精益生产和丰田生产方式的关系一直感到困惑，有的专家认为两者是一回事；还有的认为精益生产是理论，丰田生产方式是方法等，甚至出现了是实施精益生产还是丰田生产方式的疑虑。还有不少人认为，丰田是只"黑匣子"，无论是研究开发、生产技术还是组织管理方面，都处于"黑匣子化"状态。

丰田生产方式的精髓到底是什么？我们认为，精益生产理论就是人们通过对丰田生产方式等日本生产管理的特征进行深入研究后得出的根本原则和管理理念，并将眼光面向整个价值流。所谓价值流，即产品从原材料供应到最终交付给用户的所有过程，包括原材料供应过程、零部件供应过程、非生产供应过程、生产现场和产品销售代理过程，还包括产品的设计过程。精益生产的原则不仅适用于汽车制造业，也适用于其他行业。当然，由于汽车制造业的共同特性，尤其是在生产过程的改进中，精益生产和丰田生产方式在实施中很多方面是类似甚至是相同的。根据这种思维原则建立的生产方式就是精益生产方式。丰田生产方式是日本丰田汽车公司的生产管理方法，具有其自己的特点，侧重于生产过程的管理，它是一个庞大的体系。

尽管丰田生产方式是一个庞大的体系，但简要地说，它的精髓可以概括为自动化、准时化和强烈的危机意识。自动化是指“生产线一旦出现故障立即停机，以保证不出次品，不让人成为机器的奴隶”；准时化是指“在必要的时间内生产出必要数量的必要产品”；强烈的危机意识是指“企业从上到下全体员工都意识到来自各方面的压力，自觉地参加到生产的全过程中去，随时发现问题，解决问题”。

具体来说，丰田生产方式的精髓主要表现在如下几个方面。

一是鲜明特色的纲领。丰田的纲领是：“上下一心，努力工作，实现产业报国；致力于研究、创造，走在时代潮流的前面；力戒华而不实，追求实质刚健；发扬温情友爱，建设美好家庭。”这些纲领也是丰田社训的重要组成部分，成为丰田模式的基本理论基础，对激发员工的创造力和积极性起到巨大的作用，成为丰田成功的精神支柱。尽管环境在不断变化，但丰田汽车创始人丰田佐吉的这些关于产业发展的思想却始终未因此而改变。全员参加的质量管理小组、合理化建议制度、持续改善活动等对于丰田生产方式的形成起到了巨大的推动作用。

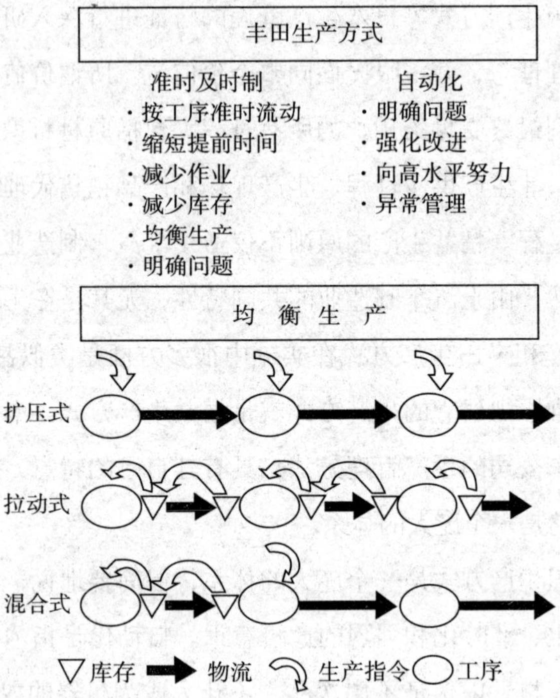

图 11-15　丰田生产模式

二是明确的目标，是指降低成本，增加收益，高质量地进行生产，最大限度地使顾客满意。丰田生产方式是生产产品一系列合理的方法，这里所说的合理，意味着它对整个公司产生效益。为了实现这个目标，丰田生产方式将降低成本作为最基本的第一位目标。降低成本目标，换句话说，也可以称为提高生产率的目标。为了实现这个基本目标，应该彻底消除生产中的浪费现象（过剩的库存和过剩的人员等）。

三是三大支柱的稳固支撑，是指准时化生产制度、人员自觉化和严格的标准化。准时化（JIT）生产，即以市场为龙头，在合适的时间生产出合适数量和高质量的产品，JIT 以需要拉动生产为基础，以平准化（Leveling System）为条件。拉动生产是以看板管理为手段，采用“取料制”即后道工序根据市场需要进行生产，对本工序在制品短缺的量从前道工序领取相同的在制品量，从而形成全过程的拉动控制系统，绝不多生产一件产品。平准化是指工件被拉动到生产系统之前要进行人为的按照加工时间、数量、品种进行合理的搭配和排序，使生产系统中的工件流具有加工工时上的平稳性，保证均衡生产，同时在品种和数量上实现混流加工式运动，起到对市场多品种、小批量需要的快速反应和满足功能。人员自觉化是指人员与机械设备的有机配合行为。生产线上一旦产生质量、数量、品种等方面的问题，机械设备就会自动停机，并有指示显示，而任何人发现故障和问题，都有权立即停止生产线，主动排除故障，解决问题。同时将质量管理融入生产过程，变为每一个员工的自觉行为，将一切工作变为有效劳动。标准化是指从丰田公司的标准到国际标准，丰田公司的经营方式同丰田家庭的经营理念是一脉相承的。面对激烈竞争的新环境，丰田公司如果停滞于丰田家族时代，那它将无法在汽车市场中生存下来。随着国际化经营时代的到来，丰田必须以各国都认可的方式进行国际化生产，最大限度地实现国际标准化，丰田常常把自己的标准改为国际通用标准，从这个意义上来讲，丰田的国际化任重而道远。

四是一大坚实的基础。是指持续不断的改善活动。改善是 TPS 的基础，可以说没有改善就没有 TPS。丰田生产方式在追求降低成本最终目标的同时，还包括各种不同的目标（数量管理、质量保障、尊重人格等），所有这些目标，都要通过丰田生产方式的基础——持续不断地改善活动来实现。使丰田生产方式真正取得实效的，就是改善活动。这里的改善是指从局部到整体永远存在着改进与提高的余地。在工作、操作方法、质量、生产结构和管理方式上要不断地改进与提高，消除一切浪费。TPS 哲理认为，不能提高附加价值的一切工作（包括生产过剩、库存、等待、搬运、加工中的某些活动、多余的动作、不良品的返工等）

都是浪费。这些浪费必须经过全员努力不断消除。持续改善(Continuous Improvement）是当今国际流行的管理思想，它是以消除浪费和改进提高的思想为依托，对生产与管理中的问题采用由易到难的原则，不断地进行“改善—巩固—改善—提高”的循环，经过不懈的努力，以求长期的积累，获得显著效果。

②丰田生产方式在中国的应用。基于中日两国历史上形成的交往习惯和两国文化背景的相似性，和其他国家一样，中国在 20 世纪 70 年代末期和 20 世纪 80 年代初期，实行对外开放战略，学习日本等发达国家推动经济发展的经验。在这种宏观背景下，丰田生产方式（TPS）也于 1981 年被引入中国，政府和不少大中型国有企业不仅聘请丰田汽车公司的专家来中国传授经验，而且还派人到丰田去取经。“有路就有丰田车”不仅是丰田公司的目标，而且成为中国改革开放后的第一幅外企广告。

丰田生产方式在中国的流传和推广至今已有 30 多年的历史，在这 30 年中，应该说：对丰田汽车，我们是非常熟悉的；但对丰田公司，我们又是非常陌生的，丰田的研发、生产以及它的管理多不为外人所知，以致人们称丰田为“一只黑匣子”。对熟悉或从事制造业的人来说，丰田生产方式以其对提高企业生产率的奇效而深入人心。但是，中国学习至今，是否有成功的范例？取得了怎样的成果呢？这些问题很值得研究和总结。

长春一汽曾于 20 世纪 80 年代初派出一个 40 人的代表团对丰田的生产方式进行现场考察学习半年，代表团回来后即在一汽的各个分厂推行 TPS，取得了比较好的效果。此外，还有湖北东风汽车公司、上海易初摩托车厂的精益生产都收效甚佳。国内其他一些企业也试行过 TPS，然而大多未能成功。丰田方面对在中国企业实施 TPS 的评价恐怕更令人失望。不久以前，有专家就这一问题采访过丰田生产调查部的斋藤广美主管，可他甚至举不出一个中国企业成功实施 TPS 的案例。2000 年年底，来华访问的 TPS 嫡系传人、丰田汽车公司生产调查部长林南八仅举出了一个 TPS 在中国成功实施的案例——VCD 组件生产企业川景电器公司（音译）。与 TPS 在中国的命运相反，在美国，TPS 显示出了其强大的活力。通用从在加州与丰田的合资厂那里学到了 TPS；福特汽车公司从丰田在美国的企业里挖人，做成了 TPS 的福特版；克莱斯勒学习福特；全球最大的汽车零部件生产商德尔福也实施了 TPS，结果是惊人的。TPS 没有国籍。林南八举例说，他曾考察过德尔福在波兰的工厂，那里没有接受过丰田的指导，但却将 TPS 实施得非常彻底，其水平之高令人吃惊——现场管理人员能回答任何刁钻的问题。

那些学习和实施丰田生产方式未能成功的企业，原因固然是多方面的，但如何正确理解 TPS 的精髓是其中最为关键的问题，不少企业失败的原因就在于对丰田生产方式的理解不够完善和准确，运用过程更生搬硬套，主要表现在如下几个方面：

第一，缺乏推行 TPS 所需的强烈的危机意识。企业管理层的危机意识和紧迫感是实施 TPS 的前提，遗憾的是，向我们的国企领导们灌输危机意识的工作已做了多年，可就是效果不佳。所以，如何迫使国企领导具有强烈的危机意识？进一步的问题是，如果国企的领导由上级主管部门任命，那么，他们的危机意识是更倾向于企业本身的生死存亡呢，还是更倾向于小心翼翼地遵守官场上的游戏规则——使自己的经营管理不致违背上级的要求或触犯某位上级的利益？如果国企领导自信政府最终会出来为企业喂奶、输血、解困，他们又能有多少危机意识？如果国企领导的自身利益在相当程度上与企业的生死存亡无关，他们又有多大必要苦心费力地去每天寻找战机和解决危机的方案呢？从中国推广 TPS 的情况来看，通常只有合资企业对实施 TPS 感兴趣。而不少国企对推行

TPS 如何才能取得实效往往缺乏足够的兴趣，认为自己本来就好好的。这与对企业干部的考核制度有关。在这种制度下，企业经营的好坏是第二位的，所以经营者用不着为实施一种新的生产方式而冒险，按部就班地行事，即使做不好，大不了也只是换一个岗位。高层管理者缺乏危机意识，即使实施 TPS，也会半途而废。美国人用了 15 年才发现 TPS 并不仅仅是一套技术和工具，而是一种系统的思维方式，其实成败的关键在于企业高层领导是否真正相信这个理念，营造与之相适应的文化氛围，并能持之以恒地层层落实下去，使企业的中层领导和基层员工能够理解、相信并且熟练地运用精益生产的种种工具来逐步实现其目标。

第二，对于 JIT 的理解。丰田生产方式不仅仅是准时生产与看板管理，仅仅从形式上去效仿看板管理是不能成功的。JIT 是 TPS 的核心问题之一，拉动生产是 JIT 的主要手段。但是 JIT 是不能脱离另一支柱人员自主化和持续不断的改善而独立存在的。因而 TPS 的实施必然是一个企业整体的、长期的行为。它是一个系统管理，是一个全员参加的、思想统一的、不断改进的系统过程。TPS 的推广从局部试点开始，毫无疑问是正确的，但绝不能局限在局部，不能孤立存在。

第三，推行丰田生产方式的条件。改善是 TPS 哲理的基础与条件，推行 TPS，首先要从持续改善入手。目前，天津丰田技术中心在丰田公司与天津汽车公司合资的企业正在推行 TPS，他们就是先从改善入手，而不是马上推行 JIT。原因何在？首先是因为改善是贯穿于 TPS 的产生、成长和成熟的整个过程。其次 JIT 的实行需要有较高水平的管理基础做保证。如快速换模、先进的操作方法、合理的物流系统、科学的定额和期量标准、员工素质与设备完好率高等，所有这些条件必须具备，才能实行 JIT 生产。

第四，质量管理。质量管理不是独立存在的体系，它必须融入生产过程。我国的企业都设有专门的质量管理部门，这样一来，使质量管理形成了相对独立的管理体系。而质量管理是不能脱离生产现场的加工操作及包装、运输的全部过程的，必须融为一体。

第五，工业工程（IE）。丰田汽车公司生产调整部部长中山清孝指出“丰田生产方式就是工业工程在丰田公司现代管理中的应用”。可以说工业工程是丰田生产方式实现的支撑性技术体系，特别是改善活动依托的原理与方法。同时也是美国、西欧各种现代管理模式（例如现代集成制造系统，物料需求计划）的技术支撑体系。因而，中国企业要推行 TPS，特别是建立适合国情、厂情的 TPS，就一定要从推行工业工程入手，否则很难成功。

第六，生产均衡化。生产均衡化是实现适时适量生产的前提条件。所谓生产均衡化，是指总装配线在向前工序领取零部件时，应均衡地使用各种零部件，混合生产各种产品。包括生产的品种、数量、时间三方面的均衡。为此，在制定生产计划时就必须加以考虑，然后将其体现于产品投产顺序计划之中。中国宏观上出现的由短缺向相对过剩的转化，加之不少企业整体管理水平低，对市场前景缺乏科学的预测，仓库积压严重，也有不少企业完全处于存货式生产状态，市场销售状况忽高忽低，有的企业生产任务季节性强，有的企业还由于生产能力过剩和没有订单而处于停产状态，很难实现生产的均衡化，这也是推行 TPS 难以奏效的重要原因。

推行丰田生产方式的启示。基于中国企业在推广丰田生产方式过程中存在的问题，为了使企业更好地运用丰田生产方式，大幅度提高生产效率，应注意如下几个方面。

第一，推行丰田生产方式必须进行大量的宣传和改进工作。丰田生产方式是一个完整的体系，不能片面从某一个方面来理解和实施，而是要对整个价值流进行全面的改进。这就要求加强在这方面的宣传、培训和交流，正确地理解。丰田生产管理方式与我们所熟悉和惯于使用的“大量生产”方式有着很大的区别。在实施过程中涉及企业的全体员工，需要他们的积极参与和全力配合，只有这样才能真正取得成效。这就要求企业的全体员工要充分认识精益生产会带来巨大效益，尤其是高层管理者，应对其实施给予不断的强化和支持。

第二，丰田生产方式是“舶来品”，需要“国产化”。尽管TPS没有国籍，但中国许多情况与国外不尽相同，所以在国外成功实施的技术和管理方法对我国的企业不一定适用，盲目照搬国外成功的经验给我们带来的教训实在太多，也太深刻了。切不可简单照搬国外成功的管理方法和生产方式，而是要通过精益示范中心这样的科研机构与企业充分合作，根据丰田生产方式的特征和我国企业的实际情况，对丰田生产方式不断进行研究和实践，使之更加适合中国的国情。

第三，加强对员工的培训，大力推行生产的同步化。培训既是推行TPS的突破口，又是TPS自始至终的工作内容，应在全公司范围内培训TPS的理念。同时，要注意研究国内外推行过TPS企业的成功经验与失败教训。按照TPS的要求，大力推行生产的同步化，工序间不设置仓库，通过“后工序领取”的方式（即生产计划只下达至最后的工序，通过看板这一管理工具拖动其他各个工序）。前一工序的加工结束后，使其立即转到下一工序去，装配线与机加工几乎平行进行，产品被一件一件连续地生产出来。在铸造、锻造、冲压等必须成批生产的工序，则通过尽量缩短作业更换时间来尽量缩小生产批量。

第四，企业家要有强烈的危机意识。“二战”结束后，当时美国的汽车产量是日本的8倍，在与美国企业的激烈竞争中，丰田公司通过采用TPS方式，经过多年的奋斗，终于赶上了美国。20世纪50年代初，丰田的经营状况很糟，一些工人和管理人员被解雇，引起了劳资纠纷，工人罢工，丰田有被人收购的危险。留下来的人痛定思痛，绝不想让悲剧重演，于是产生了 TPS。所以，从一定意义上说，TPS 是危机的产物。当公司内认为没有问题的人越来越多时，情况是最危险的；事实上，对企业来说，每天都有危机。所以，强烈的危机意识是实施 TPS 的前提，而及时暴露被掩盖的问题或危机则是 TPS 的基本原则。在强调危机意识时，要特别强调企业最高管理层的危机意识。因此，实施 TPS，要求我国的企业家一定要有强烈的危机意识。基于中国已经加入了 WTO 的现实，中国企业面对的也是国际化的市场，如何降低成本、增加利润，是每一个中国企业都无法回避的问题。中国的企业要学习丰田生产方式，必须进行三个方面的改革：①要进行全员危机意识的培养和教育；②优化生产现场，改善组织运营状况，提倡效率化；③建立充分的竞争机制。

（2）看板管理

①看板管理的概念和特点。看板是一种类似通知单的卡片，是传递信息或指令的牌子、小票、信息卡或器具等，其基本形式是一种长方形卡片，用塑料、金属或硬纸制成，有的为了耐用起见装入塑料袋内。看板上的内容可以根据企业管理的需要来决定，一般包括产品名称、品种、数量、生产线名称、前后工序名称、生产方法、运送时间、运送方式和存放地点等。

看板管理是日本的丰田汽车公司在与美国的福特汽车公司竞争中首创的一种以在制品占用量最小为目的的生产作业控制方法。看板管理把看板作为取货指令、运输指令和生产指令，用以控制生产和微调计划。看板管理强调在必要的时间内，按必要的数量，生产必要的产品，最大限度地运用资金。看板一般分为生产看板（如加工看板、信号看板等）、运输看板和取货看板三类。

一般来说，看板管理是以组织生产线生产为前提条件的。具有如下特点：①看板管理以装配工序为起点，由下一道工序向上一道工序提取零部件，而不是由上一道工序向下一道工序输送零部件；②看板管理化大批量为小批量，尽可能避免成批生产、成批搬运，尽量减少在制品占用量；③看板管理用装配工序来调整和平衡全部生产。

看板管理中，工序中看板的移动情况如图 11-16 所示。

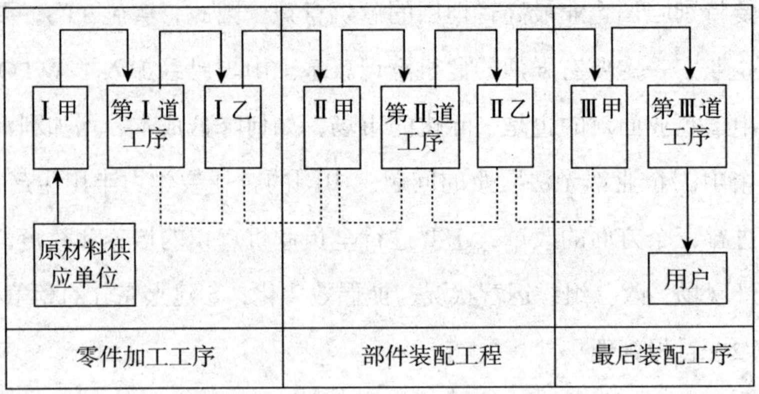

图 11-16　看板运行情况示意图

从图中可以看出，每道工序的设备附近都设有两个存件箱，甲存件箱是上一工序已加工完毕，本工序准备加工的存件，乙存件箱是本工序已加工完毕，准备下道工序随时领取的存件箱。最后装配工序没有乙存件箱。图中实线为零部件传送过程，虚线为看板传送过程。当最后装配工序的工人从Ⅲ甲箱中取用一个零件后，同时从箱中取回一块取货看板，运输工人看到摘下的取货看板，按规定的时间凭取货看板到Ⅱ乙箱中提取一个同样的零件，以补足Ⅲ甲箱中已使用的零件。同时，从Ⅱ乙箱中取出一块生产看板交于第二道工序工人。此看板相当于生产通知单，第二道工序工人接到之后，立即抓紧组织生产，制成后补人Ⅱ乙箱中。开始制造时，要从Ⅱ甲箱中取一件零部件，开始和第三道工序一样的程序。

这种生产过程的组织使生产中的在制品占用量达到最小。

②看板的具体形式。

一是传送看板，包括应传送的工件号、工件名、类型、上道工序号及其出口存放处号、下道工序号及其入口存放处号。

二是生产看板，是指在一个工厂内，指示某工序加工制造规定数量工件所用的看板，它一般包括加工看板（规定需加工工件的件号、件名、类型、工件存放位置、工件背面编号、加工设备等）和信号看板（是在固定的生产线上作为生产指令的看板，一般表现形式是信号灯或不同颜色的小球等）两种类型。

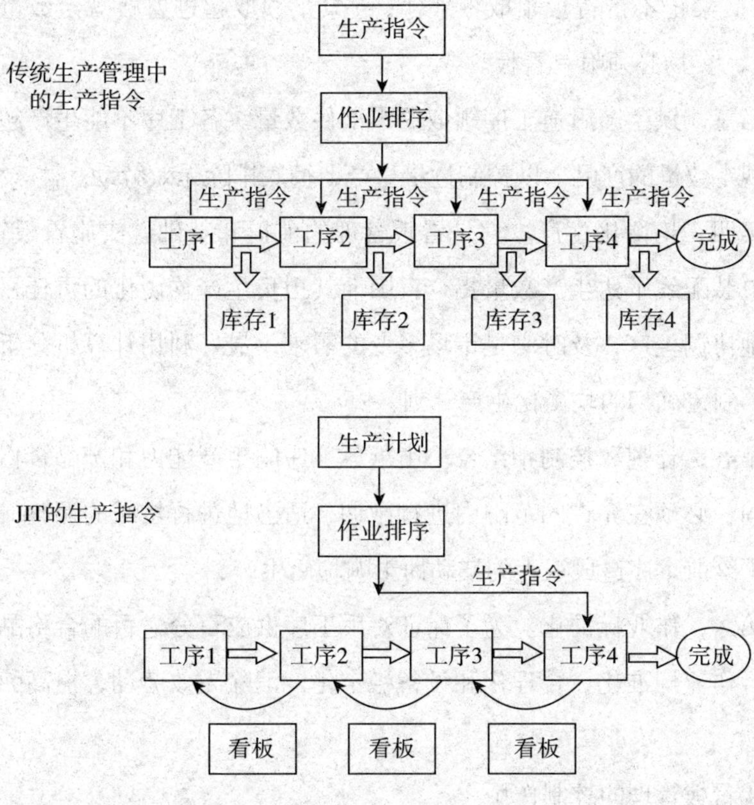

图 11-17　看板管理的基本原理

三是取货看板，是指后工序的操作者按看板上析列件号、数量等信息，到前工序（或外协厂）领取零部件的看板，它包括工序间取货看板和外协取货看板两种形式。

③看板的使用规则。

第一，不合格件不转入后道工序。上道工序必须为下道工序生产百分之百的合格品。如果发现生产了不良品，必须立即停止生产，查明原因，采取措施，防止再次发生，以保证产品质量，防止生产中不必要的浪费。

第二，后道工序从前道工序领取零部件。后工序必须遵循三条具体规定：a. 禁止不带看板领取零部件；b. 禁止领取超过看板规定数量的零部件；c. 实物必须附有看板。

第三，只生产后道工序领取的零部件数量。各工序不能生产超过看板所规定数量的产品，以控制过量生产，彻底排除无效劳动。

第四，均衡化生产。它是看板管理的前提和基础。实施看板管理，只对总装配线下达生产数量指令，因而其担负生产均衡化的责任，为了准确地协调生产，及时满足市场多变的需求，最好利用计算机分析各种因素，制定确切的均衡化生产计划。

第五，计划和控制相结合。由于各工序的生产能力和产品合格率高低不同，必须在允许的范围内进行微调，适当地进行增减的调整，并且尽量不给前工序造成很大的波动而影响均衡生产。

第六，作业标准化。为了保证对后工序供应百分之百的合格品，必须实行作业标准化、合理化和设备稳定化，消除无效劳动，提高劳动生产率。

④看板管理的控制作用。

一是控制生产过程。由于看板作为“生产指令”和“传送指令”，任何时候都必须与实物一起移动，能够严格控制生产进度和在制品的数量。

二是改善现场管理。由于看板任何时候都与实物一起移动，因而生产管理人员和操作人员只要通过看板就可直接了解生产情况，及时发现生产中的问题，从而能迅速采取改善措施解决问题。

三是调整生产计划。在运用看板的情况下，如果某一产品需求有变化，可以自动调整。由于前后工序都必须严格按照看板规定的时间和数量取货和生产，因而可以对在制品实现最有效的实物管理。

四是传递作业指令。这是看板最基本的功能。由于看板作为生产中的原始凭证，记载了必要的生产信息，因而看板就成了准确传递信息，保证信息流畅的有力工具。如生产数量、时间、方法、顺序以及搬运时间、搬运对象等。

【案例】

联邦默高公司的两套生产系统

联邦默高公司是位于宾夕法尼亚州兰切斯特市的一家汽车零件制造厂。在 20 世纪 80 年代中期，公司受到了来自低成本的日本竞争对手的威胁，管理者们因此决定降低运营成本。在大致参观了几家日本工厂后，联邦默高公司的管理者们猜想，他们的日本竞争对手成本优势的来源是尖端计算机、机器人和其他自动化设备的使用。因此，在 1987 年，公司用现代自动设备重新组织了它的汽车零件制造厂，包括使用机器人、在生产线上传送半成品零件的高架传送带和自动向导运输车（由地下电缆引导的小车，用来在车间之间搬运零件）。几台复杂的生产线计算机控制着这套自动化系统。

但这次重组的结果并非联邦默高公司的管理者所希望的那样。自动化工厂生产零件比以前要快，但是管理者发现工厂不能很快地从生产一种零件转换为生产另一种零件。例如，从生产小的离合器轴承转换为生产大的轴承就需要许多费时的调整，包括重校零件的“进料系统”直到重新排列生产过程中承载零件的机器。

在这个工厂不运转就会造成损失的行业里，缺乏灵活性使得联邦默高公司难以用合理的成本生产多种零件。相反，为了弥补生产一种产品时设置设备所发生的固定成本，管理者发现，即使客户只需要 250 个，他们也必须每批生产 5000~10000 个零件。多余的零件要储存在仓库里直到客户需要它们时为止，仓储的成本相当高。更糟糕的是，汽车公司增加了它们所生产的汽车的型号，因而要求联邦默高公司这样的供应商提供多品种、小批量的零件。

联邦默高公司的管理者发现工厂对客户的需求不能快速有效地做出反应，缺乏必需的灵活性。这样，联邦默高公司非但没有战胜日本竞争对手，反而更加落后了。

面对不断恶化的条件，联邦默高公司于 1993 年再次重组了它位于兰切斯特的汽车零件加工厂。这一次，生产灵活性是公司管理者头脑中的终极目标。机器人、多数生产线计算机、高架传送带、自动向导运输车都不用了。管理者设计了一种模块化生产线取代了它们，它能够被很快地改变而生产不同的零件。现在，如果组装线上需要进行变换，比如从小汽车方向盘柱的垫圈改为敞篷小卡车的垫圈，工人们只要移走模块化生产线上的部件，把它们换成下一种产品所需的部件即可。改变生产线所需的部件就放在工人们容易取到的箱子里。

重组后的工厂可以组装 1800 种不同的零件，在相同的时间里所生产的品种是以前的三倍。由于工厂从生产一种产品转换为生产另一种产品的速度相当快，所以它能够当客户需要时才生产，从而消除了对多余库存的需要。目前，它能够经济地每批生产 250~500 个零件，而不是以前的 5000~10000 个。联邦默高公司的管理者总结出，从高科技自动化工厂转变为科技含量低的工厂，不仅增加了组织的灵活性，还降低了成本。

第12章

小微企业的营销管理

一、创新营销观念

（一）企业上下均以顾客为尊

如同原始的营销观念，新营销观念的中心概念就是顾客导向——顾客永远至上。从企业领导开始，每一个组织成员都必须承诺最重要的目标：创造满意的顾客。顾客应该被放到崇高的地位，高于公司所有其他利害关系的人，包括业主及经理人等。

将焦点对准顾客必须是组织全体的共同信念，这是企业领导的主要任务，而且须有一个强有力的营销团队的支持。执行领导必须率先支持顾客，经常告诉员工"以顾客满意为优先"是公司的目标；若执行领导不以顾客为先，不可避免地会以另一群人——可能是股东——的利益为优先，这会影响到组织中其他成员。然而长期来看，奉行顾客至上才是对公司其他支持者或关系人最好的服务，毕竟利润是满足一位顾客后会取得的报酬。

顾客导向包括对质量及"价值导向"策略观念的承诺。为了传递优越价值给顾客，顾客导向的公司会不断寻求改进效率、降低成本。价格永远都是顾客计算价值的一环，因此，持续追求较低的成本，就是向顾客导向迈进了一步。

顾客导向不仅是一种愿望，公司还需要聆听顾客的声音。口惠实不至的顾客导向无济于事，公司要听到的是顾客的声音，而非公司本身的想法：而且一次只可能聆听一个声音。顾客导向公司是采取个别的方式来聆听顾客声音，因而可以了解他们的感觉、期望、需要及欲求。聆听并不是天赋的本能，而是必须做到的。只要顾客有意见，公司就必须把握聆听的机会，而不可限于事先规划、要求顾客提供意见回馈的时机。

顾客的抱怨为我们提供了解业务及顾客最宝贵的机会。顾客抱怨时，告诉我们的正是他们如何界定价值，以及究竟为什么我们不能传递该价值。他们可以帮助我们确认必须改进的流程或产品性能；也可以告诉我们所不知道的竞争对手情报，甚至表达对我们产品、公司的关怀，以及希望我们做得更好。

每一个销售电话及服务电话、每一次的顾客电话订货，以及每一次询问订单、送货及发票等，都是聆听顾客声音的机会。不过，聆听批评并非大多数人可以胜任的工作。许多公司对于顾客抱怨及建议的反应往往是：“要怪就怪顾客”，他们对产品及用法了解不够、期望太多，或是使用不当等。为了避免防卫性的反应，公司人员必须学习聆听，而不要只是回答。比如当我们问顾客喜欢或不喜欢什么，我们就要做好准备听顾客怎么说，并将所得资讯转换成有用的形式，进而追踪是否已采取正确的行动。

为了增加聆听顾客意见的机会，公司必须采取一些措施和行动，让公司每一个成员都能定期与顾客接触。例如：

（1）经理人必须实地参与销售，与销售代表打电话推销产品，或是在商店柜台后观察。

（2）生产人员随产品赴顾客所在地看他们如何操作、使用。

（3）工程人员可实地拜访顾客。公司每一个人若能深入了解顾客如何使用产品，都会获益。

（4）工厂工人可以在晚间以电话访问顾客，问问他们喜不喜欢新买的产品、是否有任何问题，并了解该如何改良产品。

（二）界定、培养独特能力

旧营销观念缺乏策略性的影响，主要是因为未考虑顾客需要如何与厂商能力搭配。比如它从未真正致力于这个问题：除了相对不满足的顾客之外，公司究竟应将焦点放在哪些顾客及其需求之上？顾客的价值观念并不是顾客导向定义的一部分，价值观念指的是，在顾客针对其需求与喜好，评估该公司及竞争对手的产品提供时，存在一种动态交互作用。到底厂商能比竞争对手推出什么更好的产品呢？还有，要传递优越价值给顾客，需要什么技巧、资源、知识呢？

独特能力的概念需要借助顾客导向加以界定。所谓独特能力，必须是顾客察觉具有价值的事物，否则根本没有策略价值可言。还有，独特能力应该可以应用到其他产品类别，以及利用多市场区隔所提供的策略弹性及发展、成长机会。独特能力以知识为本位，此意味着知识存在于个人的心中及技术中。当然该观念包括技术为本位的能力，但并不以此为限。若公司能适当地培养、开发、施展独特能力，该能力将是独一无二、永保经营优势的来源。顾客的需要及理解只是价值定义的一部分，另一部分则是厂商据以进入竞争市场的独特能力。

不过，界定独特能力只是市场导向公司策略规划构想的起点。随后必须考虑的是，在全球市场中，我们凭借既定的技术及资源条件，是否有机会在传递顾客价值方面做到世界第一？还有，公司要确认不具备独特能力的领域，以便规划完整的价值主张。了解这点，公司也可以确认策略伙伴的需要。

对主张市场导向的公司而言，了解顾客是一种独特能力，也是最重要的策略资产。若要公司成为一个独特的实体，而不只是协力网络组织中的一部分，了解顾客或许是一个关键因素。因为顾客视企业为一个经济实体，没有自己的顾客，也就不称其为企业。

在市场导向的公司，管理部门的每一项重要判断都是依据最新、完整、正确的市场资讯，包括顾客与竞争对手的资讯。组织了解顾客的能力中，包括对顾客及其需求的深刻了解，这一部分深植在管理者及其他决策者心中。至于另外一部分，则是顾客资料库，也是企业另一项关键策略资源；这一部分必须借助电脑及通信技术的投资。今天，顾客资料档连同相关软硬体设备在策略性资产上的地位，不下于 20 世纪 50 年代大量生产、大众营销厂商拥有的厂房及制造设备。市场情报的内容，不能仅仅包含各部门资深经理的随意观察，而应该是有架构、易于使用、可分析的，而且决策者可随时取得。

成立营销部门的主要目的是成为顾客专家，代表顾客提出意见，以及为顾客至上、市场导向的公司提供必要的资讯。营销部门还有部分任务是回应销售、研发、顾客服务、制造等部门的要求。此外，营销管理部门还必须决定哪些市场资讯具有策略上的重要性，例如公司必须“捷足先知”，以备规划未来，并因应顾客不断变动的价值定义。市场情报其实不仅提供决策人员所需的资讯，更重要的是，“知道我们所不知道的”，并且指出值得从策略上探究的问题。营销管理人员必须在组织中一马当先了解顾客，并带领公司进入未来。

由于全球市场激烈竞争，许多重要决策已不再容许企业采取审慎规划实验市场或顾客调查等做法。时间已越来越成为关键的决策变数，企业必须迅速回应经常变动的顾客需要、偏好，以及竞争行动。因为竞争对手也有市场情报系统，他们一察觉市场的风吹草动，甚至只是实验做法或企图搜集情报，都可能引发其快速的反应，因而使得其他公司的市场研究结果失效。营销管理人员必须创造一套市场资讯系统，取代仅用一次、特殊目的的研究。这套系统包括顾客资料档，将可成为一项可活用的、与日俱进的工具，以供组织日常的资讯需求。

（三）精确锁定目标顾客

成为市场导向最重要的，是要分清楚哪些顾客是本公司的，哪些顾客是属于竞争对手的。此策略选择观念通常最难以令管理部门接受。这项观念的意义是：舍弃部分潜在顾客及收益，集中精力与最有可能被满足且忠诚的顾客建立关系。

在新营销观念下，市场区隔、目标锁定及市场定位仍是关键的策略抉择，与旧观念并无二致。不过，现在“定位”与旧营销观念相反，有一个新增的价值主张意义。定位的旧定义较狭隘，系指透过信息流通，将产品（相对于竞争产品）在消费者心目中定位。“市场区隔”乃是一种分析性的活动，不仅依据与顾客及竞争对手产品有关的资讯，同时也需要创造力，以界定自己的市场区隔。至于“锁定”厂商所要服务的目标顾客，则包括使公司能力配合顾客特性的策略决策。

定位，也就是开发价值，是整合用来传播给顾客及全组织价值声明的过程。经理人必须自问：

我们的目标顾客是谁？

我们出售什么？

我们希望顾客使用该产品的“参考架构”是什么？

顾客光顾我们的理由何在？

我们提供什么效益？

公司应慎选顾客，因为公司将承诺并接受他们的评判。因此，厂商一旦与买方建立关系，即试图建立顾客忠诚度；而市场目标锁定的决策，也就是关系建立及忠诚度管理流程的开始。

1. 以“顾客价值”为发展方针

顾客眼中的价值是在市场界定的，而不是在工厂。市场情报部门必须确定让公司每一名员工都了解，究竟顾客如何界定价值，以及该价值定义如何演进。经由结合顾客导向与市场资讯，创造一种功能性的组织承诺以传递优越价值。此外，公司应该以明确的顾客价值观为中心，开发事业单位策略，并定义如何竞争。“传递优越价值给顾客”应纳入组织基本文化的一环，作为共同的价值观及信念。

有关公司使命的声明，应该包含顾客价值的定义，并指出该公司建议如何传递价值，以及为达成公司使命而追求卓越的承诺。公司应该利用每一次机会，沟通讨论发展的愿景，使每一个员工都能记取承诺，为顾客传递价值，借以保持公司竞争力。

2. 让顾客界定品质

一般而言，品质、价值及顾客导向其实都是一回事。然而在运作上，品质观念必须转换成可令顾客满意，且可衡量的明确产品特性。依传统的品质定义，产品特色及规格化是焦点所在。就如工程标准的定义：产品的尺寸、失败率等是品质衡量的基准；而品质也被界定为：避免错误、防止制造过程偏差，或是至少将错误降到某一可接受水准的“每千件瑕疵数”。其实，这是品质的负面定义。品质应该是由顾客界定，而非统计数字。

在新营销观念下，品质界定为符合顾客期望。服务品质模型，主要就是将上述定义联结一系列管理活动，包括：分析顾客需要、构思符合需要的产品声明、将产品声明转换为技术规格、创造产品提供、将价值主张的信息传送给顾客，以及衡量公司能达到多少顾客的期望等。此服务品质模型可适用一般企业，特别是当每个企业都界定自己为服务业时更是如此。

全面品质管理是一种迎合并超越顾客期望的流程。由于顾客期望不断演进，品质当然也必须具备动态观念，以符合公司持续改良的承诺。

3. 衡量、管理顾客期望

了解顾客期望对于开发优越的产品，以及策划相关的销售信息，都非常重要；而衡量顾客期望需要设定绩效标准。绩效标准是每一个品质管理专案的核心，也是持续改良的动力。衡量顾客期望应该跳脱例行顾客满意度调查的窠臼，必须要涵盖顾客购买乃至使用产品的所有层面，而且要连同配套服务在内，并非只限于产品本身。

顾客期望通常来自几项资讯，公司借着控制资讯来源，即可以在某种程度上影响、管理顾客的期望。这种努力应可视为价值传递流程的一环。顾客期望根据的是，使用该公司及竞争对手产品之后的经验、口碑传播，以及公司的营销信息传播，包括广告、宣传、人员推销及促销等。

认知营销信息在形成顾客期望过程中扮演的重要角色，公司有必要考量与全面品质管理一并规划、开发。如前面提到的，管理顾客期望始于市场目标锁定，不同的市场区隔必然有不同的期望，对于营销信息的反应也必然不同。

此处就正负两方面的影响加以考量。负面来看，公司必须慎防“过度承诺”，不要提出公司不易达到，或顾客不了解的产品性能诉求。通常这都是无意中造成的结果，例如无意中夸大，或是信息策略言过其实。此种问题尤其易发生在未加区隔的市场、未审慎锁定目标的厂商。厂商应该放弃期望无法达成的潜在顾客。

从正面来看，各式各样的营销信息可以告知、教育顾客，创造顾客的期望。因此假如公司的产品提供了优越价值，显然必须透过销售信息来传达。厂商的承诺，就是顾客可以提高期望，并采用该公司产品来迎合期望。

宾士汽车印制三页广告宣传的例子正可以代表这种管理顾客期望的正面处理手法。在广告第一页，呈现一辆汽车及下列文字：

有人视宾士 S 系列汽车为身份价值的一种象征!

原来有一份资料显示：市场上，炫耀性的消费正在下降中，且愈来愈鄙视夸示财富；经该公司及时研究发现，一个必须克服的重大问题是消费者感觉，宾士该款大型、S 系列汽车的价值比不上其超高的价格。前述广告的平衡作用，企图改变这种认知，并在价值传递上增强顾客期望。第二、三页则是一个跨页照片，显示同样一部汽车发生迎面对撞车祸后的照片，下面这句话置于篇幅的正中央：

他们不可能有更好的选择。

周边文字则详细解说了汽车发生车祸时保护乘客的多重设计及功能。公司承诺：由于优越的操控性能，在防止车祸伤害或将伤害减至最小，甚或避免车祸发生上，宾士 S 系列的车主可以比其他车辆的车主享有更多的保障。

大多数顾客都不可能有机会测试这项承诺，然而期望本身却变成一种标准，在顾客选购汽车的过程当中用来判断其他汽车，以及相关的营销信息。于是，安全的承诺就成了产品提供的一部分。

管理顾客期望是发展、传递价值给顾客的一部分，也是开发产品提供的一部分，又是全面品质管理的一环。公司必须精确锁定顾客期望，并将公司心目中未来的顾客期望视为愿景之一，以及依据公司独特能力建立价值主张，全力以赴。

（四）建立顾客关系与顾客忠诚度

依据顾客导向、市场目标及追求获利能力等系列推论，厂商有必要集中精力，开发、维系顾客关系，并建立顾客忠诚度。营销的目标，并非安排下一次销售，而是吸引顾客。新营销观念另一个表征是，管理人员将顾客视为最重要的企业资产。厂商求生存的关键，是要与忠实的顾客维持持续的双向交流关系。顾客才是企业的命脉，而非产品。

开发顾客关系一定要与时俱进。不过并非所有顾客都有意建立长期关系，因此公司可以选择：比如可以完全排除不希望维持关系、不需要公司承诺的顾客；也可以开发提供个别、不同的产品（包括价格、服务等），以应“关系导向”顾客或“交易导向”顾客的不同需要。对于交易导向型的顾客，公司还可进一步选择，究竟要持续维持交易形式，或者是设法转换成关系顾客。在大多数情况下，从交易型转换为关系型顾客并不容易。

对大多数公司而言，同时处理两种类型的业务——与部分顾客进行普通交易，及与另一些顾客结为业务伙伴——相当困难，因为这需要不同的资源承诺、不同的技巧，以及不同的产品提供。尤其顾客往往看不清真相，例如关系型顾客如知道交易型顾客可获得较低价格，也想比照适用；而交易型顾客则可能坚持享有公司提供给关系型顾客的配套服务。

现有的顾客通常比新顾客提供公司更大的获利潜能。这是因为既有顾客较能察觉产品的价值，也愿意多付价款，以获得公司整套产品提供附加的额外价值，包括配套服务。长期之下，由于重复多次交易，为公司创造一连串的收益。同时，由于长期关系产生的营运效益，公司为他们提供服务的总成本得以降低，而且还有机会推销其他的产品与服务。此外，这些关系顾客更可以产生对公司有利的口耳相传效应。

反之，若要吸引新顾客，以传播信息、相关营销工作花费的观点来看，例如开发特定的产品提供，则必须耗费更多成本。还有，如果价格是部分购买诱因的话，至少在刚开始，新顾客可能会使公司边际利润降低，由于这些顾客主要受到低价的吸引，厂商可获利的机会也就相对降低；而且这些新顾客见异思迁，投向竞争对手的可能性较高。在这无奇不有的世界，最惨的后果可能是：公司要花费大笔费用吸引交易导向型顾客，还要为将他们转变为关系顾客而浪费资源，之后甚至要花更多的费用来挽留，防止他们离开。这通常是只追求最大销售量，而非获利的厂商难逃的宿命。

（五）承诺持续改良与创新

公司既然了解顾客对价值的定义的重要性，也承诺要为顾客传递优越价值，那当然必须承诺持续改良与创新。公司必须体认识到，在全球竞争压力下根本别无选择，志得意满势将招致败亡。

公司持续改良是为了要成为顾客导向，以及要让顾客界定品质。所谓持续改良，应该引导成本降低和成为更有应变能力的组织。公司若能以更低的价格与顾客分享成本降低的效益，正可凸显顾客与公司维系长期关系的价值。若顾客亦为企业、供应商的支持，对顾客能否屹立全球市场也相当重要。比如一般所见的目标定价（target pricing），就是供应商同意一开始以些微利润或无利润的价格，接下这笔生意，不过假设条件是：顾客愿意与供应商合作降低成本，以便营造长期互利关系。

公司为了使顾客关系的价值达到最大，并建立顾客忠诚度，还必须创造能增进双方价值的新产品及服务。而且随着顾客需要的演变，营销商的产品提供也必须改进。因为增加现有顾客购买量来提升获利，要比以现有产品寻找新顾客划算多了。当然，新产品也会吸引新顾客，增加忠诚顾客。

（六）组织文化须配合组织策略与架构

企管界意识到组织文化的重要性是比较晚的发展，而组织文化在营销领域的发展，则更晚。但是证据早已显示，组织文化非常重要，而且也是决定获利能力的关键因素。

管理文化有两个含义：

第一，必须对组织全体反复灌输顾客导向观念。管理高层必须透过两种方式表达，其一是明确的公司使命及愿景；其二是创造顾客导向，并推展到组织每一角落的行动方案。举凡能捕捉或传达顾客导向愿景的语言或其他信号，都必须留心、全力发展。

第二，必须发展较宏观的组织文化概念，将关注的焦点由公司向外扩展至顾客及竞争对手，并在多变的市场中建立富企业精神及创新的积极态度。时效和及时行动已成为参与全球市场非常重要的策略变数，厂商必须积极行动、弹性应变，而不只是维持、保护、捍卫公司组织。

（七）与伙伴、联盟共同成长

20 世纪 60 年代和 70 年代，在产品投资组合模型策略愿景的导引下，较积极的公司纷纷通过并购来保持成长。公司唯一的任务是为股东创造价值。于是经由操作财务杠杆、垃圾债券、税法或负债工具等，组织架构固然变得更大、更复杂，但未必具备像拥有独特能力、顾客基础之企业一样的力量。而依据财务报表建立的电脑卡片，则堆满几个屋子。

这种企业集团通常只是若干独立企业结合成的松散联盟，只不过依公司架构形式结合在一起，徒有法律上的名义而已。相较于 20 世纪 50 年代和 60 年代风行的传统官僚、阶层、分工、功能分明的公司组织，显然大为不同，即使营销还存在于企业集团之中，却已被贬到策略事业单位的层次，不再位于公司层次。当时市场被界定为一群竞争对手的集结，争战为的是市场占有率。

到了 20 世纪 90 年代，我们终于迷途知返，再度将市场定义为顾客，并且以创造顾客价值为焦点，借此为股东创造价值。20 世纪 90 年代的市场战争，也变为依据效率与优越价值的传递，追求顾客忠诚度与获利能力。

当厂商开发其策略前景，并在公司独特能力中界定竞争优势来源时，也确认了与顾客、供应商、配销商、竞争对手（无论既有的或潜在的）等成为伙伴的必要性。竞争对手之间的合作让彼此有机会交换有价值的独特能力、资源及技术。比如美国航空公司经由与英国航空公司的联盟，进入欧洲市场；相对地，英国航空也为其欧洲航线增加客源。这均有助于两家公司扩增航线，进入快速成长的全球市场。

即使是大厂商如 IBM、通用汽车、西尔斯等，其实都不可能有足够资源开发、维持多种独特能力。他们必须以自己的独特能力为焦点，并依赖伙伴取得产品所需的其他能力。他们也与关键顾客、主要供应商及其竞争对手结为伙伴。比如 IBM 与苹果电脑推动一系列联合投资，开发软件、硬体。这些合资事业通常汇集多种技术，所以合资厂商间存在着技术上的相互需求。又如通用汽车也与丰田、五十铃（Isuzu）等汽车公司结盟，设计新车种，创造新且有效率的产能。

这些称为“网络组织”的新联盟较之传统的组织形式，联盟关系较为松散，营销在维系整个网络都以顾客为尊的功能上，扮演重要角色。营销经理位居网络的核心，或者是在这扁平组织的顶层，必须积极参与界定厂商在价值链上的地位，以及界定其核心目标顾客群。营销部门必须与管理高层合力开发以顾客为尊的文化，以及整个网络组织的象征性沟通信息。在一个顾客导向的公司，营销管理部门必须参与厂商策略、架构及文化的设计；他们以顾客界定的价值为重心，连同厂商的独特能力，对于界定哪些领域可由厂商自行开发能力、哪些领域必须寻求策略伙伴，具有很大的影响力。换言之，营销管理部门对于界定厂商的形态、活动范畴，可以说具有决定性的影响。

在策略事业单位层次，必须借助专业营销管理人员的主要活动为：开发市场情报系统、区隔市场、目标锁定及定位等。另外，此一层次还得决定哪些产品提供、营销服务，需要“自制”或“购买”，以便界定厂商在哪些领域应该开发营销策略联盟。营销经理人必须在上述这些决策中扮演关键角色；不过在业务层次，这些决策都是策略活动，不像“厂商形态”“业务范畴”等议题，主要由公司层次处理。故对小型事业单位而言，特别是在资讯系统领域，开发一个五脏俱全的营销能力可能不尽合适。因此，此等职责还是应该回归到公司层次，但是只限依效率考量有此需要时为原则。

在营运层次，专业营销经理人仍然要参与开发营销（与业务层次相对）策略，以及执行产品、价格、促销及配销通路等“营销组合”。然而即使在营运层次，营销还是被赋予了新的意义，其策略重点已从创造下一次销售转移到建立忠实顾客。在营运层次，营销人员也须开发、经营与配销管道代售商的策略关系，尽管日常的营运细节仍应由销售部门掌控。另在营运层次，营销人员将经常与公司其他部门的团队合作，致力于有关全面品质管理与代表顾客从事持续改良等工作。因而在最有效率的组织，传统功能间的界线将消失。

二、营造最佳营销渠道

企业通过自设的或代理商的销售渠道，将产品层层传递，最后在渠道终端完成销售，形成往返的资金流和物流，企业也因此不断获得利润和活力。传统的销售渠道只是完成销售功能，但是在现代的销售渠道中，还被赋予了营销推广的职能。TCL 在当初进军彩电市场时，根本没有彩电生产基地，但他们倡导“有计划的市场推广”概念，大力筹建在全国的营销网络，没有工厂就找人代加工，硬是靠销售渠道在各地有力的市场营销推广，强力促销，奇迹般地在五年内跻身中国彩电三强之列，这是渠道推广之功。所以，对领导来说，制定营销渠道企划是一项重要的工作任务。

（一）营销渠道模式分析

销售渠道按流通环节的多少，可以划分为直接渠道和间接渠道；按参与各环节中间商数目的多少，可以划分为宽渠道和窄渠道两大类型。

1. 直接渠道与间接渠道

直接渠道又称零阶渠道，指没有中间商参与，产品由生产商（制造商）直接给消费者（用户）的渠道类型，是工业品分销的主要方式。

大型设备、专用工具以及技术复杂、需要提供专门服务的产品，几乎都采用直接渠道销售。在消费品市场，直接渠道也有扩大的趋势。鲜活商品和部分手工业制品、特制品，有着长期传统的直销习惯；新技术在流通领域的广泛应用，正在使邮购、电话直销和计算机网上销售等直复营销方式迅速发展。

间接渠道是指有一级或多级中间商参与，产品经由一个或多个商业环节销售给消费者（用户）的渠道类型。

大多数制造商缺乏直接组织市场销售的财力和经验，而采用间接渠道则能发挥中间商在广泛提供产品和进入目标市场方面的最高效率，集中企业资源拓展其主营业务；利用中间商的销售网络、商务关系与经验、专业化水准和规模经济优势，通常会比生产者自营销售更为节约，获得更高利润。另外，中间商承担着协调制造商提供的产品组合与消费者所需产品组合之间矛盾的功能，也包括处理由产品差异、时间差异、地点差异和所有权差异等带来的一系列矛盾。

2. 长渠道与短渠道

销售渠道的长度通常以经过的流通环节或层次的多少来衡量。长短只是相对的，因此，可以将销售渠道进行划分，如将销售渠道划分为“长度不同的渠道”：零阶渠道（制造商→消费者）、一阶渠道（制造商→零售商→消费者）、二阶渠道（制造商→代理商或批发商→零售商→消费者）和三阶渠道（制造商→代理商→批发商→零售商→消费者）。其中，零阶渠道最短，三阶渠道最长。实际上，还存在层次数目更多的渠道。在日本，食品销售渠道可能长达六个层次。从生产角度来看，渠道层次越多，向最终用户传递信息就越成问题。如电视直销就是销售渠道中“零阶渠道”的一种，它极大地方便了人们购物。企业在使用此种渠道时，应避免哗众取宠、定价太高等弊端，使之能为广大消费者所接受。

此外，为了分析和决策方便，也可将零阶渠道称为直接渠道；把一阶渠道，即生产者只通过一个中间环节（如零售商）在较小地区范围内销售产品的渠道，称为短渠道；而把二、三阶渠道，即生产者通过一个以上的中间环节，产品在较大范围内销售的渠道，称为长渠道。这种划分，有利于营销者集中考虑其对某些环节（如代理商、批发商）的取舍，制定自己或长或短甚至长短结合的多种渠道策略。

3. 宽渠道与窄渠道

渠道宽度取决于渠道的每一个层次中参与中间商的数量。若制造商选择较多的同类型中间商（如多家批发商或多家零售商）经销产品，则这种产品的销售渠道就是宽渠道，反之则为窄渠道。如国美电器在数码店的建设上，就逆市而动，采取了小规模宽渠道思路，全部采用100至1000平方米的小型店面，最小的甚至只有30平方米。同时，从经营模式上将分销渠道彻底分解，除在繁华商业街、闹市区，甚至是旅游景点和交通枢纽处设立便利店形式的门店外，还积极探索与其他零售商合作以增加销售渠道的可能性，希望能够在百货公司、连锁超市、大型建材或家居装饰店等其他地盘内开设“店中店”。这种做法是值得借鉴的。

为了便于理解，在这里我们以图表的形式来显示一个韩国食品制造商的销售渠道。其一级批发商A可以介绍一级批发商B进入销售渠道执行某些功能或负责某些地区市场。每一销售层次都有若干销售商参与，但他们各有自己的任务。这是一个较宽的销售渠道。

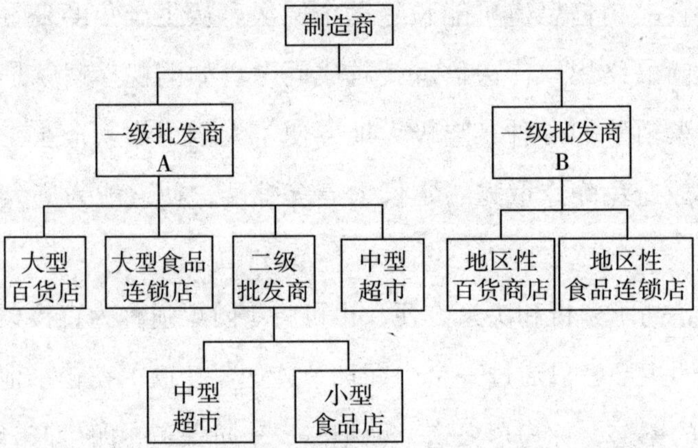

图 12-1

销售渠道宽度的选择与制造商的销售战略息息相关。制造商的销售战略通常有密集式销售、选择性销售和独家销售三种类型。

4. 密集式销售

即通过尽可能多的批发商、零售商销售其产品。消费品中的便利品（如香烟、牙膏、糖果、小吃等）、工业品的辅助品（如办公用品等），宜采用密集式销售。

5. 选择性销售

即从所有愿意经销本企业产品的中间商中挑选若干最合适的商家销售其产品。不管是资深公司还是新成立的公司，特别是那些生产消费品的选购品和特殊品、工业品中的零配件的厂商，更适宜采取这一策略。

6. 独家销售

即在某一地区仅选择一家最合适的中间商专门推销公司产品。当制造商希望严格控制自己的服务水准及经销商的服务水平时，常常采用这一策略。

（二）营销渠道组织设计

领导在设计销售渠道时，必须在理想的渠道和实际可能利用或新建的渠道之间做出选择。这一决策过程一般要经过分析消费者需要、建立渠道目标、确定可供选择的主要渠道方案以及对方案进行评估、选择等几个阶段。

1. 分析消费者需求

设计销售渠道的第一步，是要了解目标市场上的消费者购买什么、在哪里购买和怎样购买，消费者的这些购买特点是对销售渠道服务水准的要求。这些要求通常表现在下列五个方面。

（1）一次购买批量的大小

如轿车市场，大型出租汽车车队喜欢从能提供大批量汽车的渠道批量购买新车，而一个家庭买车则一次买一辆。显然，必须为车队购买者和家庭购买者分别建立渠道。批量越小，对渠道提供的服务要求越高。

（2）交货时间的长短

消费者（用户）对交货时间要求愈短，销售渠道需要提供服务的水平愈高。如特快专递邮件比普通邮件要提供更多、更高水准的一系列服务。

（3）空间便利性

空间便利性是指销售渠道给消费者购买商品带来的方便程度。在同等技术条件和服务条件下，零售网点的数量及其分布情况决定了消费者购买的方便程度。消费者越是要求方便购买，销售渠道就要越广。

（4）商品多样化

顾客往往要求商家提供多样化的产品组合，以方便其挑选。而产品组合的宽度越大，相应要求的服务水准就越高。

（5）服务支持

指销售渠道提供的附加服务。提供的服务支持越多，渠道的工作量也越大。

实际上，领导要有效地设计渠道，不仅要考虑消费者希望的服务内容与水平，而且还必须考虑渠道提供这些服务的能力与费用。因为提高服务水平意味着渠道费用的增加和消费者承受更高的价格。如果消费者愿意接受较少的服务而得到价格实惠，选择超市或货仓式商店等销售渠道往往更容易获得成功。

2. 确定营销渠道目标

渠道目标是在企业营销目标的总体要求下，所选择的销售渠道应达到的服务产出目标。这种目标一般要求所建立的销售渠道达到总体营销规定的服务水平，同时使整个渠道费用减少到最低（或合理）程度。企业可以根据消费者需要的不同服务要求细分市场，然后决定服务于哪些细分市场，并为之设计选择最佳渠道。

销售渠道是渠道成员相互选择的结果。每一个企业都要根据特定的目标和现实条件，遵循一定规则，选择或创建销售渠道，做出理想的销售渠道决策。

3. 制定可供选择的渠道方案

领导在确定了目标市场和期望的服务目标后，必须明确选定几个主要的渠道方案。渠道选择方案涉及三个因素——中间商类型、中间商的数量和渠道成员的交易条件及责任。

（1）中间商类型

领导首先要明确可以完成其渠道任务的中间商类型。根据目标市场及现有中间商的状况，可以参考同类产品经营者的现有经验，设计自己的销售渠道方案。

如果没有合适的中间商可以利用或企业直接销售能带来更大经济效益，企业也可以设计直销渠道或直复营销渠道。近年来，直销方式不仅在工业品市场，还在消费品市场得到快速发展。信息沟通的日益方便及销售渠道费用的普遍上升，已使直销渠道具备了良好的发展前景。但是，间接渠道仍然是主流，在多数场合，企业仍然要选择中间商为合作伙伴，以发挥其职能，克服在现代化社会大生产下产销之间在空间、时间、信息、价格及供求数量、花色品种等方面存在的矛盾。

（2）确定中间商数目

领导必须确定在每一渠道层次中合作中间商的数目。由此形成所选择销售渠道的宽度类型，即密集式销售、选择性销售，抑或独家经销。

密集式销售较多为日用消费品和通用性工业品厂家采用。这时，批发商与零售商一般不愿分担广告费用，而要求厂家负担。厂商应考虑到这一情况，并仔细比较广告促销费用与销售带来的收益增加之间的大小关系。

选择性销售多为信誉良好的企业和希望以某些承诺来吸引经销商的新企业所采用。由于经销商数目较少，企业容易与经销商形成良好的业务关系，降低控制成本。企业要比较由此带来的利益与机会损失和风险之间的关系。

独家经销多用于汽车、大型电子产品及那些有特色品牌产品的销售。通过授权独家经销，厂商希望销售活动更加积极并能有的放矢，同时可能在价格、促销、信用和各种服务方面，对经销商的政策加强控制。对独家经销方案，企业也应比较由此所得与市场风险之间的关系。

（3）规定渠道成员的条件与责任。

领导必须确定渠道成员的参与条件和应负责任。在交易关系组合中，这种责任条件主要包括价格政策、销售条件、中间商的区域权利和各方应承担的责任。

①价格政策。由制造商制定出价格目录和折扣标准。制造商必须确保价格与折扣是公平合理的，也是中间商认可的。

②销售条件。指付款条件和制造商承诺。如对提前付款的中间商给予现金折扣，对产品质量的保证，对市场价格下降时的降价或不降价等。明确销售条件可以使中间商免除后顾之忧，促使其大量进货。

③中间商的区域权利。这是渠道关系的一个重要组成部分。中间商希望了解制造商将什么地区的特许经营权授予其他中间商，还希望制造商承认其特许经营范围内的所有销售业绩，不管这些业绩是否是他们努力的结果，制造商对此应一一加以明确。

④各方应承担的责任。通常应通过制定相互服务与责任条款，来明确各方责任。对此，必须谨慎行事，特别是在选择特许经销和独家代理经销时尤应如此。服务项目和各自承担责任应规定得尽量明确、具体。例如，麦当劳向其特许经销商提供店面促销支持、文件保存系统、培训、通用管理和技术支持等。相对地，特许营销商必须达到有关的物质设备标准、适应新的促销方案、提供所需信息及购买指定的食品原料等。

（三）营销渠道的选择与管理

当领导制定出可供选择的渠道方案，就要从几种方案中选择一个适合企业的最佳方案。之后，企业还需要完成一系列的营销渠道管理工作，包括对各类渠道成员的激励、评估，以及根据情况变化调整渠道方案和协调渠道成员间的矛盾。

1. 选择主要渠道方案

在这一阶段，领导需要对几种初拟方案进行评估并选出能满足企业长期目标要求的最佳方案。评估方案可以从经济性、可控性和适应性等几个方面入手进行。

（1）经济性标准评估

主要是比较每个方案可能达到的销售额水平及其费用水平。如某公司在评估使用本公司销售人员或通过代理商销售两种方案时，首先是考虑哪一种做法会带来较高的销售额。其次，要考察每一渠道的销售费用。通过预算来计算各渠道费用，从而得出性价比最高的渠道类型。

（2）可控性标准评估

利用独立的中间商或代理商可控程度较低，渠道越长，控制问题就越突出，对此需要进行多方面的利弊比较和综合分析。

（3）适应性标准评估。

如果市场环境发生变化，方案中的承诺将降低制造商的适应能力。为此，应考察企业在每一种渠道方案中承担义务与经营灵活性之间的关系，包括承担义务的程度和期限。对一种涉及长期（如五年）承担义务的渠道的选择，应在经济或控制方面有非常优越的条件时，才能予以考虑。

2. 营销渠道管理

无论什么样的营销渠道都需要先进的管理才能起到其应有的作用，

维护一个渠道的正常运行同样需要领导的精心企划。

（1）激励渠道成员

各渠道成员的结合，是他们根据各自利益和条件互相选择，并以合同形式规定各自应有权利与义务的结果。一般地说，他们会基于共同利益努力工作。但是由于各渠道成员都是独立实体，在处理同供应商、顾客的关系时，往往会偏向于自己和顾客一方，认为自己是顾客的采购代表，讨价还价，其次才考虑供应商的期望。因此，要使渠道成员的销售工作达到最佳状态，就应对其进行持续不断的激励。

激励渠道成员的基本点是了解渠道成员的需要与愿望，并据此采取有效的激励手段。企业在处理与渠道成员的关系时，通常可采取合作、合伙与经销规划等方式。

对渠道成员的激励是协调、管理销售渠道使之有效运作的很重要一环。激励方式要多种多样，并且要不断创新。

（2）评估渠道成员

企业应对渠道成员的工作绩效定期评估。一定时期内务渠道成员实现的销售额是一项重要的评估指标。制造商可将各渠道成员的销售业绩分期列表排名，目的是促进落后者力争上游、领先者努力保持绩效。评估标准一般包括销售定额完成情况、平均存货水平、送货时间、对次品和丢失品的处理情况、促销和培训计划的合作情况、货款返回状况，以及对顾客提供的服务等。

但是，由于渠道成员面临的环境有很大差异，各自规模、实力、商品经营结构和不同时期的策略重点不同，有时销售额列表排名评估往往不够客观。

正确评估渠道成员业绩，应在做上述横向比较的同时，辅之以另外两种比较：一是将渠道成员销售业绩与前期比较；二是根据每一渠道成员所处的市场环境和它的销售实力，分别定出其可能实现的销售定额，再将其销售业绩与定额进行比较。正确评估渠道成员的目的，是及时了解情况、发现存在问题，以便更有针对性地对不同类型的渠道成员实施激励和推动工作。企业要建立一定的制度，对完成协议任务者支付一定的奖励报酬；对长期表现不佳，实在不能有效工作者，要果断与其中止关系。

（3）调整销售渠道

现有销售渠道经过一段时间运作后，为了适应市场环境变化，往往需要加以修改和调整。促使企业调整销售渠道的主要原因是消费者购买方式的变化、市场扩大或缩小、新的销售渠道出现等。企业的现有销售渠道是否需要调整，调整到什么程度，取决于现有销售渠道是否处于平衡和理想状态。如果矛盾突出，即渠道处于边际获利机会的不平衡状态，通过调整能解决一定矛盾，增加获利机会，一般就应当进行调整。

制造商调整销售渠道，主要有以下几种方式：

①增减某一渠道成员。此种方法属于结构性调整，立足于增加或减少原有渠道的某些中间层次。

②增减某一销售渠道。此种方法属于功能性调整，立足于将一条或多条渠道工作在渠道成员中重新分配。

③调整改进整个渠道。此种方法属于结构功能性调整。就是说，既要调整渠道成员，又要调整销售渠道。

（4）协调渠道冲突。

不管渠道设计如何精良，管理如何优秀，渠道成员之间总会出现冲突和竞争，需要加以协调和解决。

导致渠道冲突的原因有以下几种：一是目标不同，如制造商希望以低价政策获得高速成长，而零售商则希望获取短期高利润；二是没有明确地授权，如销售区域的划分、权限和责任界线不明确；三是预期不同，如对经济形势的看法，制造商看好，希望中间商经营高档产品，但中间商看淡；四是中间商对制造商过分依赖，如特许经销商（汽车经销商等）的经营状况往往决定于制造商的产品设计和定价策略，由此会产生一系列冲突。

渠道冲突有些是结构性的，需要通过调整渠道方法解决；有些则是功能性的，可以通过管理手段来加以控制。管理控制的主要方向有：

①确立和强化共同目标；

②在两个或两个以上渠道成员之间交换人员；

③合作；

④发挥行业组织的作用。

对于营销渠道管理，每个企业都会有不同的侧重点，但有一点是明确的，企业管理好营销渠道，建立一个稳固的渠道网络，往往会起到事半功倍的效果。

（四）营销网络的构建与管理

营销网络是一个完整的体系，由销售网络、服务网络、商情网络、宣传网络、客户网络有机构成。营销网络由于是整合了的销售渠道，所以加强了渠道合作，有了网络管理和控制，渠道之间的冲突和竞争减少了，渠道成员之间的关系也由竞争转向合作。所以说营销网络构建与管理的网络化、整合化，是销售渠道的升华，是领导的又一重要工作。

1. 构建营销网络的程序

在市场竞争中，每个企业都需要建设一个专有的营销网络。建设专有的营销网络是企业步入稳健经营的主要条件，有了专有的网络，企业就可以通过它向目标市场源源不断地输送产品，取得稳定的销售收入并有效地控制销售费用。同时专用网络的作用还可以体现在竞争激烈的大环境中，它可以减少企业的竞争压力，防止竞争对手突袭，并在竞争中争取主动。所以构建营销网络是企业经营活动中的重点之一，应该予以高度重视。构建营销网络的程序一般如下：

（1）确立营销网络建设目标

营销网络在竞争中所起的作用是有目共睹的。它与其他的营销策略一起，构成企业完整的营销体系，所以在实践中建设营销网络要具有系统性，紧密地和其他营销策略联系起来。具体来说，确定营销网络建设的目标应考虑顾客特性、产品特性、中间商特性、竞争特性、公司特性、环境特性等各方面的因素，通过这些因素的调查与选择，企业就可确定自己的网络建设目标了。

（2）设计营销网络模式

企业所处的行业和营销的产品不同，设计的营销网络也有所不同。而且随着企业的发展，传统的营销渠道也要经过改造以适应现代营销的发展。

主要原因是传统营销渠道之间缺乏有效的联系和沟通，使企业的营销网络处于松散状态。当企业和渠道成员出现利益冲突时，就有可能使企业的网络管理失控，从而导致企业的营销危机。

所以在实际的网络建设中，企业要通过一定的控制方式，使营销网络成为企业有效传递商品的渠道。一般来讲，比较常见的营销网络的选择模式主要有经销商、代理商和直销三种。

①经销商模式。经销商模式是营销渠道中一种最为常见的网络方案。经销商模式主要由生产商、经销商、批发商、零售商构成。在国外比较大的生产企业大多是这种经销商模式。

宝洁公司在进入中国市场后，通过在全国各地选择经销商，利用经销商网络迅速实现了产品销售。经销商模式的优点是生产企业利用经销商现有的网络，组织渠道批发系统和零售系统，将商品从生产企业传递到消费者手中。在这一传递过程中，生产企业通过建立与经销商良好的合作关系，形成共存共荣的联合体。

经销商的优势在于有健全的网络，能够完成生产企业在市场上的销售目标。而生产企业的优势在于能够为网络成员提供多方面的营销支持和优惠。

如日本的松下公司，对经销商的支持主要表现在两个方面：一方面是对批发零售店职工提供培训机会，在近 20 年内，松下电器公司组织零售店主参加营业研修班达到 6 万人次，并吸收零售店职工进入松下学院，进行维修技术和商品推销知识的培训等；另一方面，松下电器公司还实行家电产品必须通过批发、零售店卖给消费者的制度，从而保证批发零售店的销售业务。

很显然，这种共存共荣的营销网络对于发展销售渠道与市场开发、扩大销售能力和增强信息能力都具有重要的意义。采用经销商模式后，经销商往往可以将顾客的要求和信息及时地反馈给生产厂商，以推动产品的开发和改良，有时比较大的经销商网络也成为企业最广泛的市场信息来源渠道。

但是，我们不能不指出，经销商模式的弱点就在于企业对经销商难于控制，如果发生利益冲突，就非常有可能使企业建立起来的网络瘫痪。所以利用一定的经销商政策加以管理与控制，是保证经销商模式顺利发挥作用的关键。

②代理商模式。代理商模式是国际上通行的分销方式，主要内容是合同契约形式，代理商取得生产企业产品的代理销售权或用户的代理采购权，交易完成后收取佣金。对于代理商的选用，一般体现在新的区域

市场和专业产品的营销上。

在市场上，按照是否有独家代理权，可以将代理商分为独家代理与多家代理。独家代理是指在某一市场（可能以地域、产品、消费者群等）拥有独家代理权，厂商的某种特定的商品全部由该代理商销售；多家代理是指不授予代理商在某一地区产品上的独家代理权，代理商之间并无代理区域划分，都为厂家搜集订单，无所谓“越区代理”，厂家也可在各地直销、批发商品。

按照是否有权授予代理权，可以划分为总代理和分代理。总代理是指代理商统一代理某一厂家某产品在某地区的销售事务，同时它有权指定分代理商，有权代表厂商处理其他事务。因此，总代理商必须是独家代理商。在总代理制度下，代理层次比较复杂，在某一市场中总代理为一级代理，分代理商可以是二级代理或三级代理。

按照与厂家的交易方式，有佣金代理和买断代理之分。最为常见的佣金代理是一种纯粹的代理关系。

代理商模式对于节省厂家的财力、提高销售效率具有重要的意义。生产厂家可灵活应用独家代理和多家代理、买断代理和佣金代理以及总代理等模式，力求使企业能够达到促进产品销售、占有市场的目的。

③直销模式。直销是指生产厂家直接将产品销售给消费者。这种销售的方式主要有上门推销、邮购、制造商自设商店以及现代的互联网销售等。直销网络的建设主要是依靠现代的营销媒介，如邮政系统、电信系统、电视系统、互联网来获取顾客。

在这方面做得最好的是戴尔公司，所以直销模式又称为戴尔模式。所谓戴尔直销方式，就是由戴尔公司建立的一套与客户联系的渠道，由客户直接向戴尔发订单，订单中可以详细列出所需的配置，然后由戴尔“按单生产”。这种销售渠道模式的实质是在简化、消灭中间商，从而节省销售成本和储存成本，通过与顾客直接沟通达到产品销售的目的。

直销模式与传统的分销模式相比具有比较明显的优势。直销让顾客能够直接与厂家互动。通过这种互动，不管是通过互联网，还是通过电话，或者与销售员面对面，顾客都可以十分方便地找到他们需要的产品，并能够得到专业的服务。

厂家可以准确了解顾客的信息，作好顾客跟踪服务。所有的大众化标准产品都有机会实现直销模式，而且可以节省很多用于销售渠道、代理商、展厅等方面的开支，把这些钱转送给顾客。这样产品更便宜，或者为用户提供更有成本效益的产品。戴尔公司正是因为采取网上直销的方式，为顾客提供了性价比更优越的电脑产品，并为广大消费者所认可。

但是建立直销模式需要一定的条件，资产条件是最大的约束。首先是在广告上的投入，由于缺少面对面与顾客交流的机会和诸多销售网点，直销厂商必须加大其他方面的宣传力度；其次，从表面上看，直销越过了分吃利润的中间商，节省了可观的销售成本，但事实是，公司首先得拥有一个日益庞大和复杂的全球信息和通信网络，包括免费的电话和传真支持。如戴尔平均每天要处理五万个以上的电话，同时，还要自己建立一支优秀的销售服务队伍。戴尔为了弥补市场覆盖面和服务队伍精力上的缺陷，专门建立增值服务渠道 VAR，这要耗费较大的费用。与一般的 PC 厂商相比，戴尔需要更强大的计划、培训、投资和管理能力，而这一切确实是一笔不小的投入。当然，适合直销的产品也是一个重要的条件。

在我国应用直销最为成功的武汉红桃 K 公司，其模式与戴尔截然不同，它主要是直接在各地设分公司，通过组建销售队伍达到营销的目的。其网络的建立是依照经销商的区位布局，自己设立办事处或分公司，这样就有了省级公司、地市级公司、县级甚至是乡镇办事处等网络。这样设立网络，优点在于能够按照公司要求管理，与消费者面对面沟通，也有利于产品推广。缺点是耗资巨大，管理难度大，容易失控。三株公司就有这样的问题发生。

④新型营销网络模式。营销网络不是一成不变的，新型的批发机构和零售机构不断涌现，全新的渠道系统正在形成。从目前生产的发展看，主要有以下新型的营销网络：

a. 垂直营销网络

这种模式是针对传统的营销渠道关系松散的特点，通过产权、特约代营或者加盟合作的方式，建立的一种由生产者、批发商和零售商所组成的统一联合体。垂直营销网络可以由生产商支配，也可以由批发商或者零售商支配。垂直营销网络有利于控制渠道行动，消除渠道成员为追求各自利益而造成的冲突。它们能够通过其规模和重复服务的减少而获得效益。大多数营销渠道散的企业都可采取这种方式。如 2004 年，中国奇瑞销售公司的营销网络改为垂直化，由原来的全国 18 个商务代表处锐减为七个大区分销处。因此，管理难度也相应减小。

b. 水平式营销网络

水平式营销网络是由两个或两个以上的公司联合开发一个营销机会，获得共同发展的一种模式。公司之间的联合可以是暂时性的，也可以是永久性的，也可以组建一个公司。我国把这种营销方式称为捆绑式销售，最为典型的例子是微软公司和戴尔公司，当他们发现他们的软件和硬件结合起来销售得更好的时候，这种水平式的营销网络就组建起来了。

c. 多渠道营销网络

多渠道网络是为两个不同层次的顾客提供商品的渠道。一方面是企业利用经销商或代理商网络为一部分顾客提供商品；另一方面，企业又通过自建的营销网络为一些重要客户直接提供商品。这样做的目的是企业可以不再单纯依靠经销商，而通过自己的营销网络取得更大的营销业绩。如四川长虹公司就是这样的营销渠道，并取得了很大的成功。但是很显然，这种多渠道的营销网络如果管理不好，就非常有可能与经销商发生矛盾，并使整个营销网络瘫痪。

在企业实际的市场运作中，选用什么样的营销网络模式，要基于企业的条件，并且随着市场的发展、网络的变化使企业更接近市场。所以，要时刻关注网络变化的动态，才能使企业在市场中更具有竞争力。

d. 管理营销网络

营销网络是企业营销竞争的核心，一个企业在选择什么样的营销网络时，应该关注如何保持这个核心，以提高企业的竞争力。保持核心的方法就是管理。选择什么样的模式是重要的，如何管理这个网络更为重要。营销网络管理的基本内容是经销商政策管理、网络终端管理、客户管理和营销网络的评估与改进四个部分。

e. 经销商政策管理

经销商政策是保证网络畅通，促进企业与经销商“双赢”的重要条件。企业制定经销商政策时，往往因为对经销商激励和约束不够，导致经销商对终端铺货不积极、相互窜货、彼此之间压价竞争等问题出现，使企业营销网络混乱，难以控制渠道成员。所以制定对经销商有约束和激励的政策，是营销网络建设的首要问题。经销商政策主要包括以下几个方面：

第一，分销权及专营权政策。

制定此政策的目的是限定经销商的销售区域，规范分销规模，防止倒货或占着市场打不开，同时确保经销商的专营权。内容主要包括经销商区域限定、授权期限、分销规模、违约处理四个方面。

第二，返利政策。

目的是激励营销商销售的积极性。内容包括返利的标准，返利的时间、返利的形式、返利的附属条件等。

第三，年终奖励政策。

这一政策实质上是返利政策的一种，但很多经销商和厂家比较看重这种形式，因而从返利政策中分离出来。主要内容与返利政策一样，在应用中主要防止经销商为了拿年终奖励而将市场价格冲垮，所以应注意时间上的应用。

第四，促销政策。

目的是促进销售，激励经销商销售的积极性。主要内容是：设定促销目标、设定促销力度刺激经销商的销售积极性、确定促销内容、设计促销的时间、对促销费用的申报管理、促销活动管理及促销考评。

第五，客户服务政策。

目的在于尽最大努力做到使客户满意。主要内容有：客户投诉处理程序、售后服务政策、配送制度、订发货程序、所有同客户打交道的应有的礼仪、客户接待制度等，将这些内容做成一个详尽的制度，并通报客户，从而确保实现客户满意。

第六，客户辅导培训政策。

目的在于提高经销商的经营能力，促进企业和经销商之间的沟通。主要内容是确定培训对象、内容、时间、地点等。

经销商政策关系到企业与经销商的关系、利益以及企业的营销制度建设方面的工作，在管理工作中具有重要的意义。

f. 网络终端的管理

一般来讲，在整个系统中，零售点是最重要的一环，因为它与供应各环节都有关系，用户、推销员、分销商及宣传推广单位都与零售点相接。在咄咄逼人的竞争对手面前，有效地控制零售点上的活动，对于公司建立竞争优势极为重要。中外皆然，没有例外。这里讲的零售点就是我们所说的网络终端。

在现代的市场竞争小，强调终端市场建设具行重要的意义。企业重视终端市场可以通过布置网络终端，如展示、陈列、P·P广告方式，把自己的产品与竞争占品牌区别外来，达到刺激消费者随机购买的目的。这对于企业掌握市场主动权，提高厂家对销售通路的调控能力，保证产品顺畅销售和增加经销商对厂家的依赖都有重要意义。

在营销工作中，促进市场生动化是网络终端管理的重要内容。具体包括以下一个方面的内容：

第一，确定网络终端的覆盖面。

网络终端的覆盖面关系到企业分销网络整体布局的均衡状况。覆盖面太低，可能不利于企业占领市场，太高则有可能增加销售成本。所以确定适当的网络终端覆盖面很重要。一般网络终端覆盖面涉及的目的主要是保持企业各终端销售点均衡发展，促进各终端销售点的协调，减少各销售点的冲突，推动企业产品市场的有序拓展和可持续发展。所以在具体的选择方案上应考虑分销成本、市场覆盖率、企业对终端的控制能力，以及企业后勤支持系统的跟进能力等。根据被称为“营销学之父”的菲利普·科特勒的观点，确定企业终端覆盖面可选择的有：

·密集网络终端，即企业尽可能将大量的、符合最低信用的零售点都纳入企业的终端，最大限度地与消费者面对面，缺点是销售成本比较大、不易控制；

·选择性终端，生产企业在特定的市场，通过少数几个精心挑选的、最适合的分销商来销售本企业的产品，优点是容易控制，成本较低，但覆盖面不高；

· 独家终端，对于专业性和售后服务要求高的产品，独家终端可以较好地解决专业服务的问题，缺点是市场覆盖面较低。

如沃尔特 · 迪士尼公司在确定网络终端中的一个决策为公司带来了不少的财源。1992 年，美国圣诞节爆出一个大冷门：沃尔特 · 迪士尼公司发行的卡通录像带《美女与野兽》成了最畅销和最赚钱的商品，从 10 月底到年末的两个多月时间里，卖出 2000 万盘，盈利 2 亿美元。秘诀何在？原来，迪士尼公司的成功之道在于进行了“网络终端的创新”。就习惯而言，录像带应出现在文化商店和电器商店之中，这是人们通常想到也是通常使用的销售渠道。然而，由于现代人的生活高度紧张，有兴趣也有时间专门逛录像带市场的人毕竟有限。为此，迪士尼公司大胆选择在超级市场和儿童玩具店出售录像带，把录像带与色拉油、蔬菜、瓜果及游戏机、洋娃娃放在一起出售。果然，那里川流不息的人潮给迪士尼公司带来滚滚财源。

第二，布置网络终端。

终端市场建设的一个发展趋势就是标准化，即企业对产品陈列位、陈列面、产品结构、产品库存、POP、落地陈列（堆头）及维护方面做出具体的标准化规定，也就是说，要求终端售点按照企业的一定的要求，进行产品陈列和布置，企业销售人员也在拜访顾客时，给销售终端售点以指导和帮助。

在这方面取得成功的例子是宝洁公司。“经销商即办事处”是宝洁公司的一句口号，意味着宝洁的一切市场销售、管理工作均以经销商为中心。一切终端铺货、陈列等工作，必须借助经销商的力量。宝洁公司每开发一个新城市市场，原则上只找一家经销商（大城市可以二至三家），派驻一位厂家代表，该厂家代表的办公场所就设在经销商营业处，肩负全面开发管理该区域市场的任务，其核心职责是管理经销商及经销商下属的销售队伍。

宝洁要求经销商组建宝洁产品专营小组，由厂家代表负责该小组的日常管理。专营小组一般由10人以上构成，具体又可以分为针对大中型零售店、批发市场和深度分销三个小组。每个销售人员在给定的目标区域、目标客户范围内，运用“路线推销法”开展订货、收款、陈列、POP张贴等系列销售活动。

为了改善卖场陈列，一方面，宝洁公司要求成员通过良好关系，免费争取到产品的最佳陈列位、最多陈列面；另一方面，宝洁公司有专项陈列费、买位费及进场费提供给各大卖场，以确保大卖场的最佳陈列。所以说，布置终端售点使产品更快地接触到顾客，促进了产品销售。

第三，促进市场生动化。

网络终端是直接与消费者面对面接触的地点。消费者能不能认同、注意到产品，很大程度上取决于产品在陈列时留给顾客的印象，所以使售点市场生动化很关键。所谓生动化是在售点进行的一切影响消费者购买产品的活动。其原则有：产品及售点广告的位置、展示方式，产品陈列及存货管理。可口可乐在长达一百多年的历史中，销量仍在增加，依靠的就是产品质量和形象质量，形象质量就是通过市场生动化，将产品最好的形象展示给消费者。

g. 管理好网络客户

当一个企业的营销网络构架起来后，管理网络客户就是一项重要的工作。客户是企业销售体系的重要部分，是企业的重要资产之一。客户管理的实质就是如何运营客户这项资产，对其进行开发、维护、运用，并使之增值。

客户管理的出发点就是既调动经销商的积极性，又要降低经销商可能给企业带来的风险。客户管理包括以下方面的内容：

第一，利益管理。

利益是联系经销商与厂家的纽带，如果经销商不能赚到钱或赚钱太少，就会离企业而去，精心构造的销售网络就会土崩瓦解。企业要管理好客户，首先就要确保经销商能够赚到钱。让客户赚到钱不只是取决于企业的产品留给客户的差价有多大，更取决于企业的开拓与管理市场的能力，为产品营造一个畅销的局面，为销售创建一个良好的秩序，这是赚钱的前提。

第二，支援和辅导经销商。

支援和辅导经销商，即厂家对经销商提供培训以及与销售有关的指导与帮助。一般对经销商支援和指导内容比较多，主要有对经销商的经营管理提出的意见、提供经营信息给经销商、广告公关方面的指导与援助、指导经销商的店铺装修、产品陈列以及对经销商培训等内容。

第三，建立感情关系。

建立与经销商或者客户的良好关系，是促进与客户接触的重要前提。感情可以弥补利益不足之处，这是建立与客户双向沟通的重要条件。

第四，风险控制。

经销商与生产企业是两家独立的法人，有着各自不同的经济利益，因此，有些经销商会为追求一己私利，而置厂家利益于不顾，从而给企业带来风险。如窜货引起的市场混乱、低价抛售冲击市场以及拖欠货款造成资金风险等。企业必须通过契约和法律、利益等方式和感情关系来控制风险。

h. 评价和改进营销网络

企业营销能力的高低是通过营销网络的质量来体现的，评价营销网络对企业改进网络有何重要的意义，领导可从以下几点入手：

第一，有效的销售管理组织。

企业内部是否建立了有效的销售管理组织，是企业能否给销售网络以迅速有效的支持的关键。

第二，健全的客户管理制度。

企业是否有健全的客户管理制度，包括客户档案的建立、客户支持和指导管理制度、有效的防范风险机制等方面。

第三，客户铺货管理制度。

建立这一制度可以掌握铺货率，降低铺货风险。

另外，企业是否与经销商或者客户建立了良好的感情关系，是否采取了持续有效的促销活动，这些都是要企业评价的内容。可以说，企业在营销网络上的竞争决定了企业的成败，营造成功的营销网络是企业成功的前提，这是一个不容忽视的问题。

三、产品定价策略

1. 现有产品定价策略

营销环境的改变可能使企业必须重新检视既有产品的价格。举例而言，大型企业宣布降价将使产业中的其他公司有必要重新检讨售价。当需求发生变动时可能也需要重新检视定价策略。

（1）价格维持

若公司主导的市场区隔不受环境变化的影响，公司可以决定不变动定价策略。在伊朗革命后产生的石油危机并未影响高级车市场，因为凯迪拉克、宾士与劳斯莱斯车主并不在意高涨的石油价格。因此，通用汽车不需要重新设计凯迪拉克以减低耗油量，或以降低价格的行动来吸引一般消费者。

价格维持策略在价格变动较可行但幅度难以决定的情形下亦适合。若顾客与竞争者对价格变动的反应无法预测，维持现有价格水准是一个较合适的策略。否则，价格的改变会对产品印象或公司其他产品的销售带来难以估计的冲击。

政治情况可能是维持价格的其他理由。在 1978 年至 1979 年间，卡特总统呼吁对工资与物价进行自发性的控制。许多公司限制价格的变动以与政府合作控制通货膨胀。

对社会福利的关注可能是另一个维持价格在现有水准的理由。即使短期供给不足，许多企业采取社会责任的观点并维持现有定价。举例而言，计程车司机在地下铁与公车罢工时不会趁机调涨价格。

（2）降价

降价有三种主要的理由。第一，作为一种防御策略，降价用以竞争。降价的第二种理由是攻势策略。依循经验曲线的观念，经验倍增时成本会以固定的百分比下降。因此，较具经验的企业之成本比经验缺乏的企业来得低。较低的成本有助于获利。因此，作为一种策略，企业必须要寻求较高的市场占有率并尽力获取经验，以获得成本及随之而来的获利。第三项也是最后一项降价的理由可能是回应顾客需求。若低价是导致市场成长的条件，顾客需求可能会变成营销策略的指引，其他的营销组合都根据低价策略来发展。

在现有产品采行低价策略时必须要考量许多因素。降价对主要竞争者的长期影响是需要评估的一项因素。举例而言，地区性的比萨连锁只可以在短期间用降价的方式抵抗必胜客的入侵。必胜客（百事可乐的子公司）最终会在价格竞争上胜过地区性的公司。必胜客可以把价格压低到地区连锁难以负担营运费用的地步。因此，在评估低价策略选择时必须同时评估竞争优势。

在高度竞争的情形下，产品若以差异的方式营销，就可能会采行高价策略——例如，品质极佳。若高级品的价格下滑，对其定位可能会产生严重的冲击。新力的电视机传统上以特价卖出，因为公司把它们促销为高品质的商品。新力的高价策略获得回报：新力电视机以杰出品质闻名于世，并在市场中占有重要的地位。然而，数年后，消费者压力使新力公司的零售商开始降低价格。这样的行动并未影响新力整体的形象，但这让部分零售商开始停止销售新力的产品，因为新力变成只是它们所销售众多品牌中的一种罢了。换句话说，降价的策略虽然部分是由经销商所发起，却使得新力公司的独特性遭受冲击。即使其销售量在短期之内增加，降价便不是长期有利的策略，因为它与顾客对新力公司独特品牌观感的印象相冲突。最终，消费者可能会认为新力只是另一个品牌，这会对销售与获利造成很大的影响。

我们也需要完整检视产品降价对产品线其他商品的冲击。

最后，降价产品对财务表现的影响必须在策略执行前要重新回顾。若企业财务上的定位会让降价削弱其获利能力，即使降价可能较其他策略有利，企业可能会决定不采取降价策略。举例而言，产业中等公司降价 1% 可能会降低该公司营运获利 11%。

（3）价格提升

在存在通货膨胀的经济体中，价格必须调涨才能维持获利。在通货膨胀的日子里，所有的成本都在上升，为维持获利，让价格提升也是必要的。价格应提升多少是视情况而定的策略事务。然而，观念上，价格应增加以让调整通货膨胀后的获利大致相同。价格提升亦应考量因价格变动导致的需求转移对营收的影响。就策略上而言，公司借由提高价格降低通货膨胀压力的决定应基于短期获利的达成对长期的影响。

2. 新产品定价策略

新产品的定价策略应使其达成对市场的预期影响，同时阻止潜在的竞争。替新产品定价的两种基本策略分别是吸脂性定价（skimming pricing）与渗透性定价（penetration pricing）。

（1）吸脂性定价

吸脂性定价是建立高价位并吸收所有市场需求曲线上端顾客的策略。此策略通常伴随着高昂的促销费用。吸脂性定价策略被建议用在需求不确定、企业新产品研发耗资极巨、竞争者可以迅速研发出类似的新产品，或产品十分新颖而需要很久的时间才会达到成熟阶段的情形。在这些情况下，吸脂策略有几点优势。在需求曲线上端的价格弹性较低。此外，缺乏类似的替代品降低交叉弹性。这些因素以及高度强调促销可以让产品强力入侵市场。只有对价格不在意的顾客才会在导入期买入新产品。稍后可以降低价格进入大众市场。

若对特定产品的需求曲线的形状有疑义，且最初价格设定过高，价格可能会下滑。然而，若一开始采用低价位，在稍后提升价格时会遭遇很大的困难。低价产品提高价格可能会激怒潜在顾客，而预期价格下降会让某个价位的需求遭受抑制。对财务不健全的公司而言，吸脂性策略可以迅速提供解脱的机会。此模式必须在高价位时销售足够的产品以承担促销与发展成本。若价格弹性高于预期，较低的价格会比较有利并可提供解套的机会。

（2）渗透性定价

渗透性定价是最初以低价进入新市场而获取更大的占有率之策略。渗透性定价在高阶市场不存在且需求即使在产品推出早期仍相对有弹性的情形下采用。需求弹性高可能是采取渗透性定价最重要的因素。渗透性定价易用来吓阻竞争者入侵的意图。当竞争者似乎要入侵市场时，可以用渗透性定价的方法降低其入侵的诱因，这种方法会降低单位获利。竞争者的成本结构在定价策略扮演着决定性的角色，因为若相对于现有厂商而拥有成本优势可以说服其他公司进入市场，不管该市场的单位获利有多低。

达成规模经济的一种方法也是通过渗透性定价策略。生产成本的节省本身可能不是设定低价的重要因素，因为在缺乏价格弹性的情形下，企业难以创造出足够的销售量。最后，在采行渗透性定价之前，企业必须确定产品符合大众市场的品位。举例而言，虽然对人们而言，要接受人造牛乳不很困难，但是由石化产品制造的早餐谷片可能难以畅销。

3. 其他定价策略

(1) 弹性定价策略

弹性定价是指针对相同产品或数量向不同的顾客收取不同的价格。弹性价格策略较常用于工业品市场。弹性价格的一项优点为销售代表拥有针对竞争情况进行调整的自由，而不需要拒绝订单。此外，虽然在价格歧视变成话题时企业可能遭遇到法律上的困境，企业可以针对有意愿支付高价的顾客收取较高的价格，并对不愿意支付高价的顾客收取较低的价格。此外，其他顾客可能因为企业收取较它们竞争者高的价格而失望地离开。而且议价常常会增加销售的成本，并使部分销售代表养成降价的习惯。

①单一价格策略

单一价格策略代表对所有在相同情形下购买相同数量的顾客设定相同的价格。单一价格策略基本上用于大量配销与大量销售的情形。单一价格策略有一些优点与缺点。其中一项优点为管理上的方便性。该策略亦使定价过程较为容易并维持顾客心中的评价，因为没有任何顾客可以获得较有利的价格。

单一价格策略的一项缺失为企业通常将价格公开让有能力降价的竞争者得知。定价完全缺乏弹性可能会削弱产品的市场基础，且在某些情况下对公司成长与获利造成极为不利的影响。公司必须要对经济、社会、科技、政治、法律以及竞争环境趋势进行回应。然而，实际上定价策略须定期检讨，以跟上环境变动的脚步。类似的检讨必须包括对公司相对于产业其他公司活动的定位。举例而言，一般认为折扣商店成功的原因之一就是传统零售商坚持以往的价格与获利。

②弹性定价策略

弹性定价是指针对相同产品或数量向不同的顾客收取不同的价格。弹性价格策略较常用于工业品市场。弹性价格的一项优点为销售代表拥有针对竞争情况进行调整的自由，而不需要拒绝订单。此外，虽然在价格歧视变成话题时企业可能遭遇到法律上的困境，企业可以针对有意愿支付高价的顾客收取较高的价格，并对不愿意支付高价的顾客收取较低的价格。此外，其他顾客可能因为企业收取较它们竞争者高的价格而失望地离开。而且议价常常会增加销售的成本，并使部分销售代表养成降价的习惯。

（2）产品线定价策略

现代企业生产与营销一系列不同品质、设计、大小、样式的产品。不同产品间的关系可能彼此互补或彼此竞争。产品线中不同产品的关系影响竞争商品间的交叉弹性需求，而包裹购置的商品却彼此互补。举例而言，即溶咖啡价格与公司一般咖啡价格之间存在某种关系，因为这些商品可以彼此替代，这是交叉弹性的例子。同样地，杀虫剂的价格与肥料有关。换句话说，多产品的公司无法在制定产品价格时不考虑此价格对产品线其他商品所造成的影响。

（3）租赁策略

定价策略主要强调立即购买商品而非租赁。除了房屋以外，租赁比较常用于工业性商品的营销之中，然而近年来消费性用品的租赁也开始有了成长的趋势。举例而言，有些人租用汽车，通常只要每个月支付固定一笔款就可以租一台全新汽车，就像租公寓一样。同样地，如同房屋的例子，租约都有最短的期间，例如两年。因此，消费者可以每两年就租用一部新车。因为新车头两年的维修费用不高，消费者可以省掉许多麻烦。

由制造商的观点，租赁策略有许多好处。首先，让收入稳定，这对于设备的单位成本高的周期性产业十分重要。其次，促进市场成长，因为较多顾客能负担租赁，而无法负担购买费用。另外，租赁的营收通常较销售高。

（4）包裹式定价策略

包裹，通常称为冰山式定价，把多余的利润（支援服务）放在价格之中，并超过产品本身的价格。这种类型的定价策略较受出租产品企业的欢迎。因此，在采用包裹策略时，租金包含在产品使用期间所涵盖的支援功能与服务之额外费用。由于单位利润在产品完成摊销后迅速提升，对于出租产品以维持产品运作并改善效能而有较高的售价或再出租价值的公司而言十分有利。包裹策略让公司可以采用这样的做法，因为维修或冰山式费用已经将服务费用加到价格之中。

（5）价格领导策略

价格领导策略出现在寡占的情形。产业的成员因为规模，或控制市场的理由而变成整个产业的领导者。领导公司可以在产业其他成员认可下采用定价行为。因此，该策略将主要的定价决策责任交由领导厂商执行，其他成员仅止于跟随领导者。领导者被期望要仔细制定定价决策。错误的决策可能会使企业丧失领导者的地位，因为产业的其他成员将停止追随领导者的脚步。举例而言，若将价格提高时，领导厂商只受到私利的驱动，其价格领导者的行为可能不会被效仿。最后，领导者将被迫放弃其提升价格的策略。

价格领导策略是一个动态的概念。在成长机会适当的环境中，企业较有意愿维持价格的稳定，而不愿彼此以价格战的方式竞争。因此，领导者的概念在这样的情形下可以运作良好。在汽车业中，通用汽车为市场占有率的领导者。其他两大本土厂商紧紧追随通用汽车的所有价格调涨的行动。

（6）建立市场占有率的定价策略

近来对营销策略领域的研究说明了市场占有率为策略制定的关键变数之一。这里要检讨市场占有率对定价策略的影响。

较高的市场占有率以及经验会导致较低的成本。因此，新产品的定价应增加经验与市场占有率。增加市场占有率与经验的组合让公司拥有成本优势，此优势难以被竞争者平庸的绩效所克服，竞争者被阻绝于市场之外并学习处于次要的地位。

四、营销战略管理

（一）营销战略定义

营销战略，是指企业的市场营销部门根据战略规划，在综合考虑外部市场机会以及内部资源状况等因素的基础上，确定目标市场，选择相应的市场营销策略组合，并予以有效实施和控制的过程。

市场营销总体战略主要包括产品策略、价格策略、渠道策略和促销策略等。

市场营销战略计划的制定是一个互动作用的过程，同时也是一个创造和反复的过程。

（二）营销战略的特征

①市场营销的第一目的就是创造顾客，努力获取和维持顾客。

②要从长远的观点来考虑企业如何有效地战胜竞争，使其立于不败之地。

③注重市场调研，收集大量的信息，并且对其进行分析，只有这样，企业决策者才能在环境和市场的变化有很大不确实性的情况下，做出较为正确的决策。

④积极推行革新，使其程度与效果成正比。

⑤在变化中进行决策，要求企业的决策者要有很强的能力，要有像出色的企业家一样的洞察力、识别力以及决断力。

（三）制定市场营销战略的条件

经营理念、方针、企业战略、市场营销目标等，都是企业制定市场营销战略的不可或缺的前提条件，是必须适应和服从的。企业在制定市场营销战略的过程中首先要做的就是确定市场营销目标。在确定目标时必须要考虑与整体战略的联系问题，使营销目标能够与企业的目的和企业理念中所明确的，对市场和顾客的态度相适应。

具体来说，市场营销目标应当包括：量的目标，例如销售量、利润额、市场占有率等；质的目标，例如提高企业形象、知名度、获得顾客等；其他目标，例如市场开拓、新产品的开发、销售以及现有产品的促销等。

（四）制定市场营销战略的环境

企业分析制定市场营销战略的环境，主要是指对宏观环境、市场、行业中本企业状况等进行分析，以便能准确、动态地把握市场机会。

1. 宏观环境

所谓宏观环境，即围绕企业和市场的环境，主要包括政治、法律、社会、经济、文化、技术等。企业全面了解并分析这些环境对制定市场营销战略至关重要。具体的理由如下：

①市场营销的成果会在很大程度上受到市场环境的左右。

②这些属于不可控制因素，难以及时全面地掌握，企业必须有组织地进行调研、收集各种有用的信息，并科学地对其进行分析。

③这些环境正加速变化。环境的变化对企业而言既是威胁，也是机遇，关键要看我们能否抓住这种瞬息万变的机遇，或者使威胁转化为机遇。比如，环境保护是各国都极为重视的一个世界性课题，日本松下公司为适应这一环境，建立起了消除浪费、废物利用的生产体系，而且做到了生产电子零部件的原材料 100% 得到利用。松下公司用其废物制造成了其他产品，获得了举世瞩目的重大成果，同时也给企业创造了丰厚的利益。再比如，世界许多国家的人口结构已经发生了变化，也就是独生子女化和老年化。我国很多企业虽然在玩具生产上注意抓住了儿童市场，但是却忽略了老年人市场。然而在美国和日本等国家广阔的老年人市场已成为了企业的热门话题，同样是在玩具生产中，老年人的玩具占有很大的比重。

2. 市场

关于市场，我们将从市场特性和市场状况两个方面来对其进行分析。

首先来看市场特性，它主要包括以下几个方面：

（1）互选性，也就是企业可以选择要进入的市场，市场（顾客）也可以选择企业（产品）。

（2）流动性变化，也就是市场会随着经济、社会、文化等的发展而发生变化。这种变化包括量变和质变。

（3）竞争性，也就是市场是企业竞争的场所，众多的企业在市场上搏击，展开激烈的竞争。

（4）导向性，也就是市场是企业营销活动的出发点，也是最终的归宿点，市场担负着起点和终点的双重作用。

（5）非固定性，也就是市场可以通过企业的作用去扩大和改变，甚至去创造。

其次，关于市场状况，我们也需要考虑这样几个问题：

①市场状况是由市场规模、潜在消费者、购买欲望三大要素构成。

②市场是同质，还是异质？现在我国民众的需求逐渐呈现出两种倾向：一是需求更加丰富化和多样化；二是两极分化越来越明显、越来越突出。

③绝大部分产品供大于求，形成买方市场。

3. 行业动向和竞争

企业如果把握住了行业动向和竞争，就等于掌握了成功的要素，所以企业决策者一定要了解和把握本企业所在行业的现状以及发展动向。此外，还要明确竞争者是谁。竞争者总是在不断增加和变化的，它不再像以往那样只是同行业者，而现在相关行业、新参与者、采购业者、代理商、顾客等，都有可能与你的企业产生竞争关系，例如，铁道运输业的竞争对手就包括汽车运输业和航空运输业等。

4. 本企业状况

利用公司过去生产、销售的实绩等资料来了解公司状况，并通过分析整理出公司的优势和劣势。

战略，本质上就是一种企业用以取胜的计划，因此，企业界人士在制定战略时必须要能够充分发挥出本公司的优势，尽量避开其劣势。

（五）营销战略的制定和实施

市场营销战略的制定和实施的程序是这样的：市场细分—选定目标市场—市场营销组合—实施计划—组织实施—检测评估。

1. 市场细分

市场不是单一的、拥有同质需求的顾客，而是一个多样的、异质的团体，所以只有通过市场细分才能发现新的市场机会，才能更好地满足市场的需求。只有通过市场细分才能在更充分地发挥企业优势的同时，为企业选定目标市场提供条件和奠定基础。

市场细分应该按照一定的标准，例如，人口、地理、心理、购买行为等因素来进行。细分后的市场还要按照一定的原则，例如，可测定性、可接近性、可盈利性等指标来检测是否有效。市场细分的好坏直接将决定着市场营销战略的命运。

2. 目标市场的选定

目标市场的选定和市场营销的组合是企业市场营销战略中的两个相互联系的核心部分。

所谓选定目标市场，实际上就是在上述细分的市场中决定企业要进入哪个市场，同时回答顾客是谁，产品向谁诉求的问题。客观地说，即使是一个规模巨大的企业也难以满足所有市场的需求。但我国有一些企业恨不得一口吞下所有的市场，哪个市场都不想舍弃，结果往往适得其反。特别是在保健品行业更为多见，有的产品功效多达十几种，几乎能包治百病，适合任何人群，这怎么可能呢？另外，还有的企业不知道自己的产品是什么，更不知道向消费者诉求什么，例如，有一种新上市的酱油，据该公司介绍，它既是酱油，又可以代替味精，而且还是一种保健品，具有保健功能。这究竟是一种什么产品，也许很多人都会疑惑不解。总之，企业选择市场，一是必须要有明确的目标市场；二是对于一种产品必须有明确的诉求，并且有明确的消费群体；三是要抓住主要矛盾，突出重点。换言之，就是不要向谁都诉求，也不要什么都诉求。

3. 市场营销组合

目标市场一旦明确了，就要考虑如何进入这一市场，并满足该市场需求的问题。满足市场需求就需要有机地组合产品、价格、渠道、促销等组合因素。但是，注意，千万不要几种组合因素的简单相加。企业在进行营销组合时必须综合考虑以下六点：

（1）要通过调查国内优秀企业，来了解它们一般采取什么样的营销组合方式。

（2）突出与竞争公司有差异的独特之处，同时充分发挥本公司优势的有利性。

（3）营销组合是企业可以控制的，企业可以通过控制各个组合来控制整个营销组合。

（4）营销组合是一个系统工程，它是由多层分系统构成的。

（5）营销组合因素必须相互协调，并且根据不同的产品，制定不同的价格，选择不同的渠道，以及采取不同的促销手段。

（6）营销组合不是静态的，而是动态的。产品生命周期通常分为四个阶段，当产品的生命周期所处阶段发生了变化时，其他组合因素也就会随之变化。就广告而言，导入期为通告广告；成长期为劝说广告；成熟期为提示广告。

4. 实施计划

实施计划是为了实施市场营销战略而制定的计划。战略制定好以后要有组织、有计划、有步骤地实施。其具体内容包括如下四个方面：

（1）组织及人员配置；

（2）运作方式；

（3）步骤及日程；

（4）费用预算。

（六）知识经济时代的营销战略

根据知识经济时代的基本特征，我们可以将营销的基本战略归结为如下几条。

1. 创新战略

创新可以说是知识经济时代的灵魂。知识经济时代为企业创新提供了非常好的外部环境。创新作为企业营销的基本战略，它主要包括以下几个方面：

（1）观念创新。知识经济对人类旧的传统观念是一种极大的挑战，同时它也对现代营销观念进行着挑战。企业为了适应新的经济时代，使创新战略卓有成效，就必须树立新观念，就是说要以观念创新为先导，带动其他各项创新齐头并进。

首先，企业要正确认识和理解知识的价值。知识不仅是企业不可或缺的资源，而且也是企业发展的真正动力源。此外，在市场经济条件下，知识本身又是商品，是商品就具有价值。

其次，企业要有强烈的创新意识，能够自觉地提高创新能力。如果不创新，企业就只能是山穷水尽，走绝路。创新还是提高企业市场营销竞争力的最根本，也是最有效的手段。营销创新不是企业个别人的个别行为，而应当是涉及企业全体员工的有组织的整体活动。

（2）组织创新。组织创新，主要包括企业的组织形式、管理体制、机构设置、规章制度等，涉及的内容很广。组织创新是营销创新战略的保证。企业在这方面要做的工作还十分艰巨，譬如，在组织形式上，许多企业还没有完成现代公司制的改造，旧的组织形式在某种程度上成了企业创新的羁绊。而且机构设置得不合理、分工过细都不利于创新。

（3）技术创新。随着当前科技进步的加快，新技术不断涌现，技术的寿命期日趋缩短，所以技术创新才是企业营销创新的核心。一般来说，大中型企业都要有自己的研究开发机构。要通过不断地开发新技术，满足顾客的新需求，即使传统产品，也要试图增加其技术含量。

（4）产品创新。技术创新最后都要落实到产品创新上，所以说，产品创新是关键。由于技术创新的频率逐渐加快，致使新产品的市场寿命期也越来越短，产品不迅速创新就要被市场抛弃。

（5）市场创新。市场是复杂多变的，消费者未满足的需求也是客观存在的。营销者要善于捕捉稍纵即逝的市场机会，发现消费者新的需求，设法寻求最佳的目标市场。我国现在有很多企业都不注重市场细分，看不到消费者需求存在的差异性，把全国各地都看成自己的市场，这就使企业在市场创新中缺乏针对性，直接导致营销效果和竞争力的降低。正确的做法是，企业在进行市场创新中，要在科学的细分市场的基础上，对消费者的不同需求进行分析，从中找出差异，捕捉创新点，这是至关重要的。

总之，在知识经济时代，创新战略就是企业生存与发展的生命线。牢记：观念创新是先导，组织创新是保证，产品创新是关键，技术创新是核心，市场创新是归宿。

2. 人才战略

创新是知识经济时代的灵魂和核心，但是创新需要高素质的人才来实现。知识经济时代的竞争，其实质就是人与人、人的群体与个人高科技知识、智力、智能的竞争；就是包括人的创新能力、应变能力、管理能力、管理技巧等在内的综合素质竞争。具体地说，人才战略主要包括以下两个方面。

（1）人本智源观念。营销者要牢固树立人才本位思想。在这个知识经济时代，知识和能力是主要资源，而知识和能力的生命载体就是人，拥有人才的企业就能发财。北京大学方正集团就是个极好的例子。10 年来方正资产增长了 7000 倍。方正集团之所以取得了这样的成就，负责人王选说得好，他们靠的就是解决好了“才和财”的关系。他们是用才发财，发了财，人才增长了知识再发财。他们把学者的学术抱负和企业家对利润的追求很好地结合起来，形成了才和财的良性循环，这才是一种真正的知识产业，高技术产业。

（2）终身学习观念。由于知识更新节奏的逐渐加快，一个大专毕业生工作 5 年后，其所学知识将有 50%~60％被更新掉。因此，对于个人来说，务必要树立终身学习的观念；对企业来说，务必要树立全员培训的观念。

3. 文化战略

企业文化涵盖的内容非常广泛，具体包括企业经营观念、企业精神、企业形象、价值观念、行为准则、道德规范和全体员工对企业的责任感、荣誉感等。企业文化不仅是提高企业凝聚力的重要手段，而且，它又以企业精神为核心，把企业成员的思想和行为引导到了企业目标的确定和发展上来。企业文化又通过对企业所形成的价值观念、行为准则、道德规范等以文字形式或社会心理方式对企业成员的思想、行为施加影响和控制。应该说，价值观是企业文化的基石。许多企业的成功都可以归结为全体员工能够接受并执行组织的价值观。

在这个知识经济时代，企业文化战略的特殊重要性，主要体现在知识经济时代所依赖的知识和智慧不同于传统经济所依赖的土地、劳动力和资本等资源，知识是深埋在人们头脑中的资源。知识和智慧的分享是看不见、摸不着的活动，上级无法监督，也无法强制，只有员工自愿并且采取合作的态度，他们才会贡献出自己的智慧和知识。

4. 形象战略

在信息爆炸的知识经济时代，产品广告、销售信息等已经很难引起消费者的注意和识别了，更谈不到给消费者留下什么深刻的印象。在此情形下，企业之间的竞争必然集中到形象竞争上。形象竞争，很多企业现在已经在应用，但却有太多的企业并没有给予足够的重视。在知识经济时代，广告宣传已随之进入“印象时代”，企业绞尽脑汁用各种广告宣传和促销手段，不断提高企业的声誉，大力创立名牌产品，以便使消费者根据企业的“名声”和“印象”选购产品。正如广告专家大卫·奥格威所说:“广告是对品牌印象的长期投资。”

5. 从定位提升到战略

（1）定位的认识

①市场定位；

②是针对竞争者提出来的；

③发现差异；

④从竞争态势中提炼定位；

⑤与消费者沟通的成果；

⑥为战略提供方向。

（2）定位的误区

①寻找市场空白；

②群体空泛化；

③一厢情愿。

（3）定位要解决的基本问题

①细分差异；

②选择切入点；

③考虑放弃；

④发挥自己优势。

【案例】

新日领跑世界的秘密

德鲁克说过，企业有且只有两项基本职能，就是营销和创新，这也是新日电动车多年来领跑世界的秘密。简单的道理谁都懂，可并非人人都会做，我们来看一下对于这两项职能，新日具体是怎么做的。

开放流程和心态，创新不能闭门造车。

无论是德国的“工业 4.0”、美国的“再工业化”，还是中国提出的“中国制造 2025”，其指导思想都是一样的，就是从“制造”向“智造”的工业化升级。

作为身处制造业一线的企业，新日早就捕捉到了这轮变革风潮。在 2013 年，新日电动车就率先研发出了行业第一辆智能电动车。随后，新日电动车便一发不可收，在电动车智能化上不断取得突破性进展。2014 年，新日电动车创建了业内首个智能化生态供应链系统，同时还将智能电动车推进至“智能 3.0”阶段。2015 年，新日自主研发的新一代智能电动车 MIKU 再次颠覆了人们对智能电动车的认识，运用了一键检测、电量精算、远程控车、紧急救援等多达 20 项全球顶尖的智能技术，一举夺下中国工业设计领域的最高奖项之一——“太湖奖”特等奖。

谁都知道创新是企业建立起竞争区隔和相对优势的唯一途径，可如何创新？产品创新的方向在哪里？对于这两个问题，当下越来越多的中国制造企业却陷入了迷茫。我们看到太多这样的案例，比如李宁、美特斯邦威、娃哈哈等企业，为了适应新的市场消费群体的需求，抛弃了原来的定位，产品也不断推陈出新，可结果却是“热脸贴上冷屁股”，消费者根本不买账，问题出在哪里？

他们最大的问题就是“自说自话、闭门造车”，心态还不够开放。相比之下，新日电动车的做法就很值得借鉴。新日电动车在产品研发上的开放性表现在三个方面：

1. 广泛与国内、国际高校和科研院所开展产学研合作。比如与美国麻省理工学院（MIT）、荷兰阿姆斯特丹卡弗研究所以及来自以色列、日本的顶尖研发机构和企业的技术合作，还直接从国外引进优秀人才，例如以前就职于日本雅马哈公司的资深工程技术专家高田，便是新日引入的“外援”之一。

2. 不局限于一般技术研究，进入基础研究领域。比如与麻省理工学院（MIT）美国工程院院士吉姆领衔的团队一起研发的磁通切换电机，这种融合最新科技的电机一旦面世投产，将可能带来电动车电机的一场革命。

3. 向目标用户开放研发、生产的全过程，让他们直接参与进来。都知道小米的成功来源于“参与感”，可真正做到的企业很少，制造企业中则更少。上文提到的获得“太湖奖”特等奖的新日 MIKU 就是由一群来自江南大学的“90 后”学生设计的。据了解，为了鼓励更多“90 后”加入创新的行列，新日电动车设立了开放的电动车设计平台，每年有百余名高校学子与新日电动车研发人员和工业设计人员展开深度交流、融合，每年设计的新车型达数十款。

创新是建立在充分了解用户需求的基础上的，而充分了解用户需求的最佳方式就是让用户亲身参与其中。

营销娱乐化，拉近与用户之间的距离

除了产品上的创新，新日营销上的大胆突破也引人注目。在 2015 年 12 月 17 日第十三届中国营销盛典上，新日 MIKU“晶彩”系列产品一举斩获“年度最佳产品营销创新奖”，大会给出的获奖理由是：新日电动车全新 MIKU“晶彩”系列产品，打破了传统电动车产品给人的固有印象，在营销方面积极地贴近消费者，与《爸爸去哪儿》《最强大脑》等卫视王牌节目强强联手；出席金鸡电影节，电动车“走”上红毯；邀请黄晓明成为品牌全新代言人……一系列举措让新日电动车的品牌形象大幅度提升，使消费者真正记住了新日电动车。

“进军时尚界”是新日 2015 年贯穿全年的一个营销主题，尤其是在第 24 届金鸡百花电影节上的“红毯秀”，赢得了广大明星及媒体的关注，为新日 MIKU“晶彩”系列产品赢得了足够的曝光和支持率。据统计，短短一周时间，新日 MIKU 晶彩系列产品即登上了新浪、凤凰、网易、搜狐等几大主流门户网站，报道、转发的媒体达 50 多家，曝光人次超过 1000 万，评论数超过 2000 条，转发量超过 1 万次，仅百度相关搜索就达 8000 多条。

当然，新日迈向时尚界的脚步远不止这些：2015 年年初，新日 MIKU 与众多艺术圈、娱乐圈、模特圈、设计界一线名人同时亮相“2014 网易时尚年度跨界大赏”；2015 年 5 月，在《快乐大本营》录制现场，新日小龟王——风雅 19 代化身为颜值爆表的“鲜肉”杨洋的坐骑，当红导演徐峥骑电动车夜行，颠覆了传统的冠名模式，成功闯进“80 后”“90 后”的视野；同年，新日科技时尚中心揭幕成立，成为行业唯一的国际级专业科技时尚制造基地，并斥资 2000 万元打造最强时尚产品顾问团，由国际殿堂级著名造型师李云涛、中国新锐时装设计师刘璐、新生代时尚T台女王游天翼等担任顾问，为产品注入了时尚、年轻的基因。

新日新闻发言人、总裁办主任陈开亚说，对于未来的商业世界，财经作家吴晓波曾总结了四大趋势，其中之一就是“一切消费都将娱乐化”，那么，站在企业营销的角度，也必须顺应这股潮流，新日的时尚跨界便是践行营销娱乐化的一种演绎。